小学语文名师成长录

语文教坛永远的舞者

陈延军 / 著

長春出版社
全国百佳图书出版单位

图书在版编目(CIP)数据

语文教坛永远的舞者/陈延军著. —长春:长春出版社,2013.1
(小学语文名师成长录)
ISBN 978-7-5445-2479-7

Ⅰ.①语… Ⅱ.①陈… Ⅲ.①小学语文课-教学研究 Ⅳ.①G623.202

中国版本图书馆CIP数据核字(2012)第224992号

语文教坛永远的舞者

著　　者:陈延军
责任编辑:吴　尧
装帧设计:庄宝仁

出版发行:長春出版社　　　总编室电话:0431-88563443
发行部电话:0431-88561180　　　邮购零售电话:0431-88561177
地　　址:吉林省长春市建设街1377号
邮　　编:130061
网　　址:www.cccbs.net
制　　版:渲彩工作室
印　　刷:长春第二新华印刷有限责任公司
经　　销:新华书店

开　　本:787毫米×1092毫米　1/16
字　　数:249千
印　　张:14
版　　次:2013年1月第1版
印　　次:2013年1月第1次印刷
定　　价:25.00元

总 序

在教师的“志业”中享受成就感

温儒敏

长春出版社推出《语文名师成长录》丛书，是很有意义的。这些语文名师大都出于基层，在教学一线摸爬滚打一路走过来，很不容易。他们成长的十多年，正是课程改革启动与深化的时期，其经验得失，和课改的命运息息相关，是课改的宝贵资源，值得认真总结推广。我看了这几位语文老师的文稿，深感语文课改的艰难。但无论如何，课改取得了显著的实绩。特别是一些新的教学理念，包括以人为本，尊重天性，以学生为主体，重视情感、态度、价值观的养成，学会学习，工具性与人文性统一，以及强调多读书、读好书，打好终身发展的底子，等等，这些理念也许有的一时难于落实，但正逐步沉淀下来，成为大家认可的方向。从这些语文名师成长中是可以看到这种巨大的变化的，许多新的教学理念已经转化为新生代优秀教师的教学行为，而他们又在影响和导引着更多的老师前行。

这套丛书的定位在展现“成长”。书中最感人的也是这些新生代优秀教师回忆各自成长过程的部分。每个人的经历不同，却又有共通之处，我看主要是这么几点。是都很有朝气，有理想，以教师为“志业”。在当今比较浮躁和势利的时代，年轻人好像都不怎么喜欢谈理想，愿意把当中小学老师作为毕生追求的人也少了。而这批优秀教师几乎全都觉得当老师是值得骄傲的事，这不只是“稻粱谋”的职业，更是一种可以充分张扬自己生命意义的“志业”。尽管在一线当老师比较艰苦，很多人陷于职业性疲倦，但这些优秀者有理想的导引，又能在“志业”中享受成就感，不管多难都始终保持高扬的精神。

二是在实践中大胆摸索，不断进取。俗话说教无定法，特别是语文教学，实践性很强，没有放之四海而皆准的捷径。成功的教学都总是因地制宜，切合实际的。从书中看到这些优秀教师的很多教学经验，都是来自实践，具有很强的可操作性，又有一定的理论观照，不是那种纯粹为博取喝彩的花架子。

三是有明确的专业发展方向，善于学习，不断“充电”提高。

我觉得这几点对于大多数中小学老师，特别是青年教师都会有启发。这里不妨稍微展开一点，说说语文教师的素养问题。

当老师最重要的是课要讲得好，怎样才能做到？大家都很重视收集模仿优秀的课例，注重教学技巧。这当然有必要，可以参考，但光是下这些功夫恐怕不够。课要讲得好，得靠学养。所谓厚积薄发，有足够的学养根基，才能持续提升教学水准。

现在社会心态浮躁，拜金主义流行，大家都没完没了地忙，难于沉下心来读书做事。但教语文是要有心境的，语文课人文性很强，教师的学养以及人格素养就格外重要。讲学养，既是教书的需要，也是教师自身精神成长的需要。因此，无论多么忙，最好有自己的精神家园，哪怕是一块不大的“自留地”。不要一窝蜂都在应对现实需求，评级呀，教学检查呀，还有没完没了的各种事情。当然这些都要应对，谁也不可能完全超越，但要保留一份清醒，一点距离，免得被动地全部卷进去。从这套丛书中我们也已经感受到学养的重要，学术“自留地”的重要。有自己某一方面的专业爱好，能多少进入相关领域，有一定的研究，有些发言权，这太重要了。你在这状态中，会有成就感，同时也让自己保持思想活力。“在状态中”，还能帮助抵制职业性疲倦。最好的老师都不会满足于当一个“教书匠”。

时间与精力有限，大家都忙，但只要有心，总能挤出时间给自己充电加油。这比短期进修培训更重要。特别是青年教师，要有读书充电的三年、五年或者十年计划，有大致方向，持之有恒，可能就“终成正果”，就像这套丛书的作者那样，当个研究型的中小学老师，学者型的语文老师。这是值得追求的目标。有一句话“取法乎上”，给自己定位高一点，保留一点理想主义，那么学习、教学、生活就有目标感，就更有意思。

这套丛书的作者都把教师作为理想的“志业”，这很值得尊崇。现在教师的社会地位没有过去那样高，但有理由相信会逐步提高，物质上也会得到较高的回报。再说教师是稳定的职业，是创造性的职业，一定会重新成为令人羡慕的职业。要鼓励青年教师树立长远的目光。

这套丛书描述的是“成长”，涉及教师专业发展问题。所谓专业发展，不要理解为就是职业培训，应当有更高远的目标。培训进修当然必要，而且这也牵涉到一些实际问题，比如考级、职称晋升等等，但培训进修不要全都“直奔主题”，免得老师自己也卷入“应试教育”。重要的是在整体素质提升方面下功夫，在志向和事业心方面下功夫，要培养专业兴趣与专业敏感，拓宽视野，不断更新知识。现炒现卖，只关注与教学直接挂钩的东西，甚至只关注考试的效果，并不利于教师长远的发展。专业发展是人生事业发展的一部分，要有一点理想主义。

记得上世纪五六十年代看过苏联电影《乡村女教师》，女主人公瓦西里耶夫娜是个年轻的老师，在艰苦的环境中教学，带领孩子们快乐成长，她自己也获得非常幸福的成就感。这位女教师教孩子们读诗，有这样几句，我至今还记得：

挺起了胸膛向前走，
天空、树木和沙洲，
崎岖的道路。
嘿，让我们紧拉着手，
露着胸膛，
光着两只脚，
身上披着破棉袄。
向前看，别害臊，
前面是——光明大道！

当年我们上学也是那样艰苦，却又是那样充实，因为总有一些像瓦西里耶夫娜那样富于朝气的老师引领着我们。可喜的是，在这套丛书的作者身上，也能看到“乡村女教师”那样孜孜不倦“向前看”的精神。我们的时代、我们的教育事业太需要这种“向前看”的精神了。

2011年4月7日于京西褐石园

（总序作者现任山东大学一级教授、中国现代文学研究会会长、国务院学位委员会学科评议组成员、国家哲学社会科学规划评审委员、《中国现代文学研究丛刊》主编、教育部义务教育语文课程标准修订专家组召集人。）

自　序

我 1981 年（当时 17 岁）中师毕业参加工作，有着六年农村教学经历，之后经过四年大学的美好生活，而后再次回到小学当老师。如今已三十多年，一直坚守课堂不放松。

我是一个极平凡的教师，没有过多的豪言壮语，但我又是一个从不放弃追求的教师，心中有着美好的理想。我是党和人民培养出来的一名教师，我会一生辛劳为教育，不觉辛苦只觉甜！

专业成长之路的跋涉上，我从稚嫩到成熟，在和大家一样的阳光道上前行，有过激动，有过伤感，有过迷茫，有过希望……最终上帝还是把快乐送给了我。如今我已近“知天命”的年龄了，回顾三十多年的教育人生之路，心中时时激荡，愿把我的故事与大家分享。

教学研究上，我经历过《小学语文教学大纲》下的人教社统编教材（三类课文）和北京、上海、浙江、天津四地教材的教学，又极早地投入到《语文课程标准》下的新教材教学实验，经历了思想上起伏跌宕的转变，经历过学术争鸣的起承转合，心中时时有教学感想。可以说，我是满怀激奋的心情写就的。三十多年的理论学习和教学实践，十余年新的教育形势下课程改革的深入思考，促使我静心整合自己的学习体会，并使自己所经历的语文教学实践努力和语文教育的规律亲近。

我平时是一个长于不断积累资料、善于思考的语文教学爱好者。如今家里摆满了中小学语文教学及相关的研究成果材料。2011 年寒假，经东北师范大学附属小学特级教师王廷波好友介绍，长春出版社长途电话联系，约我撰写这本书。感谢大家给我的信任及给我整理自己成功经验的机会。我在整理资料、清理头绪的基础上，整体考虑一路走过来的艰辛与付出，以及语文教学理论并实践的经历。时至今日，花去几个月的时间终于完成了这部《语文教坛永远的舞者》书稿。成书过程中尽量考虑周全，选入观点立体多元、全面客观。

写这样的书主要反映一个人对社会的认识、专项问题的认知水平、实践和研究的时限长短，以及专业视野和国内外教育形势涉猎大小多少等。对于我来说，跟大家一样，长期在教学第一线工作，每周一个毕业班的语文课，要静下心来思考，只能靠节假日、星期天，只能牺牲看电视、逛大街的时间。虽然苦些、累些，但是大有“写不尽，道不完”的味道。

人生成长之路，专业发展之道，都会留有关键的点迹。写这部书，我的头脑中常萦绕众多抹不去的镜头痕迹。

镜头一：我17岁中师毕业被分配到农村小学参加工作，一待便是六年，那时的我是一个学生似的国办教师。老师们都亲切地称我为“小陈”。作为像中学生似的小老师，我以校为家，勤奋工作。目标只有一个，永远要向斯霞、霍懋征等知名特级教师学习。

镜头二：1983年5月，19岁的我参加当地市级首届青年教师教学比武，所上的展示课获得了教学一等奖第一名。

镜头三：我于1985年第一个教师节加入了中国共产党，当时只有21岁。

镜头四：我1983年至1987年期间，连续四次获得河北省“优秀园丁”称号。

镜头五：1985年我21岁那年，在第一个教师节前夕，我参加了当地市长召开的优秀教师茶话工作会。

镜头六：1987年4月，在教育部委托北京师范大学教育系华北地区选拔招收有经验的优秀教师上大学深造的招生政策下，我到北京第三师范学校参加北京师范大学“华北地区特殊招生”的考试。

镜头七：1987年6月，邮递员将《北京师范大学教育系学校教育专业录取通知书》送到我执教的乡村学校。

镜头八：1987年9月，23岁的我告别故乡，独自乘晚上火车去往朝思暮想的首都北京，进入北京师范大学学习。

镜头九：1989年大学三年级，领到了比中师使用的《小学教学法》厚重得多的由麻风鸣、高惠莹主编的《小学语文教学法》。

镜头十：1988年暑期，在北京师范大学普教处“五四制”教材培训会上，结识了心仪的全国小学语文教学研究会理事长高惠莹教授。

镜头十一:1988 年 10 月,经高惠莹老师安排,在全国小学语文教学研究会成立十年(青岛)庆贺筹备会上,认识了仰慕的陈国雄、崔峦、李吉林、陈春瑞、袁瑢、胡富强、朱敬本、刘曼华、刘文华、赵舜华等小学语文教育专家。

镜头十二:1990 年春,在北京师范大学出版社"五四制"小语教材编写会上,结识了著名特级教师靳家彦。

镜头十三:1991 年 5 月,大学班主任王工斌老师找我密谈留在北京师范大学实验小学工作(当时称"留京")。

镜头十四:1992 年,在高惠莹老师的介绍下,结识了全国著名特级教师霍懋征先生、语文专家华中师大教授杨再隋先生。

镜头十五:1993 年 5 月,在北京师范大学出版社《小学语文知识大全》一书编写会上,认识了心仪的作文教学大师、著名特级教师王有声先生。

镜头十六:1995 年后,结识了海淀区小教研室高振宝、李莉、满亚莉、王举等老师,并得到他们真诚热心的帮助。

镜头十七:1996 年,在北京市教研室李春旺、帅学芬、康静涵老师和区教研室李莉老师的帮助下,代表海淀区在北京市上展示课《草原》。

镜头十八:1997 年,成为最年轻的海淀区小学语文学科教学带头人。

镜头十九:1997 年,在北京市首届青年骨干教师培训班上,结识了当时年轻的北京市特级教师武琼、翟京华老师。

镜头二十:2000 年,在北京师范大学出版社《作文》教材编写会上,结识了北京师范大学中文系的资深教授、博士生导师刘锡庆先生。刘老师多次言传身教,让我加深了对语文及语文教学的认识。

镜头二十一:2000 年,在《语文课程标准》北京师范大学出版社新教材编写讨论会上,结识了主编马新国、郑国民老师和副主编陈铮老师、特级教师谈文玉老师等专家,获取了更多新的信息。

镜头二十二:在新课改的近十年里,时时得到海淀区两委领导的关怀,尤其是张凤华副主任(现北京市基础教育二处处长)的保驾护航,海淀区教师进修学校黄毅、梁华、彭春芝等各位老师的大力提携,以及海淀区教科所各位领导的厚爱,海淀区名师工作站各位导师、学员的真诚抬爱。

镜头二十三：我工作的北京师范大学实验小学的领导、老师，以及信任我的各个学校的领导、老师，朋友般的面颊上总是透着“为我成功而高兴”的向我微笑的友好神情。

镜头二十四：2006年，海淀区教委副主任张凤华把《课改成果优秀奖》证书送给我，并不止一次地鼓励我：好好努力，争取评上特级教师！

镜头二十五：2009年9月，在报特级教师材料时，海淀区教委人事科高科长说：陈延军是为北京市、海淀区教育做出贡献的人。

镜头二十六：2009年10月，我成为海淀区万名教师中四年一次的拟推荐北京市参评的19名（小学4名）特级教师之一的人选。

镜头二十七：2009年12月，经综合严格评选，我评上了北京市“特级教师”。

镜头二十八：2009年10月，和著名特级教师张光璎、张光珞老师（全国唯一的一对孪生姐妹花特级教师）常在一起研讨教学问题，其人格魅力影响着我的做人做事。

镜头二十九：每次外出培训也好，本市区培训也罢，有那么多的老师在深情地望着我，他们的眼神充满着真诚，充满着期待。

……

一个人的辉煌，是由许多人造就的。我虽是平庸之人，但我不会怠惰；我虽不是智慧过人，但我不会辜负大家的期望，我会向着辉煌前进。

这本书，是我带着深情一字一字敲出来的，有的内容是我含着热泪写的，可以说章章节节情真意切。我最近给许多地方教师做培训，基本展现的是本书的题目，并稍加说明，老师们反响很好。因为它朴实、扎实、不浮夸。的确，它记录的是我30多年来对党和人民教育事业的爱，是我对从事工作的满腔热血。它一步一个脚印，它一题一个收获。相信这本书能给全国的青年教师带来福音。这本书的出版，就算是我对社会的回报吧。

感谢王廷波老弟，感谢长春出版社的领导，尤其是吴尧编辑所做的工作！我会永远感恩！

陈延军

2012年春

目 录

目　录

目　录

我的专业成长之路

初为人师的历程

父母的言传身教是事业的基石

我 1964 年出生于河北邯郸地区武安县(太行山区,现为武安市)西部的一个乡村。父亲是家里的老大,下面有一个姑姑和一个叔叔。据父亲说,原来他在邯郸纺织厂做秘书工作,由于爷爷去世早,家里没有劳动力,养不了家里的老小,于是自己要求回家务农,这样可以照顾一家生活(现在看来是比较落后的思想,我们这些孩子也埋怨父亲当时的狭隘)。我的父亲回到老家,这样原本一个在工厂机关工作的瘦弱小伙,却成了干粗活的庄稼人,其艰难可想而知。我的父亲生就知礼懂事,这可能就是我们传统文化的影响,再加上家中排行老大,总有一份责任感。父亲是一个聪明勤快的人,什么都爱学。父亲看修屋盖房是个好活,于是就拜了一位姓刘的农村泥瓦匠为师,学了一手细致的泥瓦活。父亲心灵手巧,能写会算,仅靠泥瓦匠手艺,养活十来口人,也是很不容易的。所以我的父亲还兼上了农村信用社的会计活(现在就是身兼数职)。我从小就记得父亲精明能干,这在方圆几十里也是出了名的。论口才,我父亲能说会道,对谁都很有礼貌;论财务管理,我的父亲万无一失；论泥瓦匠活，我的父亲干得细致漂亮；论写字，父亲写得一手好字……可以说，我的父亲是自学的“多面手”，深受亲朋好友、街坊邻居的喜欢。我们兄弟姐妹六个，父亲对我们教育很是严格。无论做人，还是做事，都是相当严谨。他经常对我们几个弟兄说：“你们每人只要学老子一种本事，就能过上好日子。”（其实我的父亲就是比较全面发展的人。只可惜父亲负担重，没有保护身体的意识，所以身体状况不是很好。）母亲没有文化，是个脚不大（半解放小脚）的女人。在姥姥家也是排行老大，做得一手针线活，是出了名的勤劳善良的妇女，又是格外心疼丈夫的妻子。上世纪五六十年代，九口之家，每人两碗饭，就得一口大锅。她一生生活简朴，从没有浪费过一粒粮食、一片菜叶，乃至一根线毛都不舍得扔掉。她一天到晚，缝缝补补，纺纺织织，劳作三餐饭。每次吃饭时她都给我父亲吃点比较好的，然后就是几个孩子，最后自己也就用汤灌个饱。小时候成长在老家那个地方也怪了，一年四季，很少下雨，干旱总是不断（前些日子，我从北京一个部队领导那里得知老家是出了名的不下雨的地方，大概是当地的地理位置导致的特殊气候）。粮食总是不够吃，也没有什么蔬菜。直到现在我往老家打电话，第一句话总是问：下雨了没有？饮用水从哪里来？诸如此类。今天，我无论在什么地方，对水都很节约。我的节约好习惯在师大也是出了名的，这从电表就可以看出来。我们家孩子多，我就记得二老含辛茹苦，勤俭节约，算是一家过得还可以。“巧妇难为无米之炊”，我的父母在当时的情况下能做到这些，直到后来的我，才逐渐明白，父母真是不简单！我经常说，现在的父母养一个孩子都那么费劲，不可理解（当然上个世纪五六十年代我国普天下农村父母都是这样过来的）！

当时全国大的环境是普遍条件差。由于从小家里孩子多，没人看管，我小时候又是一个比较乖的孩子，羡慕大哥哥大姐姐上学，我5岁自己从家带着小板凳来到学校，做起了小学生。上学期间，正值毛主席“学制要缩短，教育要革命”的时代，5年小学，2年初中，接着两年半高中，这时才15岁。9年学校生活，年年是好学生。1979年（恢复高考后的第三个年头），我考上了武安师范学校（学制2年）。1981年7月毕业分配在一个地县二级重点学校——武安柏林学校。参加工作时，刚满17岁。其间，担任过语文、数学、音乐、美术等学科的教学工作，担任过班主任，曾包班上课三年。可以说，我秉承了父亲的精神，成为一个“多面手”的教师。父母的教育对我影响刻骨铭心，每当我遇到挫折时，爸爸说：“干一行爱一行。行行出状元！”（影响了后来我的专业稳定。）每当我喊苦喊累的时候，妈妈总是说：“力气是奴才，使了还回来！”（明白了不要怕吃苦，累不着了。）每当我功利思想出现时，父亲总是说：“高低是根棍，穷富是个人！”（和现在的“公平”相结合，要善待每一个孩子。）每当我嫌弃家人时，父母总是说：“没有你这丑父母，哪有你这出息儿？”（明白了永远要感恩。)……父母的教育是平实朴素的,但对我来说意义深远。可以说,父母的教育是我的立身之本!

现在我想起父母的话来,觉得蕴含着一定的哲理,自然用在了教育教学实践中。比如,现在的素质教育,我觉得我父亲的多才多艺,干什么能拿得起来的劲头就是比较通俗的解释。比如,现在的公平教育,我就想起了父母说的"高低是根棍,穷富是个人"来。又比如,当我喊苦喊累的时候,就想起"力气是奴才,使了还回来"……一次次的经历,使我感受到,老百姓的话虽不华丽,但和文人表达的意思一样。可以说,真理永远是一样的。

懵懂的高考被中师录取

每个人都有自己的理想。我也不例外,小时候开始喜欢做演员,愿意当医生。但是在上世纪七八十年代上什么院校,全凭高考分数高低来定夺。当时高考和中考是一张卷,达到多高分数,报什么志愿,被什么学校录取。师范学校、护士学校、畜牧学校和地理位置较远的院校,都是录取分数定的。我的小学、中学生活全在农村度过,农村学校教育质量不高,虽经努力,但高考分数也只是够了录取分数线,这在家乡那地方也是很不简单的(当时高考录取率是4%左右,现在发达地区都超过80%了)。在小学,我是个品学兼优的好学生,中学后开始了滑坡,和现在的中学生一样,有点逆反。当时"唯有读书高""读书可以改变农业户口"的理念深入人心,由于做着演员梦,所以不是很听家长话,另类了点。那个时候,农村的孩子都很贪玩,不爱学习。我是个认真的孩子,有小学功课做基础,加上我还算有点聪明劲,也有点学习基本功,所以中学考试成绩也是上乘的。只是苦功夫没有下到位,要不,可能会实现自己的理想。中学时,对物理化学等理科发怵,难题不太会做,但是简单的题百分之百能做正确。这就是我现在强调的好习惯的培养很重要。另外,我脸皮较薄,很有自尊心,不愿落后,一被批评就脸上挂不住,所以就有了后来的争强好胜。高考分数出来后,我幸运地成为当地中学200多名考生中的10余名被中专录取的学生,依照分数只能被中师录取。这也是远近农民羡慕的事情!此时15岁的我,获得了第一次到外面县城"武安师范"(离家30公里)上学的机会。县城,多少农村人向往的地方!无论生活,还是学习,都开始了有别于农村的小城镇人的生活。

中师阶段,学习的东西大概和高中的差不多,难度没有高中大,门类宽泛了,因为中师是培养教师的摇篮。学校开设的课程不像现在这么专业、高深。毕业出来的学生当时可以教初中,也可以教小学,全靠用人学校的需要。关于与教师相关的新专业科目,就有心理学、教育学、小学教学法等薄薄的本子,学的是比起现在大学的学习很浅的内容。

但中师的学习生活和高中比,还是蛮丰富的。学校为了培养未来教师,开设的各门课程也很规范,上课的老师大都是河北师大毕业的高才生,无论气质,还是文化修养,都让我感到敬佩。我们当时觉得大学生和中专生就是不一样。我后悔自己用功不够,羡慕他们的大气和文采。我决心好好学习,弥补自己的用功不足,争取做一名好教师。

两年中师生活转瞬即逝。在临毕业前的实习活动中,我初次尝试了当教师的快乐,越来越发现做教师的光荣。我们实习的地方是附近的农村学校,指导我实习的农村老师是民办教师,很有上进心,很有激情。我就跟着老师学,老师做什么,我就模仿什么。我天生活泼可爱,老跟在人家屁股后面,帮这帮那。老师们很喜欢我,我也更加喜欢当老师了,我对老师这个工作越来越感兴趣。实习过后,我到学校图书馆借来教育杂志,认真阅读,摘抄笔记。暑假回家还背诵摘抄,还跟老家不当老师的同学讲我的收获。我像个小孩一样,天真无邪。现在想起来很是稚嫩,但是这也是成长的点线。我觉得人在事业上需要有单纯的追求!

那个时候,在农村,谁家有个吃商品粮的,备受青睐。我家没有一个在外工作的人,所以就特别羡慕在外上班的人家。家里人对我寄予的希望很大,就是想让我靠自己的实力干出个样来。看着父母的辛苦,我也特别想争口气好好工作,以不辜负全家人对我的期望。

心中单纯朴素的优秀教师之梦

中师毕业前,学校领导为了加强对学生的教师职业教育,乘县召开人大代表会之际,请来当地有影响的两位县人大代表:小学语文模范教师——武安东关小学张凤英(县里识字教学经验丰富的优秀公办教师)和武安柏林学校数学教师齐存先(县里口算教学成绩突出的优秀民办教师)作报告。当时我就被两位教师的献身精神所感动,被两位教师的钻研教学精神所感染。我父亲当过小学教员,他多次向我提到过张凤英老师是县里多年培养的识字教学的教师典型,多年很有影响。我看着她们两位步入礼堂、掌声四起的场景,聆听着她们二人的报告，沉浸在美好未来的憧憬之中，想起了父亲的话“行行出状元”！我想：有一天如果我能像她们一样，在众人面前介绍经验就好了。最后，我记得学校领导送给我们的毕业箴言：“忠诚于党的教育事业，心对日月永不移！”这将是我的永恒追求。也许是我的兴趣，没想别的，目标只有一个：以她们为榜样，立志做一名好教师！这是我立下的宏伟志愿。毕业前，我们都要拍毕业照作纪念，当天，我专门请人拍下了戴着眼镜（做一个像教师的姿势）的纪念照，虽幼稚，但是意义很大！

暑假到了，要等着县教委人事科的分配了。我中师毕业分配工作之时，正是市场经济初露端倪的时候，许多同学不愿当教师，纷纷找关系改行。即使想当老师，也都找门路留到县城，或者离自家近的农村工作。面对纷杂的现实，我牢记毕业时师范学校领导的谆谆教诲，抱着“做一名合格教师”的愿望，踏上离家二十多里山路的工作岗位——武安柏林学校（当时齐存先老师工作的学校，用现在的话说就是慕名而选的学校）。来到工作岗位，我像追星族一样见到了齐存先老师。我观察她的一言一行，了解了她对工作的投入，感受到她的不凡。她戴着一副眼镜，斯斯文文的。我大胆地接近齐老师，问这问那。后来，她教学上做什么，我就学着做什么。用齐老师的话说：“延军这个小孩儿很爱学，特可爱。”从那时起，我就做了一个“有心人”。可以说，一入职，我就进入了角色。真像有人所说：“跟什么人学什么人！”现在我经常对徒弟们说：“跟人要跟准，要有标准。跟错了人，会终身后悔的！”也许自己的奋斗目标很明确，所以就少走了许多弯路。

随着对教育实践的深入，我越来越热爱教师这个职业，并把“一辈子当一个好教师”作为自己的永恒追求。

做永不停歇的追梦人

我从小总爱羡慕各行各业的人。我艳羡学习成绩优异的同学，因为他们表现出了聪明的智慧；我艳羡优秀教师，因为他们总是在引领教学潮流；我羡慕演员，因为他们给我们带来美的享受；我艳羡播音员，因为他们能用美的声音给我们传递各种信息；我艳羡城里人，因为他们脱离了农村的狭隘；我也艳羡有财富的人，因为他们生活很宽松；我更艳羡那些品格高尚的人，因为他们在弘扬着社会的主旋律……

我常常在想：人家是人，能得到属于自己的东西，自己也是人，怎么就得不到呢？天下的好事万万千，不可能都让你摊上，但是总得在某一方面有点好事吧。我后来明白了是机遇使人有了差别，也是努力使人有了天壤之别。

我把学校当成自己的家，把每一个孩子当成自己的朋友。当时交通不便，工资又少，除了周末能回家外，都住在学校里。农村学校条件差，当时又没有书籍、没有电脑。有的就是几份报纸、几个省市的教育刊物，再就是自己所教学科的教科书和参考书。我把时间全用在备课、批改作业上。下午放学了，几位住校的像我这样的异乡教师下棋、玩扑克，我则一人在操场上背诵课文。晚上，本村的老师(占全校教师人数的90%)回家了，我在办公室认真读书学习。一句话，那时的我除了教学就是琢磨教学。

这个学校在武安县是个比较大的学校，是省地县三级重点学校。因为有齐老师的口算教学改革实验，经常得到县市教研室、甚至河北省教研厅的关注。我每个星期都能看到上级领导过来听齐老师和她的徒弟的课。每当看到这样的情景，我都很是羡慕。这个学校数学是打出了品牌。和我一同分配来的还有同学李大力，比我年长4岁，身强体壮，鼻梁上架着一副眼镜，一表人才。他父母是村里的医生，村里人很尊重他父母。家庭的优越条件，再加上他人品好，很努力，他在学校机会就比我多。他分配回村也是冲着齐老师学徒来的，到学校就分在齐存先老师的教学组里，齐老师手把手教他。尽管他教学外在素质条件没有我好，但是很下功夫。虽然他家在本村，但还是以校为家。我工作的这个村子，“z、c、s 和 zh、ch、sh”分不清。大多同学普通话不好，但是下功夫刻苦练习，竟然把普通话说得很好。他很快就上起了公开课，我艳羡得不得了。我暗自给自己鼓劲，不能输在李大力同学后面。我不能落后，我要向他学习！而我教语文，除了教导主任听课外，很少有人关注。县里为了打造齐老师，教委教研室的薛老师蹲点常住学校跟踪调研、总结经验，我也就有了机会接触他。没事的时候，我总是幼稚地求着他说：“您什么时候培养我呀？”薛老师也笑着说：“你是教语文的，等教数学再说，先好好练练教学基本功。”两年多，我没有一次登台亮相的机会，我急，便开始寻找机会。我主动申请去教一年级，这样可以包班，也就有了教数学的机会。从此我近距离地接触到了教研员和齐老师。我把齐老师数学团队的口算教学经验迅速学到手，开始了自己的琢磨。当然，我的语文教得也很带劲。反正教什么我都是全身心地投入。顺便说一下，我除了体育以外，音乐、美术、舞蹈、剪纸等什么都教过。教音乐不是很在行，凭着中师那点识谱知识尝试哼曲；教美术也不是科班出身；教舞蹈就靠自己当时黑白电视上看到的印象。不管教什么，全凭自己的琢磨。当时我就暗下决心：我没有什么负担，有的是时间，我就不信教不出模样，干不出成绩！我不能平庸，我要崭露头角，我要出头露面，我要努力拼搏，我要做好教学工作，我要不辜负父母和老师的期望！我不能输在别人后面！现在想来，这就是志向，是一种永不言弃的志向，是永不停歇的追梦者！

在农村学校工作的每一天，我都很快乐。我喜欢学校，喜欢孩子们。每上一节课，我都认真备课，精心准备。我认真听周围优秀老师的课，哪怕一句话的表达、一个教具的使用、一个动作的重复，我都认真记录下来。我苦练教学基本功，不断总结经验，同时向领导汇报请缨！

终于，我的努力得到了学校领导和老师的信任。学校领导让我当团支部书记，我有了进县城开会的机会。我利用开会之余，走进书店买书。当时我一下看到了著名特级教师斯霞著的《我的教学生涯》。斯霞，多么熟悉的名字！我在中师小学语文教学法书中学到过她的教学经验，也看过她的《园丁·花朵》的录像课。当时，我知道她是一位教了一辈子书的优秀教师。我随即买下了这本书，现在还保留着。直到2007年，海淀区阅读工程“影响我职业生涯的一本书”征稿，我还写了这本书对我人生的影响，由于文章情真意切、内容和现实吻合，获得了一等奖。

无论是上世纪八十年代的6年农村教学经历，还是上世纪九十年代后的北京大都市的教学历程，我都怀着一颗对教育事业炽热的爱心，一如既往、马不停蹄。我从来没有被周围人的工作变更而心动，也从没有向组织提出过改行，“不管环境怎样变化，我的追求不会改变”。在河北农村工作的6年里，我注意向周围的老师们学习，主动申请上研究课，从不怕别人说长道短。当时有人取笑我，说我幼稚，叫我小孩，说我长不大，但是丝毫不会影响我前进的动力。在大都市北京工作的二十余年里，我也没有因为选择了小学教师而后悔，而是抱定教好书的愿望，努力工作，不达到目的誓不罢休！

我非常欣赏著名词作家阎肃写的《党的女儿》中的主题歌：

“你看那天边有颗闪亮的星星，
关山飞越一路撒下光明。
咱们就跟着它的脚步走啊，
哪管他道路平不平！
咱们就跟着他的脚步走啊，
走过黑夜是黎明！”

这是歌颂党的女儿的歌，也是每个人跟着榜样前行的壮行乐曲！我的榜样就是师德高尚、德艺双馨的教学前辈们！如斯霞、霍懋征、于漪、李吉林等。

这个梦一直伴我到今天，到明天！

我们所从事的教育工作是极其光荣的事业,是一个永恒的激动人心的事业!我们承担着培养祖国接班人的重任,我们肩上的责任如山!

我虽然已经是北京市特级教师了,但离市区其他名师,离教育家还有一定的距离。我才刚刚迈入新长征路上,还是一个新手,以后的路还很长,我一定要珍惜今天,珍惜党和人民给予我的荣誉,时时挑战他人,挑战自己,和青年教师共同成长。

教师大计,师德为本;教书育人,师能为器;办好教育,专家为重。做职业道德的楷模,教学专业的专家,教育科研的带头人,青年教师成长的引领人,教育均衡发展的实施者和推动者,是我的终生追求!正像全国师德楷模、特级教师于漪所说:"与其说我一辈子做教师,不如说我一辈子在学做教师!"我会在各级政府的关怀下,在专家前辈的指导下,愿以时间为骏马,成绩和荣誉为鞭子,全力以赴,马不停蹄,在"教育创新""减负增效"的形势下,虚心进取,潜心钻研,顽强拼搏。一定会做到志存高远、积极上进、严于律己、端庄方正、诚心合作、团结学员,赢得大家良好的"口碑"。在传、帮、带的实践中磨炼自己,担当起培育学员成长、成人、成才的重任,并努力发展自己,在北京市、海淀区这块沃土及自己的工作岗位上踏踏实实地做一点事情,为首都教育的大发展、大繁荣献出自己的一切!

农村六年从教生涯

身边优秀教师的影响

一个优秀人物的成长总离不开关键人物的影响。榜样的力量是无穷的!没有榜样的影响作用,人生之路就容易迷失航向,四处迷茫!我中师毕业来到农村小学,处处留心,发现他人身上的闪光点。我觉得每个老师身上都有值得我学习的东西,在农村从教成长过程中,对我影响很大的老师有很多,除了齐存先老师外,还有以下几位。

第一位是学校的程丙科校长。程校长,在武安县教育界是有名的人物,当老师时是个好老师,当校长是个好管理者。他曾是武安城关小学(也就是我前面提到的张凤英老师的学校)的校长。中途,由于文教局(教育局和文化局)了解程校长管理能力强,把他调到了县剧团当团长,县剧团是不好搞的文艺团队,但他几年便把剧团整顿得有模有样,后又调回教育部门。他家在城东南,离城西北的学校更远,所以也是经常以校为家的。由于都住校,所以下班后有很多和他在一起长时间接触的机会。他一开口总是夸我进步,时常给我鼓劲,让我向齐存先老师学习,经常给我讲张凤英老师成长的故事。我进一步了解了优秀教师成功的事迹。程校长还给我创造机会,让大家听我的课,并给予我手把手的帮助。尤其在我遇到思想波动的时候,他总是热心真诚地帮我分析原因,思想工作做得相当到位,而且工作做到我的心上。在农村,有这么一个好领导带着你前行,感到非常安全。

第二位教师是本校有经验的郭石存老师。这是我刚走上工作岗位时,对我影响最大的老师。他 40 多岁,衣着朴实,虽然穿着打补丁的衣服,但是很干净。他是一位民办教师,看上去很普通,但有着很强的悟性。他有着我父亲的影子,爱琢磨问题,曾培养过当地多名青年教师,其中优秀教师齐存先开始就是在他的帮助下一步步成长起来的,可以说是一个"伯乐"。无论从人格上,还是业务上,都给予我很大的帮助。我每备一课,他都一句一句地帮我设计,使我很快就步入了正规的教学轨迹,少走了许多弯路。工作中,我抱怨过,也迷茫过,他都无私地帮我渡过难关,给我前进的动力。1983 年春天,我参加了第一次全县教学比武课,讲的课是数学"进位加法",当时教学条件非常简陋,没有现在的电脑设备,没有大屏幕,也没有展示台。他和我一起设计巧妙的教学环节,寻找恰当的教学策略。根据低年级儿童的心理特征,为了突出直观教学原则,他帮我因地制宜,就地取材,利用简单的三合板材料,请学校木工制作框架,钉上铁丝,亲手做小红花,挂在上面,给教学演示以方便。那天,去往县城赛课的颠簸车上,他像照料孩子一样,保护着教具。上课时,我第一次借县城学生上课,不免流露出紧张,他坐在下面,给我微笑壮胆。我以儿童般的语言,直观的操作,形象生动地一步步引导学生理解算理。独特的设计,活泼的形式,直观的演示,获得评委和听课老师的一致好评。经过自己的努力,征服了所有的对手,获得武安县首届数学教师教学比武第一名。从此一炮走红,一幕幕场景,至今仍历历在目。

第三位教师是武安县教研室主任黄守田。黄老师为人善良,人品好,业务精,乐于培养青年教师。上世纪八十年代,正值教改的高峰,他就以一个县教研员的身份,对改进农村小学语文考试的做法,大胆与人民教育出版社语文编辑室主任袁微子先生书信来往,得到了袁老的高度肯定和重视。这在当时对一个县级教研员来说是难能可贵的。

我还没有获得赛课一等奖的时候，黄老师了解到我是一个钻研业务、积极进取、有着理想的素质高的好苗子。当我获得一等奖后，他更加关注我的成长。每次见到我，总是打气并给以鼓励。我上县城开会时，总要去看望他，聆听他的指导。黄老师像长辈一样，留我吃饭，晚了赶不上回家的车，几次让我在他办公室或家里住下。生活上的关心，事业上的指航，让我备受鼓舞。黄老师还把我介绍给《河北教育》编辑部老编辑庞忠信同志，在他的推荐下，我的第一篇文章《低年级识字方法趣谈》发表在《河北教育》上。之后，我的《古诗教学之我见》等文章得以在《河北教育》正式发表。黄老师还送给我书，推荐他写的文章，供我学习。尤其是在我作为“推荐加考试到北京师范大学深造”人员的选拔上起了重要的作用，可以说，黄守田主任是我人生转折的重要引路人。

单纯幼稚的教学模仿和巧手制作的土教具

初入教师门道的教学是需要模仿的，尤其是模仿比较优秀的教师。他们的表情、动作、语言、板书等，都需要你认真观察，留心学习。我看斯霞老师讲课的录像时，注意到她看学生的表情是那样的自然真诚，总是用微笑关注学生。看到她拿书、举卡片的样子都很到位，没有青年教师的随便，多的是细心认真。再看看齐存先老师，由于“文革”期间做过演员，所以经常是站姿端正挺拔，显得舒展大气。她教起书来，严格要求学生，对学生的要求，我都一句句记在本上。郭石存是个男老师，风趣幽默、语言简捷、思路清晰，言行文绉绉的，显得极为老成。张凤英老师开会拎着一个黑色提包，显得很文雅端庄……我注意观察细节，他们一看就是有修养的，严谨的。我用羡慕的眼光去赏识、留意他们的行为。之后便用在自己的课堂上和生活中。现在有很多老师说我的课随其人，人很儒雅，课很是自然亲切。其实这些自然表现出来的行为，是我多年有意识训练出来的。表情装不出来，只能从内心流溢出来；气质装不出来，只能靠平时的修炼。我常常在晚上没事的时候，对着镜子读课文、练表情、练神态等，即使举卡片、拿书的姿势等，也要不断地练习。如举生字卡片，举高了，显得粗鲁；举低了，显得随便。要举在身体的左侧或右侧，略微高于肩部。比如，拿教鞭，不能像拿着棍子一样，不能指着孩子，不能敲黑板或桌子发出声响，等等。比如辅导孩子，要躬下身子，和孩子近距离接触。这样上课就有了模样。因为我们是教师，教师在学生心目中就是示范，无论衣着打扮，还是举手投足，都应该是他们效仿的榜样。这些优良教学传统到现在我还保留着。多年来，我穿的衣服，拎的书包，不在于价钱多贵，但是都很有特色。虽然自己是个男教师，但是生活很讲究。好多教师见了我，都夸我是一个有品位的教师。我认为老师就是要每天给孩子带来新的面貌，不断给孩子带来新的气息，让学生感到你这个教师是用心的，是热爱生活的，是追求完美的！

当时教学条件很差，我记得语文除了识字卡片，数学除了三角板、圆规等教具外，几乎没有什么教具。但是在当时提及最多的是贯彻直观教学的原则和重视学生的观察。我每上一课，都设计观察体验的环节，都有自己制作的教具。一次到邯郸市听课，看到城里的老师有大小黑板来回挂，很是方便。回校我就向校长申请，买来三合板，让后勤工人李师傅锯成大小不同的长方形、正方形块板，再钉上钉子，拧上铁丝，就是方便的小黑板块了。这样做口算卡、习题板、概念板，就方便多了。我任教的学校是个重点学校，有几台投影仪，但是老师们嫌麻烦，很少用，偶尔公开课才用用，上面全是灰尘。当时的片子都是在玻璃板上写上字，再投射上去。我从不怕繁杂，节节课使用。为了体现直观教学的原则，我还经常自己想法来动手制作直观教具。比如，语文课讲《爬山虎的脚》时，我根据书上的图片，结合自己的想象，用萝卜根做底托，用铁丝弯成茎，再用药盒子（硬纸）剪成叶子形，用绿粉笔在上面涂上色，缠到铁丝上，一个弯弯曲曲的酷似爬山虎的教具就出来了。对此，孩子们看上去既好奇又感觉有趣，学起来也很过瘾。这情景，我现在还历历在目呢。还记得1983年春，我在参加了武安县第一届青年教师教学比武擂台赛，我上的课是“进位加法”。为了体现直观教学法，在郭石存老师的帮助下，我一遍一遍地试讲，并琢磨用怎样的教具更为直观有效。我反复琢磨，经过和大家商量，一致同意用拼凑花朵来揭示“凑十法”的算理。我亲手用皱纹纸做了9朵黄花，3朵红花，让木工用三合板锯成一个方框，再在框内挂一根铁丝，把9朵红花和3朵黄花挂上，当出示“9＋3＝?”时，让学生直观看出怎样算比较简便呢？最简便的是“把3朵黄花分成1和2，9朵红花和1朵黄花凑成10，10加剩下的2，是12。这样9＋3＝12，就显而易见了”。在练习过程中，我从教育杂志上看到“放鞭炮”的游戏，为了激发学生的兴趣，我就利用废弃的装蜡纸的纸筒，用红纸裹上，并用黑纸卷成一个捻子，做成“二踢脚”的模样，把口算题放在里面，抽一道，一个学生算对了，全班同学便“咚——嗒”地呼应，极大地调动了学生学习的积极性。这在当时，都是比较有趣的教学行为。课堂效果很好，受到了大家的好评。

事情就是这样，看似简单，但是你没有看和想，就没有教学行为的突破。谁提前想到了，谁就有了成功的机会。当然像这样的事情很多，不再一一列举。

第一次难忘的教学获奖

上世纪八十年代初，随着国家对教育的重视，全国教育界迎来了教学改革的春天。那时候，没有网络，没有如今眼界的开放，但是异地交流推动了教育改革的活跃。我记得著名教师的巡回讲课，给当地教师带来了思想的冲击。比如当时活跃在教坛上的霍懋征老师等，都在全国范围内开始了传经送宝。比如全国学科教育也开始成立了学会，并定期召开年会，进行专题研讨和教学观摩。小学语文、数学教学年会开始关注课堂教学的真问题。当时能跨省参加一次全国教学年会，可是荣耀的事情。受当时风靡全国的电视剧《霍元甲》的影响，教学也开始了教学擂台赛。这股风也吹到了县城，吹到了农村。

1983 年春，那是一个令我难忘的时光。武安县在河北是思想比较开放、经济比较发达的一个县，随着教学改革的春风，也开始了第一届青年教师教学擂台赛。教育局决定先从小学数学课开始比赛，以摸索经验。一个乡镇派出一名教师，到县里比赛。由于我平时工作的认真和教学的努力，大家一致同意由我代表乡镇参加此次比赛。当时我教的是一年级，是语文和数学的包班教学。我没有正式跟齐老师学，也没有受到负责数学的教研员的重点帮助，全是自己长时间的用心琢磨和听课的感悟。事情统统要一分为二看，虽然没有他人手把手、口对口地教授，但也可有约束，因此我的课也多了自己的色彩。我们都有这样的体会，当别人拥有机会时，自己总是羡慕；当机会轮到你时，总是忐忑不安、徘徊犹豫。我是个顾及脸面的人，胆子小，害怕在众人面前表现，但又知道要出人头地，必须要勇于迈出这第一步。我斗胆地接受了任务，但也惴惴不安。学校让郭石存老师帮助我备课，备好后大家反复听试讲，提建议。我一遍又一遍地改教案，备出了前面提到的“进位加法”。

盼啊，盼啊，到了比赛的时候，郭老师帮着我，背上土教具，到了县城，经过抓阄顺序上课。那个阵势，是我第一次见到。由于首次举办这样的活动，下面坐的是县教育局正副局长、教研室正副主任，还有当地教育专家，听课教师挤满了屋子。配合这次比赛的学生是城里的孩子，也就是现在的借班上课，头一天是熟悉学生。轮到我上课了，我紧张得出了一身大汗，就连举口算卡片的手都在发抖，不过随着我全身心投入到讲课中，完全忘却了自己，我和孩子融为一体，一步步引导学生揭示算理，有序训练，顺利地完成了任务。由于这节课充满童趣，同时紧张也使我忘记了教案的华丽言辞，完全是自然的孩童的语言，孩子们接受起来容易，学起来通俗，表现十分活跃，朴实自然的课上出了惊人的效果。记得当时我就像新上任的教师一样，紧张得不知所措。也许是上苍对我的垂爱，我完全是用心在重新上课，是课上的备课。用郭老师说的话就是："我都不敢进去听，只能在外面看，只看到你的手抖得厉害。"两天的比赛结束，到了宣布结果的时候了，当得知我被评为一等奖的第一名时，我兴奋得哭了。评委都说发现了新苗子，发现了人才。局长握着我的手说："延军，祝贺你，好好努力！向着优秀教师的目标前进！"这次擂台赛，我赢了！县教育界沸腾了！几天后，县广播站就向全县人民播出了比赛盛况和比赛结果。从此，我在全县出名了，当时才 19 岁！县教育局还出了简报，以《小荷初露尖尖角》为题向全县教育部门发出了学习我的文件。接下来，我代表武安县又参加了邯郸市青年教师教学比赛，又获得了一等奖。为此，被评为乡镇、县、市的优秀教师，并代表县教师参加了邯郸市举办的优秀教师表彰会，记者也采访了我，并在《邯郸日报》上以《他，在探索中前进》为题，报道了我钻研教学的事迹。之后，我还带着课到邯郸市管辖的广平县、涉县、永年县、武安县各乡镇小学等讲课示范，以"传经送宝"。我尝到了当一个好教师的大欢欣！

紧接着，我于 1984 年就被评为首届"河北省优秀园丁"，并奖励 300 元，还有一辆"飞鸽"牌自行车。这也是河北省教育界的一件大事，是省教委和省政府第一次设立的最高奖项。后来，连续三次获得此项殊荣，我也因此成了全县教育界上下关注的青年先进人物。

前年，北京教育科学院教师学院鱼霞院长在对我访谈的过程中，我不止一次地对她说："那时候，我只有 19 岁啊"，就像今天的"快男超女"，一夜之间走红，命运便出现了转机。

和"小孩子"玩在一起的"大孩子"

第一年工作，我教的是三年级，学生当时是 9 岁，我是个刚满 17 周岁的大孩子。学校的老师们都亲切地称我"小孩儿"。我带着满腔热情投入到学校教学中，当时不知从哪里来的那股子劲，非要干出个名堂来！我满腔热血的工作劲头让周围的老师都吃惊，也给一些老师带来压力，因为好的教学成绩来自于苦功。教学靠走马观花的应付，是出不来好成绩的。有的老师不理解，就风言风语地说："小孩儿没有负担，干得可欢实着呢！""小孩儿干得把我们累得直喘气!”……初生之犊不畏虎,我只管往前走,很少而且也不知道顾及对其他不愿意下功夫干的人的影响。现在想起来是那样的稚嫩,但是从另一个角度说,就是稚嫩才让我有了今天。

课堂上,我享受着和孩子一起成长的快乐;课下,我和孩子一起玩游戏,丢沙包、跳皮筋、弹格子等,我享受着儿时的欢乐;放学后和星期天,我主动到学生家去家访,好多家长要上地干活,我就主动把学生带到学校,辅导他们学习。家长、学生都是我的好朋友。长时间的接触,学生和我没有距离,家长和我没有间隔。有的家长把我当成亲戚对待,这让我更感到学校就是我的家,学生、家长就是我的亲人。我不但和自己教的班的学生玩在一起,我还和学校其他年级的学生甚至包括初中学生玩在一起。只要是学生,都是我的至亲朋友。我把我的想法时时和他们交流,让他们听家长的话,做个懂事的孩子。有的孩子和家长闹矛盾,家长与我说了后,我劝说孩子要学会尊重父母,我把伟人、名人尊敬父母的做法介绍给孩子听,把我自己孝顺父母的事情讲给他们听,效果很好。同时,在和他们共成长的过程中,我也有了一颗宽容的心。我觉得每一个孩子都是父母生的,父母把他们养大很不容易,所以孩子们要格外体谅大人。我看到每一个孩子的眼睛背后都有一个家庭在支撑,我不能让他们失望。家长把孩子交到学校,我不能让家长担心。我看到家长辛辛苦苦种田种地,他们都希望孩子多学文化知识,将来考上好的学校,有个好的出息!我常常告诫自己,要好好教书,不要辜负家长的期望。我畅想若干年后,那么多有出息的学生在各行各业岗位上努力工作,并回校来看老师,向老师汇报成绩的情景,我干得更起劲了。

我以校为家,全身心投入到工作中。我工作的学校在我家的西北方向,离我家有二十多里山路加河滩路,交通十分不便。没有直达车,每天只有一趟公共汽车,还是从家里步行五里山路后,等半天车,坐上将近一个小时的河滩不平路,下车后,再步行五里路,才能到学校,很是麻烦。我几乎两个星期才回家一次。有时想回家,赶不上车就只能步行回去。我好多次都是步行回家的,一走就是四个多小时。交通不便,也使我能“以校为家”。我把学校当成自己的家,遇到礼拜天,我约上我们班的农村孩子,一起到学校附近的田地里,到学校后面的山包上,一来欣赏田园风光,远望来往的汽车;二来我给孩子们讲怎样观察,怎样写作文;有时还经常师生一齐背诵课文。我把孩子们当成我的弟弟妹妹,可亲切呢!

春天里,河边的柳树发芽了,田里的麦苗返青了,小燕子飞回来了,我就和同学一起背诵:“春天在哪里呢?到大自然中找春天去!春在枝头,柳条嫩绿;春在田间,麦苗返青,菜花金黄；春在空中，燕子翻飞；春在水里，鸭子戏水。到处都有春天，春满人间！”农村的油菜春末夏初开出了金灿灿的花，我带着学生钻到油菜花里，闻芳香，挖野菜，捉蝴蝶，一边嬉耍，一边集体背诵“儿童急走追黄蝶，飞入菜花无处寻”的诗句。春天的暖风徐徐吹来，春天的阳光香气扑在脸上，春天真香啊！二十多年过去了，直到现在，我还留恋那美好的农村教学时光。现在我回到老家，那时教过的学生都已经四十岁左右了，他们看我时，我们还记得当时的情景呢！

另外，我从小就喜欢养花，农村的学校，到处都是土。每个教室前面都有花坛，但少有鲜花。我找来各种花种，带头种上鲜花。我在办公室前面搭了一个石头台子，在大大小小的花盆里种上好多花草，累的时候侍弄侍弄花草，疲劳顿消。在我的照料下，花草长势很好，因为我总是用心在做事。我天生是个胆小心细的孩子，体谅父母的疾苦，不免经常想家。为了充实生活，我每天把生活安排得井井有条，把办公室前后、教室里外布置得有模有样。学校就是我的家！白天，和孩子们始终在一起学习活动；放学了，偌大的校园安静了，花草成了我的好朋友；晚上，我有更多的时间来精心备课、思考教学所得。我的备课没有抄袭，没有移植，全是自己的理解和思考。我写的字一笔一画，没有草率应付，我的备课还曾在乡镇教学大会上展示呢！大家都以我为榜样。这让我一次次感受到成功的快乐！

热爱生活，从养花育草开始。直到现在，这个好习惯我还保留着呢！走进我现在的办公室，还是绿意满室，走进我的家，更是四季如春，天天鲜花绽放！

以校为家，让我多了一些生活的情趣，多了一些教学上的思考！

首次向教育刊物投稿

那时的教育杂志很少，公开教育刊物除了《人民教育》外，也就是大都以省名命名的教育杂志，如《北京教育》《河北教育》《辽宁教育》《吉林教育》《上海教育》……而且中小学教育教学内容混编在一起，文章也不像现在分类清晰，少有百花齐放，多有一个腔调。那时的教育杂志基本上都是格式化的东西，用现在的眼光看少了个性，“千刊一面”。当时全国教师大多围在课堂上转，应试教育成分很重。老师们把大量精力用在应考及日常的写备课笔记上，很少总结经验，也很少有向公开刊物投稿的意识。我还是受黄守田主任的影响，开始走上这条路的。一次，在县教师培训会上，黄守田主任说他给时任全国小学教学专业委员会会长袁微子（当时人民教育出版社教材主编，三类课文的倡导者）写了一封信，汇报了武安县教研室命题改革的经验，受到了袁微子先生的高度评价。黄主任肯于和外界交流，敢和专家过招的精神让我感动。我想有一天我也能得到专家的指点就好了。我当时就把我的思考，比如农村教师的"教会学生预习的方法""我教识字教学的体会"，等等，按照黄老师留存的袁老的回信地址，斗胆给袁微子老人写了信，没想到可亲可敬的袁老给我回信了，肯定了我的做法，鼓励我坚持实验，做出成绩。我当时很受鼓舞，对袁老的精神表示钦佩。老专家没有架子，肯于和全国各个地方的老师交朋友，善于与青年教师心对心地交流，这是人格的魅力！所以现在只要有青年教师向我请教，与我网上交流，我都会不加保留地或当面耐心解答，或以书信的形式往来，不能让他们失望。我想当时袁老工作那么忙还能如此耐心，我们都应该向袁老学习！学习他真诚做人做事的精神！学习他对教育事业负责的精神！

一次，《河北教育》杂志社负责小学语文的老编辑庞忠信老师，要下到基层采集稿子。武安县教研室黄守田主任向他推荐了我，并长途电话打到学校，让学校接待。我吃惊不小！当时在农村能见一个省会教育杂志的编辑，是很难得的。庞老师慈祥、儒雅的魅力深深吸引着我。他与我交流了此次下校的目的是征集一线教师的经验，让我总结自己的教学，并告诉我从哪些角度来总结，让我把稿子尽快寄给他。晚上，庞老师和我住在一个屋子里，我俩促膝谈心，我再次受到很大鼓舞。庞老师祖籍上海，一个大城市的知识分子，没有架子，对我那样真诚，我永记心里。和庞老师分手后，我整理了自己的教学所得，邮寄给庞老师，在庞老师的修改下，我的两篇文章《谈小学语文预习方法》《识字教学顺口溜的方法》于1985年分别在《河北教育》第9期和第10期上发表了。这对我的成长起了不小的作用，我成为当时全县，乃至省里少有的农村教师在公开刊物上发表文章的人物。教育局领导多次在公开场合表扬我，我第一次尝到总结经验的成功！应该说这是我走向科研型教师的前奏！我感谢黄主任的推荐，感谢庞老师的提携！我又多了一个本事，可以说在当地，多了一份"资本"，因为我抓住了机会。

1987年考上北京师范大学后，我还不忘把好消息告诉庞老师。他后来退休后，还把我介绍给接班的年轻大学生编辑小李。我大学毕业后分配在实验小学，小李还约我写稿子。我积极写稿，1992年至1996年，我撰写的《根据记忆规律，掌握背诵方法》《创造乐学条件，减轻学生负担》《谈小学语文学习指导》《在语文教学中落实"两史一情"教育总体纲要》等十几篇文章，分别在《河北教育》上刊登。这些都成为我后来作为各级骨干教师评审的硬件条件，更使我极早成为教学和科研思考相结合的自觉践行者。

连续获得四次“省优秀园丁奖”和首个教师节的入党情结

1983年首届青年教师教学擂台赛，使我在全县一举成名。我也成了县政协代表，能够出席县里的“两会”了。1984年尊师重教之风在全社会兴起，“振兴教育”的口号此起彼伏，河北省也开始了“省优秀园丁”的评选。我在各界领导的关怀下，首次获得了“河北省优秀园丁奖”，并荣立“二等功”。当时的奖励是300元，还喜得一辆红旗牌自行车。

这是莫大的荣幸！对于当时一个月只挣34元的教师来说，能一次性得到300元的奖励，太值得庆贺了。我越来越成熟，懂得自己的成长离不开团队的支持。我拿出不到100元宴请了全校五十多名教师。全校教师聚在一起，一大锅乱炖的烩菜(当时只有过年过节，孩子结婚，才能吃这样的菜)，大家像过节一样，为我庆贺，非常开心。以后的三年间，我又三次连续获得这一殊荣。我无论走到哪里，都是县教育的佼佼者，我处处获得了自信。

上个世纪八十年代初，国家大的气候是落实知识分子政策，可以说是党的拨乱反正时期。过去多年的知识分子入党难开始有了缓解。全国上下形成了“重视知识，重视人才”的共识。我也因此能参加一些县里组织的高级座谈会。当时的县长、县委书记都开始由过去的工农干部担任，变成了有大学文凭的优秀大学生执政。那个时候的大学生可吃香了。只要是重点大学的品学兼优的毕业生，再加上有基层锻炼的经历，就可能登上政府高层岗位。

1985年，我国尊师重教之风空前高涨。在各界名人的呼声下，设立了第一个教师节。教师节前夕，县委组织了“尊师重教”座谈会，县长刘兆亮同志邀请了获得省园丁奖的老师们(当时全县中小学也只有30多个)到政府座谈，倾听他们的声音，询问他们的困难。我作为最年轻的而且在当地有点名气的获奖者，参加了座谈会，见到了大名鼎鼎的县长。县长办公室负责人点名让我发言，我大胆说了我的追求。我说：“我想加入中国共产党！但是地方有的领导说：不要着急，你年龄还小，有的是机会。我接受不了这样的答复。我看到周围一些人不如我，却入了党，我不服气！我说，入党不分年龄，刘胡兰15岁就入了党，我都20岁了！”我的话音刚落，引得全场在座的领导老师都笑了。现在想起来真是小孩子的率真的话！可是，我就是这么坦诚！我还是那句话：幼稚单纯让我拥有了今天！这时，刘县长笑着望望我，又对着教育局局长等领导说："我知道他是很优秀的！杨秘书问问陈延军老师属于哪个乡的，找当地教育领导沟通一下，解决他的入党问题！"多么痛快的答复，多么响亮的声音啊！一个大学生县长如此为做过事的教师说话，就是给不正之风现象一个嘴巴！我永远忘不了县政府对我的厚爱和激励！

就这样，回去后，党组织找到我，让我填写了入党申请书，并通知我到县里住党校学习一周（当时入党是一件神圣的事情，比提拔还光荣）！在党校，我经历了党的理论学习，还代表小组汇报我的学习体会。"能把青春献给党，正是我无上的荣耀！"歌剧《江姐》的一句经典歌词，是我当时纯洁美好心灵的写照！

我们"六零后"（上个世纪 60 年代出生的人），是追赶英雄劳模的时代，我脑中时时会出现英雄形象，我崇拜英雄！现在有的人脑中没有英雄形象，没有榜样力量，是很危险的。英雄使我无所畏惧，敢作敢为！我经常说：冲到前面是英雄，做任何事不敢往前冲，不敢挂帅，创新人才怎么出来呢？是的，现在我的教育界好朋友大都是义气哥们。北京巨山学校（一所农村打工子弟学校）的王淑清校长是我的大姐，就是仁至义尽的朋友。2009 年"六一"那天，胡锦涛主席到巨山学校慰问孩子，和她亲切交谈，她是国庆六十周年庆祝大会花车上的人物。我们的共同成长的经验是时时以英雄模范为榜样，做好自己！想拜我为师的不讲义气的我坚决不收。我内心有许多名人励志的故事，是一个个的生动故事，激励着我，成就着我。我恨，我爱，是非分明，决不含糊！我要赢得人生，让那些我曾羡慕过的人反过来羡慕我，让那些曾笑我恨我的人为我吃惊，哈哈，这就是我！一个顶天立地的我！正如北京市教委人力资源部一个姓高的年轻朋友在接触我后说："志气可能很多人都有，但是很多人就是空话，而您是真的努力奋斗了，并取得了成功。"入党后，我更加喜爱自己的工作，我带着一腔热爱教育事业的雄心，虚心向老师们学习，向书本学习，在实践中大胆探索，勤于总结。教育思想端正，教育理论功底扎实，全身心致力教学改革。

北京教育科学院教师学院的鱼霞院长前两年在《反思型教师的机制探索和案例》中总结道："陈延军老师刚参加工作时所在的学校是河北省地县二级重点戴帽学校（小学、初中俱有）——柏林学校。1984 年刚参加工作四年，初出茅庐的他参加了全县教学大比武获奖后，各种荣誉接踵而来，可谓少年得志，不用扬鞭自奋蹄。二十九年前武安县首届数学教师教学比武第一名，同年就被评为河北省教育界的最高奖项'河北省优秀园丁奖'，1985 年首届教师节 20 岁入党，这些关键事件为他今后扎根在小学教育的沃土上始终没有动摇过自己的人生理想，起到了关键性的作用。"

千载难逢的绝好机会

1987年3月的一天，正当我在教室兴致勃勃上课的时候，校长通知我，县教研室来电话，让我到教育局找主管教学的王乐天副局长，大概是准备参加北京师范大学教育系和教育部基教司联合在华北地区招收一批优秀教师的入学考试。我是作为邯郸市推荐的唯一一名教师。听了以后，我内心有说不出的高兴。我赶紧乘车来到县教育局，找到主管教育的局长，正巧县教研室的主任黄守田和县进修学校的校长白方都在，给我谈了约我来的任务。

这时我才知道，是教育部基教司与北京师范大学教育系决定在华北地区招收一批具有实践经验的优秀教师，希望培养一批既懂教育实践又懂教育理论的复合型人才，能够架起理论与实践相结合研究的桥梁。入学考试录取的办法是采用推荐加考试的形式，择优录取。当时，地域划分的原因，过去武安县多年归邯郸地区管辖，1987年正式划归邯郸市管辖（即一市“邯郸市”和两县“武安县和邯郸县”），经多方领导商量，考虑我的综合情况，最终把机会给了我。

做梦也没有想到，寂寞背后是欣喜！命运，总是朝敢于向他挑战的人微笑。经过勤奋努力，最后的成功，属于不懈的追求者。我觉得，只要你努力工作了，党和人民是不会亏待你的！机会始终是给有准备之人的！这是党和人民给我的又一次殊荣！

二位领导见证我的成长，欣赏我的成绩，他们一致鼓励我，让我好好准备，毕竟是选拔考试。我提到英语水平差，因为当时从没接触过英语，所以水平几乎是零。他们说，能补多少就补学多少，你面临的困难正是他人面临的困难。县领导考虑到不能浪费名额，所以特意给我一个月的复习时间。我表示一定努力，决不辜负领导的希望。我在教育局领导的关怀下，住在进修学校同学那里，根据考试提纲，找来政治、高等数学、教育学、心理学、英语复习资料，加紧复习一个月，不会的就请教县教师进修学校的老师，老师们都给了我无私的帮助。我于5月20号，在父亲的陪同下踏上开往北京的列车，来到北京第三师范学校考场参加考试。考场上，尽管我尽情发挥了自己的水平，但心里还是没有多少底。考完后，我和父亲乘车来到天津的舅老爷家。舅老爷是多年从事教育工作的地方老领导，他鼓励我说：“这是你工作努力的结果，是党和人民给予你最大的荣誉。考上考不上没关系，只要你努力了就不要后悔。录取了是好事，大学深造；落选了，还继续是个好教师，不要多想。回家还要继续努力工作，做出更大的成绩。机会会越来越多的！”我又受到了一次真正的教育，我想还是应该踏踏实实地当老师吧。回到学校，我又像往常一样更加努力地工作了。我带着美好的向往，沉浸在教学中，我工作的劲头更足了。以后的日子里，我忘记了考试的事，因为我想难度很大，自己在县里的农村小学工作，见识少，知识储备不足，索性不抱任何希望。一个月后，我又一次兴奋了起来，邮递员把一封“北京师范大学录取通知书”的书信交给了我，我做梦也没想到能被录取。那一天，全校师生处于兴奋之中，全村上下热闹了起来。师生和村民们为学校培养出这样一个好老师而奔走相告。大家和我一起乐呀，老师们向我祝贺，学生家长向我贺喜！老师们留恋我，因为少了一个纯洁可爱的伙伴；家长真诚挽留我，他们为自己的孩子不能再听我讲课而惋惜。那一天，我终生不会忘记！离开工作六年的柏林学校时，老师们欢送我，同学们欢送我，大家争着和我合影，在老家河北武安的教学生涯暂告一段落。

全校教师为我高兴，全县教师为我振奋，从我身上都得到了启发：那就是，只要好好干，行行出状元！

父母高兴得像出嫁女儿一样，毕竟家里出了上重点大学的学生。全家上下忙活：钉箱子，做被子，购买生活用品……好不热闹。家里给我准备好行囊，9 月份乘北去的列车，我进入了北京师范大学，从此开始了四年的大学校园生活。

短暂的大学生活，人生的转折

在北京师范大学教育系学习期间，我充分利用一切时间，丰厚自己的理论功底，开始系统地学习。北京师范大学教育系在师范院校里是比较好的系，专业门类细致，理论研究占有优势。这里有教育管理学专业、学校教育专业、学前教育专业、特殊教育专业等。我们班同学成分很复杂，来的也不是同一个层面。有来自教育局的干部，有来自北京几所中师的新毕业的推荐学生，有来自小学的几位优秀教师。由于我们的方向是成为将来的中师教材教法老师和研究小学教育教学的教研员，不好定专业，开始系里称我们为“小教班”，一年后改为“学校教育专业”。我们学习的是和本科生没有区别的课程，上课和全国高等教育统一招来的本科生同在一起。我们这个班的学生毕业去向都不是很明确，所以同学们都没有打算毕业后再做小学教师。而我，毕竟是和小学教育有着渊源的一名教师，我觉得学的那么多课程和小学教育总是对不上号，为此，很是迷茫。但是系里有个小教组，里面个个是全国有名的专家，我在中师书上见过他们的名字。如数学专家周玉仁老师、向玉琴老师，语文专家高惠莹老师、刘秀英老师、赵敏成老师，自然专家徐仁声老师，等等。我对小学教育富有情感，我每次到系里，都主动和这些老师打招呼，并主动问他们有什么我能做的。人就是这样，你主动了，机会就来了。周玉仁老师让我试着翻译国外数学资料，大概是计算器在小学数学教学中的使用；向玉琴老师让我给数学组编的五四制教材校对稿子；刘秀英老师和赵敏成老师让我帮着抄写稿子，并把我介绍给已退休的承担着全国小学语文教学研究会理事长工作的高惠莹老师。第一次见到高老师，我就好像找到了组织，寻到了根，有了方向。和高老师接触，获得了很多锻炼的机会。

四年大学，这是一次绝好的学习机会。由于自己有着六年的一线教学经验，加上自己对小学教学的偏爱，所以，大学四年学习期间，目的明确，方向明晰。看书也好，接触先生也罢，就有了定位，不至于只是崇拜，不知怎样做的盲目乱撞。在当时，大学同学总是看高不看低，尤其是从高中上来的大学生，个个血气方刚，憧憬美好的未来——老板、局长、公司职员等等。我却相反，不敢奢望什么，总是认为只要比原来强就行了。所以总在不断学习新东西，总是真诚地帮助老师做事，在做事中学习做人。老师们看出我的特点，推荐我假期帮北京师大普教处办教师培训班，给我提供各种锻炼机会，如帮助组织会议、抄写文稿、做一些初步翻译教育教学文章的尝试。我逐渐开始找寻自己的位置，觉得自己在河北工作的时候，缺少系统总结，留在脑子里的是一片一片的点的教学，不成系统。于是开始自己写文章，归纳教学中规律性的东西。在大学期间，写了《试论小学语文教学性质》一文，发表在大学生社团办的刊物《未来教育家》上；毕业论文，以“根据阅读规律，改进阅读教学”为题展开论述，受到赵敏成老师指点。在总结过去经验的理性思考中，我感悟到把自己所想所感整理成文的重要，掌握了总结教育规律的基本方法。这正是受过高等教育后的我和以前中师毕业工作的我相区别的本质所在，更是一个教育工作者必须学会的基本功。假期，我还随大学生暑期考察团，赴河北阳原参加支教活动，凭着自己的优势，给他们上示范课，受到团队同学的好评，更受到老师们的欢迎。同学们都对我很尊敬，他们是初出茅庐的大学生，有书本知识，没有社会实践，我越发感到了自己的优势。

大学四年，除了课堂上学的内容外，我一有空闲就到图书馆，去看一些与小学教育有关的书籍，以丰富自己的专业知识。因为我知道学习机会是来之不易的。可以说，有目的的学习使自己形成了较为扎实的文化专业水平，掌握了系统的教育教学理论，并对国内外先进的教育动向有了进一步的了解，具有了一定的教育科研能力，能理论联系实际，探索教育规律，从而改进教学，能定量、定性分析教育问题，总结教育规律，对高质量的论文、论著、研究报告有了一定的认识。

在北京师范大学学习的四年中，我结识了许多国内知名的教育专家。这段经历对我来说，是人生的重大转折，如果不能在北京师大学习，我可能至今还会在遇到教学难题时百思不得其解，可能会走很多弯路。四年大学经历，使我可能与很多老师有了区别，是既有实践也有理论的教师，是接触过大师、教育家的教师。

北京教科院教师学院鱼霞院长曾经在《反思型教师的理性探索和案例》一书中，将我作为成功教师的案例进行总结："陈延军老师的知识结构在这次充电中为他日后成为科研型教师，输入了丰厚的教育理论养料。"

大学毕业后痛苦的入职与找寻自己

四年大学生活一晃而过，四年的大学经历使我从一个农村教师变成了一个有城里经历的人。我感到了自己过去的渺小，无论知识见闻，还是意识思想，都有了质的变化。大学毕业，由于我是定向代培，不存在二次分配问题，按招生简章的分配去向说应该回到原单位，再做工作小调整。我在大学学了那么多东西，结识了那么多专家，我舍不了可亲可爱的高素质的老师，舍不了培养我的北京师范大学，舍不了在北京结识的那么多新朋友。我喜欢老家，更喜欢首都北京，加上我四年脱离了原单位，不想再回老家去。我想，国家把我从一个小学教师培养成一个大学生，我要发挥更大的作用。我向教育系的领导表达了自己的志向。领导了解我的为人，知道我的追求，见证我的表现，考虑我的选择，没有浮夸，没有不切实际。他们考察我四年对系里工作的热心，了解我对小学教育事业的热爱，加上学校的需要，研究决定将我留在北京师范大学实验小学（等于留校工作）工作，这样也便于和河北省教委有个交代。在多方的努力下，费尽了周折，我终于留在了北京，留在了北京师范大学实验小学。

我感谢北京师大教育系负责学生分配工作的向玉琴教授，感谢执行和河北省教委领导协调的北京师大人事处处长戴家干老师（后为国家考试中心负责人）、学生处处长李连江老师、北京师大教育系高洪源教授、郭庆老师、钱志亮老师、张品老师等，他们在我留北京工作的关键选择上，给予了极大的帮助。“一个人的辉煌是由许多人造就的！”我感谢北京师大领导的关怀和支持，感谢为我成长搭建平台的恩师们！

北京师范大学实验小学多年来是教育系的实验基地，承担着教育系学生的实习指导工作。尤其是向玉琴老师，在我的留京问题上，付出了很大的努力。她积极与实验小学校长尤素湘同志沟通，想方设法把我留在了实验小学。

1991 年，大学生留在小学的真是凤毛麟角。即使到小学去，也是少数的几个。实验小学是北京师范大学的附属单位，有留京名额（在地方普通小学是根本没有这个机会的）。我到小学也是系领导争取到的机会，对我来说，既是乐事，也是难事。说实在的，很不容易上了大学，又回到小学，面子上过不去。当向玉琴老师找到我的班主任王工斌老师试探我的想法时，我也犯愁了：不留下吧，得杀回老家；留下吧，也很痛苦，怕别人有想法。尤其是一个受过高等教育的男孩子到小学工作，面子上会很难受。但是考虑到留京很难，我决定答应领导的安排。当时能留京，并且是留校工作，也是够同学们羡慕的。

我顺利地到了实验小学，当时小学老师 90％是北京第三师范学校毕业的，偶有几个专科生，他们都称自己是“永久牌”。而我呢，一个从大学毕业的教师，小学老师都叫我“飞鸽牌”，意思是待不长远，主要是为了占住留京名额。但是谁也不会想到，我当小学教师的心已定！既然选择了小学教师，就要一辈子干到底！我以前也是小学教师，现在是有过大学四年经历镀了金的小学教师！我更要做好，做出样子来给大家看看，这是我的心愿！

有些事情说起来易做起来难！的确如他们所说的那样，如果中师学历，到北京师大实验小学工作是顺理成章的事情。可是有了大学四年的经历，再加上四年没有在小学工作，倒有了思想包袱。看看同学，没有一个人选择在小学工作。看看周围小学，没有一个人是大学生。我感到内心的孤独，心在徘徊。到了实验小学，我感到了重操旧业的不易。大家盯着我，毕竟是大学毕业生，但是大家又信任我，毕竟教过书，有一定的经验。我很快和大家成长在一起，注意学习北京小学教师的经验，也默默设计自己的定位。在北京师范大学实验小学工作的当初，我发现事情不像我想的那么简单，我注意观察老师们的工作，是那样的认真、规范、投入。后来我越来越感觉到，自己在首都做一名教师优势不是那么明显。你听，老师们的普通话个个那么精准；你看，老师们上的课那样秩序井然。我越来越发现，北京师范大学实验小学，乃至好多小学都有一支优秀的教师团队。教师素质高，学生生源好，比起大学前工作过的农村小学，那简直是天壤之别。老师们也把我当成真心的朋友，虽然都跟我开玩笑地叫我“飞鸽牌”，但是也鼓励我在这儿好好干，一样干出成绩。他们告诉我大学的高惠莹、周玉仁、向玉琴、刘秀英等老师，都在这里干过。老师们总是拿他们当年在这工作给我做范例，我渐渐知道了这里是卧虎藏龙的地方。

我上大学前曾经有过小地方的风光经历，现在又是来到一个新单位，每个人都有这样的经历，到了新单位，一切得从头儿来。我到了北京师大实验小学，除了具有大学文凭外，开始也丝毫没有优势。所以在这里，前两年没有什么机会，也就是像普通老师一样带班。我感觉上大学和不上大学没有什么区别，心里阵阵失落。我看到研究课，评优秀教师等好事，没有我的份，任何荣光和我没有多大关系。我失望，我迷茫。我怎么成了普通的教书匠？一个北京师大毕业的大学生，只是个带班的一般教师。一天除了忙乎班里的事情，别无新意。没有人扶植，没有人发现，没有人栽培你，是最大的不幸！我心开始浮躁，我在找寻自己的出路，我的未来在哪里？

顺便插个故事。我的徒弟海淀区某校青年教师李艳征就有过这样的经历。原来的校长很欣赏他，培养他入了党，评上了小高。老校长退休了，换了年轻的新校长。教师节李艳征来拜访我，我问他是否适应新校长。他怨气十足，一肚子的不乐意。说新校长没有原来的好，想调个单位。我说新校长人不错，要好好配合新校长好好干，并耐心地给他分析走和留的利弊，到哪儿也不容易。鼓励他在学校好好干。正好一次，新校长请我到他们学校给教师辅导备课、讲座，我在校长面前力推李艳征，要校长发挥他的作用，留住他。校长说他很好，肯干。没过半年，学期末，校长就把他提成了负责科研的副主任。一个年仅28岁的老师，成了一个校级干部，这是领导对他的信任！做科研干部是很辛苦的，天天得写东西，现在这个小伙子干得可欢实了，每天要熬到夜里两点，苦累没有怨言。一次我问他辛苦不？他说是苦，但是很有意思。我说：以前你想调工作，是不是觉得没有事情做，空虚、无聊。他说：是的。看来，有事干是幸福的事情！

别人不理你，你干什么？这是很关键的问题。有的人追求吃喝玩乐，于是玩物丧志。有的人追求轻松工作，于是庸庸碌碌。我不追求过那样没有信仰的日子。我那时毕竟快30岁了，人生有几个30岁？再有个30年就退休了。我常想，自己是大学毕业的，一事无成，将来怎样面对我的师长、同学和家人？如果干不出名堂，岂不让人耻笑！我上大学前曾经获过“河北省优秀园丁”称号，现在上了大学却是一般教师了？这不是在倒退吗？这不是我！我不能消沉！

我深信，人在绝望处便是逢生的时刻！没有机会便是机会！这就是现在所谓的要学会耐得住寂寞！

小学教师和大学教师不同，事务性的工作很多，一天到晚头绪很多、很琐碎，每天多的是重复性的劳动。我观察周围的老师，更多的时间和精力用在处理孩子的问题和应付事务性的工作上。整天教室和办公室转，不是处理学生的问题，就是低头批改作业，生活很是单调，像个机器人似的，程序化的单调工作搞得很累。有时忙得顾不上喝水，几节课上下来，累得筋疲力尽。我一直在琢磨，作为北京师大毕业的我，能不能换一种角度来思考问题，换一种方式来工作。我逐渐开始重新定位自己。我觉得这样下去，大学学的东西就会慢慢付之东流，渐渐淡忘。

我发现小学教育上的一个怪圈，研究课堂似乎只有研究课、公开课等才能解决问题。当然这是全国基础教育面临的普遍问题，也就是跳不出课堂，跳不出书本。评价教师也多从研究课、考试分数等来论成败。可是上研究课的老师总是少数，多数老师得不到机会，教学质量还是来自于大量的做卷子、做练习册等多年不变的应付考试的形式。学生负担很重，能力得不到培养。

我突然想到我们能不能像大学教师一样，把精力用在研究上，用在探求问题落实的实效上。对于习以为常的重复性的工作能不能放手给学生，培养学生的工作能力，腾出时间用在读书学习上，用在改进无效劳动的思考上。这样是否师生负担都有所减轻。大学期间同寝室学友刘兴华(现在中央办公厅工作)经常收听《午间半小时》，于是，在1993年我写出《鼓励教师科研有利于减轻学生的课业负担》一文，向中央人民广播电台《午间半小时》栏目投稿，稿子被录用并播出。这大大鼓舞了我的士气，我要用自己的笔书写我的教学所感和教学所见，我要用文字、用文章解决老师的困惑，改革当前教学上的不合理现象。后来这篇稿子又发表在《中国教育报》上。我又看到教学中，语文考试卷子出题过于死板，强调死知识的记忆，忽视能力的培养。一些教师判有关"解词""主要内容""中心思想"等试题时过于刻板、苛刻，于是我又拿起笔写出《走出小学语文考试的误区》一文，发表在《中国教育报》和《小学语文教学》刊物上。这对老师们的教学起到了引导作用。我越发觉得自己不能做发现问题而不敢发表意见的教书匠，应该大胆地做为教学改革鼓与呼的弄潮儿。

我逐渐找回了自信，找到了自己。我像一个获得新生的孩子一样，沉醉于快乐的教学中!

耐得住寂寞过后获得的新生

在以后的教学实践中，我注意理论和实践相结合，反过来，又将实践所感上升到理论，而且在每次的备课中，我都能站在比较高的层面来设计，并说服大家，于是很得大家的信赖。走过耐得住寂寞的潜心研究后，一次新的重要的机会到来了！

不管什么时候，推出新人是历史的必然。周围老师该赛课的都参加了，得过区一等奖的就没有多大兴趣再参加了，得了二、三等奖的好多也对自己不抱希望了。1996年，恰逢北京师大实验小学所在的学区进行重新行政划分。新上任的领导都想振兴教育，干点实事。他们把向课堂教学研究要质量放在议事日程上，于是开始教学评优。这样，在学校领导的反复商量下，决定让我来代表学校做课。我欣然答应了，但也忐忑不安。我看到过费了半天劲的"千锤百炼"的课，才得了二等奖，我没有在北京登台亮相过，能行吗？我心里直打鼓，同时也给自己打气：没关系，相信自己，就像在老家第一次赛课一样，要想在海淀区得到大家的认可，总得迈出这第一步。我当时备了四省市教材六年级的古诗二首（《出塞》和《秋夜将晓出篱门迎凉有感》），学校老教师和教研组长倾全力帮我精心准备了课。到了上课的那天，我发现请来的是海淀区教研室的五位教研员。他们水平很高，我更为紧张。但我信心十足，充分展示了自己的功力，顺利地上完了课。由于学校考虑我有一定的工作经验，没有师父手把手教，自然上课就少了套路，多是自己的理解，上起课来就会更为娴熟，因为全是自己教学基本功的自然流露，这节课自我感觉良好。听课是不评课的，几位老师回去再合议。北京毕竟是首都，管理很为规范，而且教研室一人负责一个年级，不是当时在河北的一个教研员什么都管（现在有的外地教研室由于人力紧张，还是一人管好多，这样是不利于研究的）。学校在区里有影响的老教师胡先璞老师和我私交很好，我让其侧面打听反馈。胡老师说：负责六年级的李莉老师什么也没有表态，负责三年级的王举老师听了几分钟就出去抽烟了。他说："这个小伙子在小学屈才，应该搞研究！"负责一、二年级的满亚莉老师说：这个小伙子素质真好，一看就是个好苗子！主任语文教研室、负责五年级的高振宝下课就夸你上得好。看来，还得等几天看最终结果。

送走了教研室的评委，我心空落落的。我再次感觉到了上好一节课的不易。我知道，一味按自己的设计来讲，不合评委的口味是不行的。我估计这次没有戏了，机会丢了，因为负责六年级的李老师没有表态。我和老师们听过李老师的教材分析，很有水平，人也很正直，是接替著名特级教师张光珞的。我打算放弃通过上课来表现自己的想法。我发现走上课成为名师的路真难，写书和教书不是一回事！我对课堂失望了，想再也不可能有过去河北的辉煌了。在北京发展真难！成为一名名师更难。我索性放下自己，我劝告自己不去多想了，爱怎么就怎么着吧。反正有的是事来做。说归说，我对课堂还是充满情怀的！我留恋过去的美好时光！只可惜时光不再！

一个星期过后，学校领导找到我，说还要比试一次课。原来教研员在学区发现两个上得好的，中心领导让我俩还要再比试一次。这次是借学生上课，最终决定第一！可是上次上课没有反馈，我不知道上次课堂教学问题究竟是什么。我索性不管它了，上就上！最起码说明我上得还可以。我又选了毛泽东的《长征》一诗来准备。我查了大量的资料，包括长征背景、路线图、对诗的各种理解，等等。我知道了红军长征走了大半个中国，我知道了毛主席的“与天斗，与地斗，与人斗，其乐无穷”的富有号召力的语言，我还知道了诗的含义，等等。我根据学生的学习特点，根据诗歌的特点，紧抓关键词句，紧抓朗读，设计教学。当时课堂教学比较先进的是关注学生的学习，重视学习步骤的学法指导。我反复揣摩，仔细研究。一个字一个字地理解，巧妙设计每一步教学环节，对于其中的重点词语毫不放过。如“腾”“走”“暖”“寒”等。遇到疑问，我在家长引荐下，请教北京师大中文系研究毛泽东诗词的赵仁珪教授，请教我上大学时教古文的王斌（后来的师大工会主席）教授，他们都给我热心指导，使我明白了这首诗的匠心独运，也知道了毛泽东诗词，不能随便确定目标为“理解重点词语的意思”，应该是“关键词”。王斌老师告诉我，说重点词不恰当，因为很难说毛主席诗词哪个字词不是重点，应该说是关键词。我从大学老师身上学到了治学的严谨，为日后我的认真做事起了很好的作用。

我经历了这样的认真全方位的备课，自然课堂效果十分的好。上完课后，还是那五位教研员评课。这次，李老师主动上前说：“陈延军，你上得真不错！你的功底很好，这次学生学得也好，师生关系处理得恰到好处。上次讲古诗，应该说也不错，但是教师表现的多了。今天来了个 180 度大转弯，重视学生的学了。这就对了！你说说是怎样转变思想的?”我听了，痛快地回答：“李老师，上次您没有评课。我估计就是有问题，我这次把精力用在吃透教材上，用在研究学生上，少有自己的预设，课上多是学生的学情，一切根据学生的表现来上课备课。”我又讲了大学老师对我的精心指点。李老师听了很感动，佩服我对教学的精心钻研。当时，高主任和李老师就决定，由我在来年春天，代表海淀区为北京市上节展示课。我表现得很谦虚，并愉快地答应了。李老师还关心我说：“你过年回老家看看父母，踏实过个年，回来找一篇适合你的情感丰富的文章，咱们一起研究，到时候叫上市教研部的康老师、帅老师共同备课，相信你一定能做出成功的令人满意的课来！

我忘不了高主任对我的厚爱，忘不了李老师对我的信任！

第一次在首都小语教学舞台上的精彩亮相

带着李老师等区教研室专家对我的厚爱，我回家过了春节，而且也琢磨讲哪一课合适。翻来看去，我决定讲老舍先生的散文《草原》。说实在的，在北京的几年小学教师生活里，我感到首都教育的博大，更为过去在农村教学经历的教学遗憾感到坐卧不安。我虽然上了师范大学，那是特殊的机会。我没有好好学习语文，也没有认真读过什么大部头的经典，像唐诗宋词元曲汉赋和现当代名家名篇等（上世纪六十年代的中小学生活还是很单调的，读书不像现在认识得重要），也就是说没有深厚的文学功底。我知道这一课是很多名师都做过的课，没有一定的文学积累，是讲不出新意的，是不可能超越他人的。怎么办？毕竟是在首都舞台上展示自己。换句话说，不仅仅是代表自己，更重要的是代表着海淀区的水平，而且是一个上过北京师大的自己。我恐慌，我紧张……但我鼓励自己，一定要把握住机会，一定要赢得成功！

春节过后，我把课文读了不知多少遍，直到背会为止。我路上背，家里背，办公室背，满脑子都是课文。在背诵课文时，我总觉得文章开始很别扭。我们写文章没有一上来就“这次，我……”的开头。我怀疑课文开头有改动，于是我开始到师大图书馆去查阅资料，凡是与老舍《草原》相关的内容，我全把它复印下来。

我从老舍的原文“小引”中了解了草原的写作背景。“1961 年夏天，我们——作家、画家、音乐家、舞蹈家、歌唱家等共二十来人，应内蒙古自治区乌兰夫同志的邀请，由中央文化部、民族事务委员会和中国文联进行组织，到内蒙古东部和西部参观访问了八个星期。陪同我们的是内蒙古文化局的布赫同志。他给我们安排了很好的参观的程序，使我们在不甚长的时间内看到林区、牧区、农区、渔场、风景区和工业基地；也看到了一些古迹、学校和展览馆；并且参加了各处的文艺活动，交流经验，互相学习。到处，我们都受到领导同志们和各族人民的欢迎与帮助，十分感激！以上作为小引。下面我愿分段介绍一些内蒙风光。”我一句句细读，一个词一个词地品味，我感受着“人民艺术家”语言的风采。

我又从原文中知道了课本的开头编者做了改动。原来的开头是：“自幼就见过‘天苍苍，野茫茫，风吹草低见牛羊’这类的词句。这曾经发生过不太好的影响，使人怕到北边去。这次，我看到了草原。那里的天比别处的天更可爱，空气是那么清鲜，天空是那么明朗，使我总想高歌一曲，表示我的愉快。在天底下，一碧千里，而并不茫茫。四面都有小丘，平地是绿的，小丘也是绿的。羊群一会儿上了小丘，一会儿又下来，走在哪里都像给无边的绿毯镶上了白色的大花。那些小丘的线条是那么柔美，就像没骨画寻样，只用绿色渲染，没有用笔勾勒，于是，到处翠色欲流轻轻流入云际。这种境界，既使人惊叹，又叫人舒服，既愿久立四望，又想坐下低吟一首奇丽的小诗。在这境界里，连骏马与大牛都有时候静立不动，好像回味着草原的无限乐趣。紫塞，紫塞，谁说的？这是个翡翠的世界。连江南也未必有这样的景色啊！”

我读着原文，觉得少了“自幼就见过‘天苍苍，野茫茫，风吹草低见牛羊’这类的词句。这曾经发生过不太好的影响，使人怕到北边去。”第一段就突出不了老舍的惊异和对草原的喜爱。直到现在，我到各处讲学时，还经常提起，为什么我们的编者把这句随便删掉了呢？而且在目前提倡尊重原著的情况下，我还没有看到一个版本的《草原》是原汁原味的。尤其是我欣赏的“也不知怎的，就进了蒙古包。奶茶倒上了，奶豆腐摆上了，主客都盘腿坐下，谁都有礼貌，谁都又那么亲热，一点不拘束。不大会儿，好客的主人端进来大盘子的手抓羊肉和奶酒。公社的干部向我们敬酒，七十岁的老翁向我们敬酒。正是：祝福频频难尽意，举杯切切莫相忘！”中的词句，为什么都删掉呢？删掉了，那么后面的“是呀！蒙汉情深何忍别，天涯碧草话斜阳！”还有什么滋味，和谁呼应呢？包括最后一段，真是老舍的精妙点笔，也没有了。

“乌兰巴干同志在《草原新史》短篇小说集里描写了不少近几年来牧区生活的变化，文笔好，内容丰富，值得一读。我就不想再多说什么。可是，我又没法不再说几句，因为草原和牧民弟兄实在可爱！好，就拿蒙古包来说吧，从前每被呼为毡庐，今天却变了样，是用木条与草秆做成的，为的是夏天住着凉爽，到冬天再改装。人的生活变了，草原上的一切也都随着变。看那马群吧，既有短小精悍的蒙古马，也有高大的新种三河马。这种大马真体面，一看就令人想起‘龙马精神’类的话儿，并且想骑上它，驰骋万里。牛也改了种，有的重达千斤，像小缸。牛肥草香乳如泉啊，并非浮夸。羊群里既有原来的大尾羊，也添了新种的短尾细毛羊，前者肉美，后者毛好。是的，人畜两旺，就是草原上的新气象之一。”像这段话，让学生读读会有更多的收获。大师的语言多给孩子一些没有害处。文章是有文气的，我建议编者轻易不要改动。

我讲课时开场白便是从前面学过的《林海》开始，娓娓道来，告诉学生老舍的游踪和工作思路。“回想学过的《林海》一课，课文通过描写‘林海’赞颂的是什么？（和祖国建设的关系，对祖国建设的贡献。）那么今天我们随着作者，一起走进美丽的草原，去感受草原风光。”多么朴素的开场！这不就是在落实《布鲁姆教育目标分类学》中认知过程维度说的“注意引导学生从常识记忆中提取相关知识：如识别……（回忆……）”吗？

在讲到主客热情干杯的时候，我也及时地吟诵了“祝福频频难尽意，举杯切切莫相忘！”理解到“蒙汉情深何忍别，天涯碧草话斜阳！”时，我让学生四句连读，正好是一首富有自然气息和人文情怀相融合的诗情画意的诗。

最后的作业揭示老舍的其他三篇散文，让学生一读，这不就是现在主张的课内外阅读相结合吗？现在想起来，那时的课是不过时的。

大都市从教取得机会后的坚守

我们都知道，一个人一旦拥有机会，便一发不可收拾。我自从上了北京市的展示课《草原》后，在海淀区乃至北京市有了名气。首都小语界都知道北京师大有个小伙子，是大学毕业后自愿到小学工作的教师，课讲得特别好，而且很能学。当时在1996年，能在市级露脸展示老师们上的课很少。教研室各位老师及听过我课的老师的宣传，区教委各级领导的重视，使我向名师的距离更进了一步。教研室李老师也在打造我，鼓励我勤奋工作，继续努力，并向特级教师的方向前进！

之后，好多学校请我去做引路课，李老师每个学期让我必在区教研组上做一次引领课。我一次次地自信了起来，也在多方面磨炼了自己，包括做人方面也悟到了很多经验。

其间，我被许多地方领导看中过，也被当人才挖过。中央电教馆一领导在一次“九五”市级课题会上，听了我的汇报，对我很感兴趣，便想把我调走。我没有答应，我想我只是个小学教师，那个地方不适合我。中间，海淀区教研室高主任想把我调到教研室，我没有答应。后来高主任又把我推荐给北京市第三师范学校小学语文教材教法老师娄湘生让我去接班，我没有动摇。还有，中央某机关的家长和我接触，看我文静踏实，文笔好，觉得我在小学施展不开本领，有点屈才，想把我调到机关。我考虑再三，没有动摇。总而言之，我觉得党和人民培养了我，教育工作选择了我，我是个“小学教师”，只对教学感兴趣，我有那么多的小朋友，那么多的教师朋友，那么多的家长朋友。我干任何一行工作，都不会有这么多的朋友资源，我觉得唯有和孩子一起是我最大的快乐！

再后来，我成为了海淀区最年轻的学科带头人，屡屡有了表现自己的机会。随着各界对教育事业的重视，1997年，新的一轮北京市首届青年教师研修班成立。在海淀区教委推荐下，经北京市教委批准，我成为学员班一名学员，当时偌大的海淀区才有三名语文教师在此班上学习，有后来成为北大附小校长的尹超和万泉河小学校长的朱兰兰。这个班的成员都是各区县比较优秀的青年教师，当时行内人员称是首都小学语文界的"黄埔军校"，是为培养未来特级教师做准备的。培训班上，给我们授课的都是在北京市、乃至全国有名的语文专家。如：张光璎、张光珞、王有声、李春旺、赵景瑞、杨丽娜、武琼、翟京华、冯禹川等老师。

经过一年的学习，我们如期完成了学习任务。这个班学员还真是没有辜负领导的厚爱，在后来的工作和学习中，都在自己的岗位上做出了突出的成绩。四十多名学员中，有近一半（包括我在内）评上了北京市特级教师。如王欢（北京东城区史家胡同小学校长）、李明星（北京小学校长）、张增甫（丰台区教研室主任、北京孟二冬式的优秀教师）、杨红兵（石景山区教研室主任）、唐富春（原东城区教研室小语组副组长）、项红（原东城区史家胡同小学副校长）、马丽英（北京实验二小副校长）、杨德伦（北京市密云县教研室主任）、郑小平（密云县第二小学副校长）、朱凌霞（怀柔县教研室语文主任）等。又如大家熟知的吴正宪老师（北京基础教育研究中心小学数学主任）是我们那届数学班的。这些人目前都是顶梁柱，都承担着建设首都教育的责任和重任！

党和人民给予我的越多，我越是感到不踏实。我倍感荣幸的同时，认识到更需要用马不停蹄的精神为教育事业而战。我一如既往地学习、实践。当时，尽管我成绩比较突出，但是由于北京师大实验小学人事关系属于大学，职称评定不在地方，所以没有破格中高的政策。我没有懈怠，没有放弃，而是默默地工作着、追求着。当然认真工作不是为了评上什么职称，获得什么荣誉。我就觉得我喜欢这份工作！后来师大调整中小学职评条件，和北京市统一了起来。在2001年，我经过师大系统的评审，评上了中学高级教师，当时是37岁。2003年，评上了北京市小学语文学科带头人。2006年又一次被评为市小学语文学科带头人。

在我整理材料的过程中，我越来越感受到，竞争更为激烈，条件也越来越高。我现在经常对青年教师说，你犹豫不前行，跟不上社会的脚步，你就会被淘汰。这是社会发展，也是教育发展的必然结果。就拿我来说，2003年，我就发现自己没有了任何优势，那时本科生在小学工作逐渐多了起来，自己不再当年，学校不能老把机会给我一个人，上课机会也越来越少。怎么办？要选择有别于他人的优势，那就是不断思考、不断总结自己的教学。我把自己当成刚工作的年轻人，丝毫不敢疏忽。每节课后，我都认真总结自己的得失，每个学期都梳理本学期的教学经验，写出了一篇篇好的教学论文。遇到各种机会的论文评选，我绝不偷懒，次次必交，而且获奖率很高。我校的老师都称我为“获奖专业户”！我的论文质量高，是远近闻名的。2007年，在北京市教育丛书编委会的约稿下，我撰写了专著《培养学生的读写表现力》，得以正式出版。

在多年的教学实践中我认识到：不但要做一个处理日常教育教学工作的行家，而且要做一个不断发现新问题，不断解决新问题的专家。做一名科研型教师，是当今社会赋予我们的使命。科研不是可做可不做，而是必须要做的。随着教育形势的日新月异，现代化教育速度的迅猛发展，要求教师必须不断摆正继承和创新、教学和科研的关系，只满足于教“课本”，是不能适应新的教育形势的，也是裹足不前的。只有在教学实践中发现问题，并不断探索解决问题的途径，按客观规律办事，才能向课堂教学要质量。正是从这一高度出发，我在实践中，不仅仅局限于只会教书上，而是积极参加教育科研活动，更加明确地树立一个大目标——就是在理论和实践的统一当中，努力扬弃应试教育的弊端，扬弃现有的不适合素质教育的模式，扬弃课堂上多余的不必要的消耗，创设有助于学生身心发展的天地。以科研带教学，以课题带教学，以教学促科研，提高教育教学质量，是我专业成长的必由之路。

我越来越热爱本职工作，也越来越备受各级领导的重视。许多学校乐意请我指导，无论到哪里指导教学，由于我指导到位，所以虽然不是特级教师，但老师都把我当特级教师来对待。我觉得肩上有很重的责任，只有学习，不断参加教学研讨，才可以很好地引领教学。

事业是我的儿子，生活是我的女儿

记得中央电视台《综艺大观》栏目主持人倪萍接受记者采访，当问她为什么栏目做得这么好时，她的回答是：“每一期，都像对待自己的儿子一样去认真对待，并想法做好，所以有了让观众认可的效果。”我之所以能走到今天，也是把事业当成自己的儿子来看待，慎重认真做好每一件事，同时我还是一个极热爱生活的人！生活给了我教育思想的启迪，教育事业的需要又使我不断开辟新的生活和爱好！

随着社会的不断进步，我国国民素质开始了质的飞跃。社会对人才的要求越来越高。

教师也不例外，过去，像齐存先老师等献身于教育事业的就可以成为优秀教师，现在可能就面临着下岗。我经常听有的老特级教师说：我到了现在这个时代也评不上特级教师。有的外地调到北京的特级教师也说：我在北京也评不上特级教师。事实就是这样残酷，因为现在能评上特级的都是在综合实力上较强的教师。

我深知：你要想得到同行的认可，就需要百倍的努力。既要学会做人，还要学会做事！在全社会弘扬社会主义核心价值观念的今天，要全面关注学生的发展，首要的是教师自己要全面发展。否则干起事情来会力不从心，事事不随愿。

我在努力工作的同时，不断修炼自己的德行。我把全部精力用在工作上，不但向专家学习，向高人学习，还将专家的观点，加上自己的理解不断用在课堂教学的探索中。各级领导和前辈的关怀，给了我许多发挥作用的机会。支教下乡、评选教学优质校的下校听课，帮助薄弱校的建设，到北部新区学校指导工作，等等，凡是需要我去的地方，无论学校大小，还是距离远近；无论听课评课，还是讲课讲座，我都以主人翁的态度积极工作。我全身心投入其中，把“为教育做点事情”作为报答培养我的市区领导、专家和老师们的机会，从没有喊苦喊累。市区各级领导和前辈赋予我这样高的荣誉，我深深地感到了肩上的责任重大！能把青春献给海淀教育，是我无上的荣耀和永恒的使命！

我在学校承担着繁重的工作，一周 9 节课，并兼抓学校的教科研工作。外出开会多，参加活动多，写的东西多，指导教师多。每天我 20:00 以前都是泡在办公室，很少早点回家。即使回到家，也总是有处理不完的事情：电话指导老师的论文、回答老师的问题、帮助老师修改教案等是常有的事。我没有轻松过上一个星期天，总是约老师到家里或学校，继续教学研讨，要不外出开会、讲课讲座。我每天都是最后一个离开学校，几乎是以分秒算时间。当我看到教师教学、科研获奖了、进步了、明白了，我感到无比的快乐。因为我尽到了一个名师的责任！

任务之繁杂必然要挤时间。出去掉的课回来还要补上，作业还要及时批改，我没有因为外出而影响孩子一节课，没有漏批一次作业。许多老师不理解我工作的密度和强度，有的甚至认为我可以不用上课，只做指导教师就可以了。我的回答是“选择了特级教师，就选择了苦累！”“作为一线特级教师，没有课堂教学实践，就失去了教学的发言权！”我不断在课堂上颠覆自己，探寻学生学习的门径，一次次获得教学的新生！我不断在和教师的共同发展中享受成长的快乐！

没有比和教师一起成长更幸福的事情了。市区教委组织的“名师下校指导团”“名师带徒弟”活动是一项利校、利师、利生的活动。参与一项项活动，不但为学校发展提供了指导的平台,也为我自身的发展提供了空间。行政部门组织活动的目的之一就是扶植薄弱校逐渐走向教学成熟,同时也使每一位名师的作用得到更大发挥。尽管每一个名师都很优秀,但不是发展到了尽头,每个名师也都存在更大的努力发展空间。就拿我来说吧,我一直参加帮扶工程的各项活动。只要学校提出上课要求,我就主动请缨,并积极准备。我觉得特级教师就应该冲在前面,用课堂说话!我打破以往带课上课的惯例,因需要而上课,因老师需要而设课。我让被扶植的学校领导和教师一同来点课,学校老师需要什么,我就准备什么。根据点课我备课、上课和讲座,使指导更有针对性,更具实效性。近几年来,我先后为海淀区北部新区、北京市郊区县的薄弱校上课三十余节,其中阅读课《钓鱼的启示》《成吉思汗和鹰》《阅读大地的徐霞客》和习作课《成长中的一件事》《礼物》《记一件小事》,都是来自于学校点课而准备的内容。我做的课及课后的专题讲座《陈老师和你一起学教语文》《陈老师和你一起学教作文》受到了领导和老师的好评。在活动中,专家传帮带,老师学思研,专家和老师共同发展,共同提高,共同打造北京市、海淀区教育的共同体,享受着"共携发展"的和谐乐趣!

虽然帮助的是学校的发展,但是在北京市、海淀区这个团队中,我在带动老师专业成长之路上,自己也不断得到历练,不断得到专业提升。应该说,我的教学技艺得到了很多锻炼,我的成长离不开两委领导的厚爱,离不开前辈的领航,离不开名师下校团、师训部、教师进修学校等领导、专家的一步步培养。我会永远感恩!

了解我的人都知道:我是个工作狂,同时也是个热爱生活的人!

工作之余,我喜爱养花,家里养了大小植物共二十余盆,一年四季鲜花不断,还写了不少文章。我觉得养花给了我灵性,让我悟出教育的真谛。花草是生命的代言体。我养的花草全是别人送我的开放后仍然活了多年的。它使我明白了做任何事都要细心、耐心;我还从春游时的野外大山里移植花草,尽管有的会死去,但是我也要尝试,这使我明白了教学上也是可以大胆想象和尝试的;在我眼里,花草没有贵贱之分,没有漂亮与否,无论开花与否,我都喜欢。我想,一个喜欢花的人,不会对花有偏爱。这使我悟到学生本身无好坏,只要他努力,做好自己,就是好样的。同时,一个真正爱教育的老师,对学生是一视同仁的……

另外,我喜爱到田间地头,静静地欣赏田园风光;我喜爱跟各种人打交道,喝茶聊天,畅谈生活。尤其我喜欢和朋友谈人生的话题,为的是不要做社会的文盲,互相交流,研究人与人的关系,人与社会的关系,从而找准自己的位置,与他人和谐相处,共赢人生!我结交的朋友范围很广:大学教授、文人志士、影视演员、工人农民……形形色色,无所不有。我觉得当今社会做教师的不能那么传统,"两耳不闻窗外事,一心只管死教书"!我们应该做对社会现象敏感的人，做关心社会发展的教师。不这样，上出的课也是死板没有活力的！

可以说，我每天沉醉在钻研教学的事业中，疲倦之时，又享受生活的乐趣，我热爱事业，更热爱生活！

北京教育科学院教师学院鱼霞院长总结评价我说："陈延军以大学四年所学的教育理论知识为优势，在自己的教育教学过程中总是以研究者的视角来审视教学实践，在实践中发现问题，并形成了自己的教学思想。同时，他又是生活的热爱者。在事业中享受教育生活的乐趣，在日常生活中时时感悟教育的真谛，这是他的境界。"

正确对待他人和自己

我越来越发现，人生的长河中，做人是极为重要的。曾是全国政协委员的北京著名特级教师张光璎老师曾对我说："延军，要做笑到最后的人！"这句话引起了我的思索。张光璎和张光珞老师是一对双胞胎，是全国唯一的孪生姐妹花的语文特级教师，是北京教师敬仰的楷模。两位老师德高望重，尤其是做人，那是让人提起来都感到佩服的。她们如今年逾八十，仍然活跃在首都基础教育的舞台上。我跟她们在一起，感受到了姐俩儿的人格魅力。她们都有一个多年的教师团队，每年聚会几次，而且友谊深厚！

我也见过有些有名的教师，当出了名时得意忘形，找不到自己的位置，很快就被社会淘汰了。我逐渐发现：当你过于在意自己时，可能就远离了大家，只剩下了自己；当你和大家打成一片时，你可能就丢掉了自己，得到了大家。无论什么人干什么行业，做人的标准是一样的。所以"高调追求，低调做事"成了我的座右铭。

我深知自己走到今天的不易，更加珍惜所得的荣誉。我也知道大家没有得到，不是他们没有努力，而是某一环节脱臼了。我经常对徒弟们说：要活得开心，但是还要处处小心，因为我们是社会中的人。当你取得成绩时，不要洋洋自得，不要忘了背后的团队。当你失意时，要想想那些面对更大挫折而走向成功的人士。

我尤其告诉自己，当别人给自己提出意见时，你要包容、谦虚，那是同志们对你的帮助和真爱，是希望你成为他心目中完美的人。人家给你提意见，就是他看到了你的不足，你把不足改掉了，人家觉得你完美了，你们就有了共同的话题。你顶嘴解释不接受，看似是你胜利了，以后别人就不说了，对你多了恭维，少了真诚，你就失去了朋友。要认识到，在关键时候，给你提意见的人，对你的看法是不容易改变的，只有你调整自己，他才接受你。你不改变自己，他就不会给你支持。当然，别人夸你时，那是朋友对你的赏识，更要感谢。现在社会多元化了，就允许别人以各种角度评价你，也包括你自己看待自己和身边的人。

我常常告诫自己，一个人要想快乐，既要做本“我”，即自我，就是所谓的我们常说的“为自己活着”，同时也要学会做大家心目中的“我”，即社会中的“我”，也就是别人心目中的“我”。不学会这样做，恐怕发展很难！我也观察，做本“我”容易，做他“我”难。我恳切希望青年教师努力修炼自己的人格，赢得精彩的人生！

我在努力做好“本我”和“他我”。凡接触我的人，会有一个共同的感受：“陈老师平易近人，没有架子，人很真诚，好接近！”我总是说：“我生活在北京师范大学校园里，时时处处会碰到专家、教授。他们那么有学问，还那么谦和，我一个小学教师有什么了不起？”我就是这样，在人生的道路上和大家手挽手低调踏实地行走！我拥有了许多朋友，我还要争取更多的朋友！有一句名言说得好：“你要跑得快，就一个人跑；你要跑得远，就要和大家一起跑！”我愿做一个和你、和他、和大家一起跑的人！

我的教育感言：“我与你们相约，是教育构筑你我间友谊；我们与教育相约，是教育成就我们的事业；我们与事业相约，是事业给予我们的研究；我们与研究相约，是研究充实我们的生活；我们与生活相约，是生活提高生命的质量！”

精心规划设计自己的教育人生

我现在跟许多青年人聊天，觉得有的人理想境界低下，追求一时的满足，没有长远打算。我记得著名作曲家徐沛东唱过一首歌：“笑也一生，哭也一生……”那我们为什么要选择哭呢？茫茫宇宙，人生几何？每个人来世上只有一遭，我们与其选择糊涂消极人生，不如选择积极人生。凡接触过我的人都有一个结论，就是一步一个脚印。用北京小学特级教师张红的话说：“小陈，你的人生很用心，你是处处在经营自己的人生！”

我经常给徒弟设计他们的未来。我常说：“你可以达不到，但是不能不想自己的未来。得到未来就得到了人生，你就是幸福而快乐的人！”我常常在想：我 60 岁退休了在干什么？我 80 岁时还能为教育事业做点什么吗？有人不同意我的看法，说退休就去旅游，退休就回家看孙子了……我觉得这都不是真心话，也不现实。我有一个教科所的老师朋友，再干三年就退休了，现在干得很是热闹，退休后真能闲下来吗？说愿意退休，是工作累的时候说的话。你看我们的科学家，还有许多老有所成的同志，哪个不是还在工作，发挥余热呢？当然退下来享受自由自在的生活也没有错，但是延长事业生命线更是一种充实的积极有意义的生活法。现在的年轻人缺乏规划，其实很简单。我常给身边的青年教师说：当你现在工作时，要常设想自己到白发苍苍退休时是怎样的一个人。是教了一辈子书仍糊涂的人，还是明明白白教了一辈子书的专家。怎样工作，你就清楚了。

我羡慕科学界的专家，人到古来稀还在拼命工作；我羡慕文艺界的前辈，头发花白，穿着亮丽的衣服还在歌舞演出；我羡慕大学那些人退心不退的老教授；我羡慕教坛上永不衰老的前辈伏案工作的情景……那好了，这些人如果做不到德艺双馨，如果年轻时没有积淀，老了还不是待在家里的家庭“主妇”和“煮夫”吗？

一个人最不能原谅自己的是没有规划。大规划和小规划，要分阶段制订。人不能经常原谅和放纵自己。我们要学会自己给自己规划人生。人生要有自己切合实际的理想，然后每五年要有一个计划。一学期一小步，一学年一大步，五年一台阶，不断地规划自己。只有步步为营，才能实现人生的大欢欣。比如，刚工作的教师，你想什么时候评上小学高级教师？小学高级教师什么时间评上中心学区骨干教师？中心学区骨干教师什么时候评上中心学区学科带头人？中心学区学科带头人什么时间评上区骨干教师？区骨干教师什么时候评上区学科带头人？区学科带头人什么时间评上中学高级教师？中学高级教师什么时候评上市学科带头人？市学科带头人什么时间评上特级教师？特级教师什么时候评上名师、乃至教育家？……人生有限，追求无限。不断有目标的设计，不是追求功利，而是实现人生价值的奋斗历程！

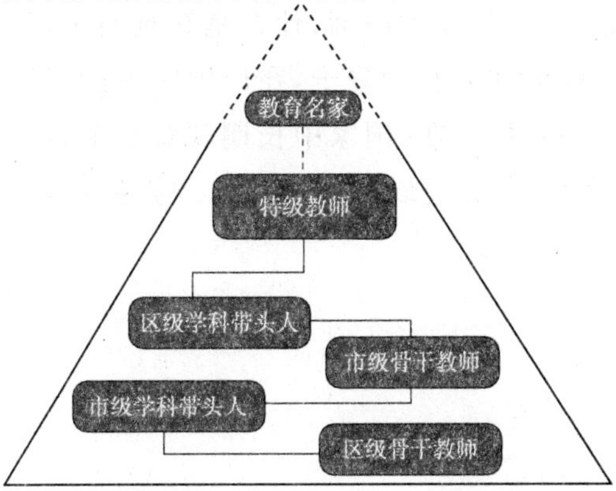

海淀区教师人才梯队的合理结构

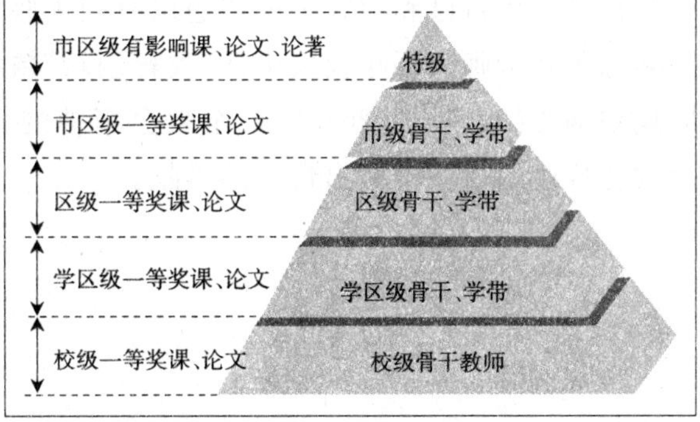

人才金字塔及具备条件

我就是这样做的。

18 至 23 岁，在河北农村工作期间：

影响自己的人——齐存先老师

主要事情

☆第一学期就有方向

☆20 岁“进位加法”就获了大奖

☆新中国第一个教师节加入了中国共产党

☆20 至 23 岁连续四次获得“河北省优秀园丁奖”

☆23 岁到北京师大教育系深造

情真意切做教育

☆27 岁毕业留在北京师大实验小学工作

☆32 岁为北京市做课《草原》；成为区年轻的学科带头人，市级首批骨干教师

☆37 岁评为中学高级教师

☆38 岁评为北京市“优秀教师”

☆41 岁、43 岁两次评为市级学科带头人

☆45 岁评为特级教师

北京教育科学院教师学院的鱼霞院长对我的总结是：“陈延军的成长经历和特级教师邱学华很相似，邱学华也是在乡村学校教书，后考入华东师范大学教育系读书，毕业留校，自愿返回到中学当老师，做出很大业绩。他们走出了一条从实践到理论再从理论到实践的教育研究之路。”

多年的工作历程，使我懂得了什么是全力以赴，什么是马不停蹄，什么是知难而进，什么是正确对待自己和他人……我愿以时间为骏马，成绩和荣誉为鞭子，在原国家主席江泽民同志于北京师大百年校庆讲话“教育创新”精神的感召下，在《国家中长期教育改革和发展规划纲要(2010—2020)》以及全教会精神的指导下，虚心进取，潜心钻研，顽强拼搏，在为教育事业的奋斗中做出自己的贡献。

多种角度思考教学

专家的引领带来的语文教育的思考和行动

上个世纪 90 年代后期，尽管素质教育、创新教育的呼声一浪高过一浪，由于认识上的原因，相当一段时间的语文教学游离于飘摇不定、模糊不清的状态。受应试教育的影响，语文教学彰显其弊端。

杨东平在其论文《人文价值的流失》中指出："语文课程本身越来越标准化、技术化、工具化，加重语法、逻辑、修辞等'理性'的内容和写作技巧的训练，它是以磨灭学生的真情实感和教育的人文性为代价的。"

一些教育理论家呼吁注重当前"儿童集体失语症"的研究。北京师范大学中文系王富仁教授指出，小学生作文统一题材，甚至开头结尾都要落在一个点上的要求，导致学生作文的统一结论、统一话语。学生为了得高分不得不这么写，他们失去了自己的眼睛，自己的感受，自己的语言，一切为成人的标准所左右，长此下去，恐怕我们的后代都将是"克隆"的产物。如果我们给学生以更多的自由，让他们充分表现自己内心的感受，表达自己的情感，在此基础上再教会学生必要的语法修辞知识，情况将会大不相同。又如，我们在听课时经常看到，为了突出人文性，课上，教师该讲的不讲了，该教的不教了，似乎品词品句，支离破碎的讲解及语言文字的训练就是淡化人文性，强调工具性，因而使教学变成了热热闹闹的脱离语言文字的查阅资料、不加点拨的读书感悟、复述课文、演节目、编小剧、小队行动等的活动课，虽形式上花样翻新，但实质上还是一味单调地重复再现课文内容。再加上课堂活动量化观点（如一节课老师的讲解不能超过三分之一，大问题不能太多，学生的回答不能少于半数，学生读书时间不能少于 15 分钟……）的介入，使语文教学又陷入了僵局，好多教师又不知该怎样教了。

专家们的观点，让我反思我们和我自己的语文教学：我们是在大谈人文性的时候，走向了另一个极端，即忽视其工具性，这一点是极不可取的。难怪有的语文前辈听不同时期的同一篇课文教学后，感叹学生一节课在语言素养上所得甚少，甚至完全看不到语言训练的影子，看不到学生语文表现力的体现，所以更留恋过去的语文课。《全日制义务教育语文课程标准（实验稿）》各种标准都是以知识与能力、过程与方法、情感态度与价值取向来拟定课程目标的。“知识与能力”是语文教学的最基础性目标、学科核心性目标，字词句篇、听说读写是语文教学的“抓手”“根本”，同时也是过程与方法、情感态度与价值观的依托。舍此“根本”，过程与方法、情感态度与价值观就成了无源之水、无本之木。现在有的老师谈“知识”色变，绕“能力”而行，认为这有“技术倾向性”，不符合课改精神。实际上这是一种错误的理解。有些舆论“不赞成系统地传授有关语言文字、文章、文学、文化的知识”，这是对传统教学“填鸭式的灌输主义”倾向的一种批判，但并不是说我们就不可以讲知识技能了。问题是我们不要把知识技能当成凝固不变的东西，要合理承认知识技能的不确定性，在学习运用知识技能的时候参与批判、创造，并由此建构新的意义。要明确，知识该讲的还要讲，技能该训练的还要训练。没有训练，就不会有能力，就不会产生思维的火花，更不会有学生表现的机会，同时也看不到创新思维发展的苗头。当然，也有处理得比较好的课。看来，真正落实语文新课程标准的精神，就要求教师的教学实践，应注意人文性的问题不能脱离开工具性的问题单独地加以强调，而是在相机统一的前提下进行。强调人文性时，要充分发挥作者、教师、学生三个主体的作用，积极进行三个主体的平衡调控，关注学生的个体差异和不同的学习需求，让学生富有个性地利用一切学习资源，更多地接触语文材料，在大量的语文实践中掌握运用语文的规律，发展自我表现能力。即改变课程过于注重知识传授的倾向，强调形成积极主动的学习态度，使获得基础知识与基本技能的过程，同时成为学会学习和形成正确价值观的过程。改变课程实施过于强调接受学习、死记硬背、重复模仿、机械训练的现状，倡导学生主动参与、乐于探究、勤于动手，培养学生搜集和处理信息的能力、获取新知识的能力、分析和解决问题的能力以及交流与合作的能力。而在强调工具性的同时，应突出语文教学重吟诵、重感悟、重鉴赏、重理解评价、重运用。一切偏离语文教育的客观规律，将人文与工具、表现与再现对立起来的做法，都是极其片面的，也是危险的。

专家的观点引发了我的思考，对我影响最深的要数语文教育专家刘锡庆教授。刘锡庆教授是北京师大汉语言文学院写作教研室多年从事写作研究的著名专家、博士生导师，是 2002 年国家教育部新课标语文教材专家组召集人。认识刘老师是我的一大幸事。那是在语文新课标正在酝酿，还没有出台的时候，北京师大出版社想编出一套高水平的《作文》教材，请刘老师挂帅主编，小学由我负责。当时，我和初中、高中部分的主编一次次聆听刘老师的前瞻性指导，深感先生学术的精深。我对他说的每一句话，都认真做记录，回家来细细整理，慢慢吸收消化。把刘老师的作文思想“作文教学的目的，如果用一句话概括，那就是：解放人（解放人的思想、心灵、笔墨），解放人的精神创造力，使人的聪明智慧、创造潜能、才华才气全部释放出来！”“以说促写、先叙后论、虚实相济、先放后收、由大而小”落实在《作文》教材中。我认真落实刘老师的精神，精心编写，完成的稿子深得刘锡庆先生的夸奖。他夸我“头脑清楚，编得不错”。教材《写实·想象·个性·创新〈作文〉》一经正式出版，就以发行量十余万套赢得了各界的好评。接着，再版六次。后来，刘老师又约我参与编写北京师大出版社的《阅读配餐》，我又受刘老师的“阅读是由外而内地吸收、借鉴，‘吃’进来，是充实人，提升人；写作是由内而外地倾吐、创新，‘吐’出去，是解放人，展示人”，“能读会写是语文学习最精要的概括”，“要让我们的孩子多多接触老祖宗的‘酒’文化”等教育思想的影响，知道了阅读教学“以意逆志”的含义，了解了语文及语文教学的博大精深，知道了给孩子些什么。这样，“读写表现力”的研究在我的脑海里有了根基。刘老师经常对我说：“我的理论长期居高不下，你要把它吸收，用在小学课堂上，就是做了一件不简单的事。”我就是按照先生的指导努力实践着。刘老师在百忙中非常关心我的成长，给我很多机会。我在刘老师的培养下，结识了大学、中小学语文理论研究上很有成就的专家，思想敞亮了，眼界开阔了。刘老师还以《超越课堂，超越时代——科研型教师陈延军》为题，特意向《小学教学设计》“名师风采”推荐我的事迹和教学风格。在近十年阅读和作文教学改革实践的成长历程中，得益于刘老师的悉心指教，让我终生受用无穷。可以说，刘老师对我的影响，是我一次事业上的人生转折，是我事业达到高峰的根基。

刘老师对我的引路，使我自觉反思了语文教学存在的问题。我感觉语文教学现实存在的问题很大，是非界限模糊。在刘老师的引领下，我的认识越来越清晰。从新世纪初开始，我用近五年的时间，一直致力于“培养学生读写表现力”的语文教学中的阅读与作文的改革，大胆改革阅读与写作教学，形成了自己独特的“培养学生的读写表现力”教学风格与教学思想。

由于阅读教学始终是语文教学改革的重中之重。我总是从潜心钻研教材入手，查阅大量有关课文的资料，或原著，或原文，或他人教案，或教学点滴等，精心设计课堂的每一个环节，强化主体意识、训练意识、发展意识，并依据不同类型的课文，结合学生实际，制订明确的教学目标。教学中，力图从语文学科的工具性和人文性特点出发，寻找语文的根基。基于读的训练，从整体入手，以学生为主体，把教学过程变成师生互动与共同发展的过程。在教学过程中，着眼于学生潜能的发展，着眼于学生可持续发展。重内容的感悟，重建构知识网络，重语文素养的提高和创新能力的培养。多年来，从学法实验，到以读为本训练，到语言文字训练课，到整体感悟；从合作学习，讨论学习，到现在的探究学习，都做过有益的尝试，形成了自己的风格——“情感入手，自主选择，注重发展，寓教于乐”。即“把语文课上成读书训练课，上成语言文字感悟课，上成生动活泼的情感课”。在教学之余，总结出高质量的阅读教学论文三十余篇，并在区级以上公开刊物上发表。

作文教学，是语文教学的半壁江山。在作文教学中，一直有重实轻虚的偏向，极大地影响了学生主体的想象力、创造力发挥的作文教学模式；主张学生写作只有会实能虚，做到虚实相济，才算是真正具有了全面的表达能力，才能写出上乘的文章。在实践中我大胆改进作文教学，淡化文题，增加写作范围，给学生提供一些能“一石激起千层浪”的写作题目，作了改革尝试。这些作文题目，时代感强，不受任何限制，可以打开学生想象的闸门，倾吐学生心中的世界。学生们不再认为写作文是件难事，喜欢上作文课。多年来，经我教过的学生在各级各类正式出版物上发表的作文达四十余篇，其中有二十多位同学的作品获市级以上大奖。

小学语文教学不等于语文教学小学化

过去的小学语文教学，我们总认为是小菜一碟，大家不太重视。进入新世纪，对小学语文教学的认识和研究达到了历史上空前的高涨。过去，很少有大学教授、学者、作家、社会学家来关心小学语文教育教学。自新课改开始，研究语文的专家层次高了，这不能不说是教育上的进步以及对母语教学的重视。

过去，受加强“双基”的导向影响，我们多停留在把应知应会的死的知识传授给学生。对于一册书，过多地重视知识的传授，忽视过程和方法，忽视能力的培养，更谈不上社会化、个性化的研究。一切都和考试挂钩，和结果挂钩。似乎教师的教、学生的学就是为考试来的。

随着素质教育的不断深入人心，人们越来越认识到只是停留在认知上，是远远不够的。我们的小学语文到底怎样改革，一直是社会关注的热点。

我自 1981 年教语文以来，一直没有脱离实践。多年由于学习不够，我也跳不出来，总是关注学生的成绩。也片面地认为谁押对了考题，谁教的学生语文成绩高，谁就是好的教学，就是好的语文教师。经过不断地接触专家和不断学习，我越来越明白了认识的局促和狭隘。现在好多教师仍然沉迷于只是教死书上和只盯着考试上，这是不行的。

尤其是新课改以来，我的思路打开了。我认识到要跳出教育看教育，跳出课堂看课堂。学校是培养为未来做准备的一代新人的，教育的本质是为了人的全面发展。不站在人的全面发展的角度谈语文教学，都是不全面的。

我赞同著名特级教师李烈的观点：教育孩子要遵循孩子的成长规律。孩子的成长规律可以浓缩为一个“人”字。儿童的发展可以从两个角度看：认知发展，可以看作是“人”字的左撇；个性和社会性发展，可以看作是“人”字的右撇。一撇一捺，组成一个完整的“人”字。

著名特级教师于漪老师在《我和语文教学》一书中，通过自己的终身从教经验，得出了“教文育人”的思想。她说：“三尺讲台紧连着学生对生命价值的理解和创造。做教师的不能有丝毫的疏忽和闪失。课不能只讲在课堂上，那样的课只会随着声波的消逝而销声匿迹；课要教到学生心中，成为他们良好素质的有机部分。”

一次教育部重要课题研讨会上，中央教科所的江明教授在谈到语文素养的每一个问题时，总是和培养人相挂钩。这让我明白了无论识字写字、阅读教学、作文教学、口语交际、综合性学习，都和人的发展紧密联系。

我发现，越是有思想的老师，越是站在人的发展高度来谈教学。而我们现在的一线教师只是停留在教好一节课，或者一本书，甚至几本书等等的研究上，这样的研究最终是没有大的突破的。

看来教师的教学，不能只求站在讲台上死教书，更重要的是把眼前的每一个学生当成自己的孩子，关注他的未来。眼睛近视了，将来找工作就吃亏了；一个字没有写对，将来就容易犯大错；该查的字不查，靠猜测而学，那将来做事就应付了……你看，我们每节课只是教知识吗？备课时，眼前要出现一个个活生生的不一样的学生，设计的每一个问题是不是人人都能明白，布置的一个作文题是不是人人都有可写的素材……你都要做到心中有数。

现代课堂教学要关注每一个孩子的学习，让每一个孩子都能学好，都能养成良好的习惯。总之，备课要心中装有学生，要全方位、多角度地考虑问题。

一句话，小学语文教学不等于语文教学小学化。有的人听课，只关注教师的教，不关注学生的学；只关注课的形式的完美，不研究课堂暴露的真问题；只关注课堂的热闹，不关注课堂的效果……结果有百害无一益。

我听有的老师的课，死死的，不敢超越课本一步，不敢多说教案外的一句话，孩子们跟着紧张，这样的课是有问题的。

著名特级教师张光璎老师和我在一起听课时，曾问我："陈老师，你觉得这个老师在听说读写上做得怎样？"有一次，张老师在电话里和我探讨："一个学生的语文试卷成绩很高，能说他的语文素养高吗？"问题问得多么深刻。老专家的话引起我的思考：这里就有一个反命题，那就是说语文素养高，看什么？我们的《语文课程标准》说得很清楚："语文课程应激发和培育学生热爱祖国语文的思想感情，引导学生丰富语言积累，培养语感，发展思维，初步掌握学习语文的基本方法，养成良好的学习习惯，具有适应实际生活需要的识字写字能力、阅读能力、写作能力、口语交际能力，正确地运用祖国语言文字。语文课程还应通过优秀文化的熏陶感染，促进学生和谐地发展，使他们提高思想道德修养和审美情趣，逐步形成良好的个性和健全的人格。"看来语文素养是多元的，不是靠一节课、一个学期的学习能解决的，也不是只靠课堂上来完成的。它不仅仅是卷面的分数，更重要的是行为的端正。我希望教师要认真学习，结合自己的学习经验，参考身边语文素养高的人的经历，认识语文素养的实质。过去那种点面化、小学化的语文学习方式是不利于学生语文素养形成的，这点老师们要清楚。

语文，每一课都是育人的好教材。2011 年修订后的各科《课程标准》都特别强调弘扬社会主义核心价值体系的重要。语文课程作为母语课程，更是应当着重体现这一点。我们要培养每一个学生对语文的情感，让学生喜欢母语，这就是在弘扬社会主义核心价值观！

总之，小学语文教学不等于语文教学小学化：一是指语文课堂要在认知的过程中注意育人；二是不要只关注课堂上的学习，还要注意生活中学习语文。

语文教学是独特的"育人"课堂

国家督学陶西平说："基础教育的目标在于提高整个中华民族的素质，它的对象是全体受教育者,而不是一部分人,更不是少数人;基础教育的功能是为提高全民族的素质奠基,它强调的是基本素质的培养,而不是专业人才的培养。基础教育的确担负着为高一级教育和学校提供、输送合格生源的任务,但基础教育最根本的价值是育人,而不是选拔。”

作为基础教育的语文学科无论古今,传达的更是做人的道理。过去的教学,总跳不出知识的框架,多是在认知层面上下功夫很多,所以课堂上孩子的一切学习都是为了考试,似乎只有分数才能说明质量,这是片面的认识。现在看质量,已不是过去仅仅看重分数了,更是关注学生的全面发展。针对“卷面分数高是不是语文素养高”的问题,我也在课堂上问过学生,孩子们回答不是的。但是当我问“一个学生的数学卷面分数高,能说明他的数学素养高吗?”却出现了不同的答案,学生说:“不一定!”我一下懵了,还以为数学的答案也如此。结果学生提到我班一个数学超常生肖××(已提前被人大附中录取)来跟我辩论。我沉静下来思考,的确是,数学等理科类,如果是纯粹的理论研究,待在屋里,一头钻进去,也许他习惯不好,也许他为人一般,也许他不太热爱生活,但是可以攻克难题,做出成绩,获得成功。不能轻易给他扣帽子说“数学素养不高”。看来语文就不是这么回事了。语文属于母语的范畴,和其他学科不一样,和世界观、人生观有关联,是具有无限魅力的学科。语文教不好,将影响学生的终身发展,语文学不好,将制约其他学科的学习。一句话,学习语文,实际上是跟高尚的人学习做人与做事。

翻开每一篇课文,都是鲜活的生活再现。我们小学课本大都是记叙文和散文。著名博士生导师、写作大家刘锡庆先生说:“记叙文是有形象的,老师们一定要讲出形象。即使是散文,也是有形象的。”难怪《语文课程标准》中第三学段“教学目标和内容”明确表述为:“阅读叙事性作品,了解事件梗概,能简单描述自己印象最深的场景、人物、细节,说出自己的喜欢、憎恶、崇敬、向往、同情等感受。阅读诗歌,大体把握诗意,想象诗歌描述的情境,体会作品的情感。受到优秀作品的感染和激励,向往和追求美好的理想。”对于“文学作品阅读的评价,着重考查学生感受形象、体验情感、品味语言的水平,对学生独特的感受和体验应加以鼓励”。看来讲出形象是很重要的。有了形象,就有了人生的参照坐标,就会制约自己的行为。

形象来自于生活,读了文章,产生形象,并用形象影响学生。这应该是语文课程的特点。但是我们往往忽视了读文读形象,教学没有支点,这样的语文学习没有发挥很大效益。

因此我在课上经常通过有趣的事情,让孩子看到一个个大写的人,明白做人做事的道理;透过语言文字,欣赏优美的风景。《语文课程标准》(2011 年版)已然明确:“语文课程是一门学习语言文字运用的综合性、实践性课程。义务教育阶段的语文课程，应使学生初步学会运用祖国语言文字进行交流沟通，吸收古今中外优秀文化，提高思想文化修养，促进自身精神成长。工具性与人文性的统一，是语文课程的基本特点。”

语文的任务是什么？语言学家陆俭明发表了看法：语文教育一是给学生真善美的熏陶和教育；二是培养学生的文学素养；三是让学生掌握恰到好处的语文能力和知识。

北京师大汉语言文学院语言学家王宁在《语言学和中学语文教学》中讲道：“衡量一个语文教师的成绩，主要不是看他培养出了几个语言大师、文学家和语言文字学家，而是看他的学生在各种场合对语言问题的锐敏和在社会实践、科学研究过程中语言能力提高的质量和速度。”语文老师应当通过语文教学养成学生从语料中发现语言现象、概括语言规律的锐敏性、兴趣和习惯；教给他们贮存语言材料的正确、有效方法，敦促他们通过自觉的积累，使自己的语言逐渐丰富起来；让他们体验观察、想象、分析、综合、推论等获得新知识的实践过程，并在此过程中，训练他们把已加工成熟的思想用最得体、优美的语言表述出来的能力；最后，还要以语言为桥梁，培养他们的人际交往意识、创造性思维意识和文化修养意识。

语言学家张志公说：“教一篇文章，必须让学生透彻理解全篇思想内容，并且从中得到思想上的教益，知识上的启迪，感情上的陶冶，不这样是不对的，可是办法必须是带领学生好好地读这篇文章，一字、一词、一句、一段地都读懂，把文章的安排都搞清楚，让文章的本身去教育学生。”

几位专家的教学观点告诉我们教语文的真谛。我有时总在思考，学生九年义务教育真没少读语文书，语文老师也讲得慷慨激昂，语文老师又大都是班主任，为什么有的班里还乱糟糟的，学生许多事情做得很不好？后来我才慢慢发现，我们的语文教育“教”和“育”两张皮，“教”没有讲到孩子的心上，“育”没有触及孩子的灵魂，没有唤起孩子和作者思想的共鸣。一句话，语文教学没有真正按规律办事。

比如，讲冰心的《一只小鸟》一课，过去我们很可能都会设计：学了这篇课文，你有怎样的感想？孩子们海阔天空地空洞回答一番。现在看，说教过多，思想品德味浓。学生靠听讲是解决不了问题的。我们再看看国际阅读素养的测试题，你会发现，他们的题目很少这样命题，他们关注的是让学生在文中和作者一起游泳。备课时我非常关注文内游泳的设计：“假如你是在场的一个小朋友，看到那两个孩子用弹弓射鸟，你也会射杀小鸟吗？为什么？用读懂的内容试着回答。”这样的设计，引导学生在文中受教育感染，避免了跳出来随意空发感想的不疼不痒的做法，这样的教学，以书本之情育学生之心，效果很好。同时也学以致用，用学到的本领解决实际问题。请老师们想想看，这样做何乐而不为呢？

永恒的追求，永远的过程

大家都知道，在北京评上特级教师是很不容易的。举个例子来说吧，在我评上特级教师之前，海淀区近八千名小学教师队伍中，十年没有出过一个小学语文特级教师；又如，北京师大实验小学办学五十年了，可以说，师资力量很雄厚，名声在外，也没有出过一个特级教师，可见成长之难。面对这样的现实，我始终没有放弃。区小教科领导、业务部门专家都希冀我能评上特级教师。他们每次见了我，都告诉我要坚持，不要放弃追求。教育老前辈鞭策我继续努力、实现目标。我知道，在首都平台上发展，既靠实力，又靠毅力；既看人品，又看学品，任重道远！

我把热爱教育事业当作毕生的追求，我在心里默默给自己加油！在平时的教学工作中，我知难而进，以积累资料为乐趣，以学习为享受，坚持终身学习，处处留心皆学问。

工作中，我感受到教育形势的突飞猛进，教改的日新月异，再上一个台阶的不容易。尽管在海淀区、北京市，乃至全国一些地方上课后，老师们都赞不绝口，但是比起研究语文教学的大家还有差距，于是又给自己制订更新的高度。首先弥补自己在语文修养上的功力，我又参加北京师大《课程与教学论》研究生班学习，另外，和多位中文系老师、同学为友，广泛接触比较有见解的大学、中学，以及外地的语文特级老师。看他们的文章，听他们的讲座，并带着思考的头脑，带着“做什么——为什么这样做——做的结果”的思路审视他们的语文教学经验。我把目前比较优秀的老师的课堂实录，进行规律性的整理，在自己的教学实践上再尝试，验证其效果。如，针对一段时间课堂教学上出现的一味肯定学生的发言，致使教师表扬乏力的现状，我总结出了课堂上教师经常用到的指导性的语言。如，针对课堂上老师的设问“无的放矢”，总结了相对的“有的放矢”的精心设问 50 例。教学研究中，我认识到“读”是语文教学之根本，是必由之路。语文学习如果连读书都不重视，那可能谈不上其他能力的培养。没有读书，谈不上理解，谈不上运用。关于朗读，一直是近来关注的焦点。我在集中了许多优秀教师的读的指导基础上，在“一般意义的宣读，理解地读，有体验地读，传情达意地美读”的形式上，整理出“我教读书的方法”，并总结出常用的教师鼓励学生读书的课堂用语。

1. 迅速地浏览课文,尽量读得自己明白。

2. 这不是朗读的技巧好,而是对感情体会得深。

3. 痛苦(高兴),应该怎样通过读表达出来?

4. 同学们,读书的时候一定要倾注自己的感情,你的感情到了,读得就会有进步。

5. 说得好,你就带着这种忧伤的感情,把这一段再读一读。

6. 就是这样。救,要付出代价;不救,老王就会死。带着这样的体会,请你们自己读一读。

7. 把你自己的感情带到课文中再朗读一遍课文。

8. 有感受吗?那好,再带着感受朗读这句话。

9. 读一两遍显然是不够的,再细细地读,不要放过一个字,一个词,一边读一边感受。你会发现,这一段中突然有个词语跳入了你的眼帘,把它抓住,不要放过了。

10. 你的眼前有了总理的办公室。让我们再来读读这段话,再来感受一下总理办公室陈设的"极其简单"。

11. 你们的眼神告诉了老师,有一份深深的感动在你的心中涌动!来,再一次把你的感动用朗读告诉在座的老师。

12. 你读得非常认真,非常投入,但读课文要有节奏。请你站起来,听老师读一遍,听听老师读的节奏有什么不同,好吗?

13. 好的,不错。每个同学读书时不但要读给别人听,更重要的是要用自己的耳朵倾听自己读书的声音。

14. 这一次,我不但要听你的声音,还要看你的表情。我发现,有些同学读这篇课文时把自己当成局外人了。现在,你想把自己当成谁来读?

15. 你们读得非常准,如果能再大声一点、自信一点就更好了。来,坐好,大声地读。

16. 下面就请同学们带着你们刚才提的问题来读课文。要读得字字响亮,句句通畅。请你们读一遍,我听听能不能做到。

17. 我听后的感觉是比较通畅,但响亮还不够,还能再响亮一点吗?声音代表你有自信。再读一遍。

18. 这一遍读得更好了。但要怎么读才能更好一点呢?听老师读一遍课文,想想和你有什么区别?

19. 你们的喇叭就是你们的嘴巴,你们的喇叭放开没有?来,放开你的喇叭,再读一遍。

……………………………………

20. 读得真是字字响亮，但感觉还不是十分流畅。这不能怪你，你才读了一遍书啊。我们一起来读一下这一段。

21. 读了课文，有什么感受？好。把最难受、最可恨、最可气的复杂感情读出来。

22. 再读一遍，把你的感受写在脸上。

23. 为什么读这一段会掺杂这样复杂的感情。就是因为你理解了课文。

24. 谁把这一段基本上背诵下来了？你只错了一个字，错的这个字不影响课文的整个意义，相当了不起。你之所以背得这么快，我想一个重要的原因，是你用你的情和爱来背的。

25. 来，让我们像京剧演员一样字正腔圆地把课文认真诵读一遍。

有了归类整理，有了对一个教学问题的专项研究，上起课来得心应手，语言丰富。所以，好多老师听了我的课后，说表扬是那样的到位，富有指导；点拨是那样的及时，立足提升。

我深知搞小学语文研究，没有深厚的中文功底，是很难有所突破的。可这恰恰是我的弱项。小时候，大气候是不重视读书，再加上看这方面的书不多。我充分利用出版社给我的机会（出版社常约我编书稿），一边编写，一边强迫自己读书，熬了多少个日夜，我不知道，看了多少篇文章，我记不清。只是换来了现在我看什么都是有用的资料。每次备课，我都把吃透教材当作头等大事来做。我不是草率地读上几遍课文，便拿出教学参考书来抄上一些内容，应付检查；也不是从网上或教学杂志上照搬他人的教案，而是先避开教参，自己去反复读课文，几遍不懂，几十遍，直到读懂为止。所以有许多课文我都达到了一字不落地背诵，为上课达到"放下课本，丢下教案，忘掉自己，关注学生"的娴熟效果做好准备。读不懂，就不放书，不备课，是我自勉的工作态度。这样，每次备课，我都找出新的入口处，使学生节节感到语文课文的无穷趣味，处处感到汉语言文字的魅力。每个星期天，我都将一个星期积攒的报纸拿来，经过三遍浏览整理所看的资料，最终留下可以使用的资料，用来剪报，分类张贴保存。《中国教育报》《中国剪报》《中国电视报》《北京晚报》《中国青年报》等，都是我阅读并搜集资料的丰沃源泉。如，看到《谁是最可爱的人——访作家魏巍》，就和课文《再见了，亲人》相联系，尤其是描述战场上的情景："身上着火的战士拼死往敌人身上扑；头上戴着绷带的伤员向敌人冲过去，绷带散开随风飘扬……""战后，这个连的阵地上，枪支零件扔得满山都是。烈士们的遗体，保留着各种各样的姿势……有一个战士，他手里还紧握着一个手榴弹，弹体上沾满脑浆；和他死在一起的美国鬼子，脑浆崩裂，涂了一地。另一个战士，嘴里还衔着敌人的半块耳朵。在掩埋烈士遗体的时候，由于他们两手扣着，把敌人抱得那么紧，分都分不开，以致把有些人的手指都掰断了。"这样的资料，读后，我眼前浮现出一个个志愿军战士活生生的形象，我的心灵受到震撼。《再见了，亲人》那“朝鲜群众和志愿军战士的依依惜别之情”深深地打动了我的心。看到《2005：他们让中国感动》中的人物王顺友，颁奖词“这位邮递员，孤独是他生活的一种常态，甚至会在十四五天的时间里自己跟自己的歌声打交道，跟身边的马儿打交道，这个时候你就知道，孤独是让人尊敬的，孤独是伟大的”的恰如其分，便使我联想到《深山风雪路》中的老吕，他那火一样的工作热情就会不喻自明……多年的剪报积累，使我现在存有一米高的剪报资料。有时，我闲暇之余看电视，也会把电视剧中一些人物的经典语言，或电视剧名字，或面对面人物采访，或晚会中的某些歌词，或精美散文，等等，遇到能和教学发生联系的，或能用到的导语，记录下来，能背的则背会，为活泼教学语言，丰富教学内容奠定基础。老师们普遍认为我脑子好用，是一个有心人、用心人。其实，不是脑子好用，而是处处对教学有兴趣，做到了全力以赴。听了我的课后，老师及专家们对我的评价是“总有新的亮点，文学功底深厚，是他人学不了的”。这里的“别人学不了”实际上是我多年的积累。

用世界眼光多维度思考教学问题

多维度思考教学问题是指教学要有立体化思考的方式方法。现在地球村意识越来越强烈，我们要学会站在国际教育大背景下思考教学，从而改变我们的行动。

2012 年 1 月 11 日，我在学校的安排下，有幸到美国夏威夷普纳荷学校进行为期 10 天的考察学习。这无疑是一次较好的跨国学习机会。

普纳荷学校是美国总统奥巴马曾经学习过的地方，也是我国民主革命先驱孙中山早年学习过的地方，是美国最好的、由早期中国华侨办的一所慈善学校。

1. 上位的理念造就美丽的学校，美丽的学校培育着快乐的孩子。

普纳荷学校位于夏威夷岛的火奴鲁鲁市(Honolulu)，占地 76 英亩，倚靠着丽山，处处风景如画，丽日蓝天下，绿草遍地，任人漫步其中；树木棵棵如巨伞，成为校园内自然的绿棚，给学生遮凉避雨；各有特色的校舍散建于绿树红花之中，无论从哪个角度看，都犹如仙境一般。置身于学校，如果没有学生出现，你会觉得这是修身养性的大型公园。用美国果华老师的话说：“在这里，你不懂英语，不看学校路线图，很容易迷失方向的。”看到来来往往的手捧笔记本电脑的学生，再看看他们的学习生活，你会不由得感叹：“这里是学生的家园,是学习的乐园,是自然的人间天堂!"

听了负责幼儿园到八年级的副校长"有效的教育——创造性的学习环境"的讲座,我们才知道呈现这一画面似的学校的背后,有着高位的科学的设计理念。这是和我们中国学校有着本质区别的。普纳荷学校之所以享有如此高的声誉,是从理念,到校舍设计,到教学安排,一步步站在很高的教育思想下的天然合成体!三个方面的因素"全球性——科技性——大脑研究的最新成果"是决定普纳荷学校走在世界前列的决定因素。"全球性"的意识,使学生从小就知道地球越来越小,未来的人是要和不同国家、不同肤色、不同种族、不同性别的人打交道的,所以要学会合作、相处,为此,他们率先办起了"全球性学习班",来自 5 个国家、15 所学校的 48 个学生在一起,围绕一个话题进行一年的交流学习。"科技性"让学生适应由过去"6 年信息量翻了一倍"到现在"18 个月就变了几变"的时代。所以从四年级开始,人人一台笔记本电脑,教会学生网上学习。"大脑研究的最新成果",使老师认识到人的大脑是有可塑性的,要不断给大脑以刺激,不断建立新的联系,不断改变大脑结构。尤其是帮助学习有困难的学生,用脑科学最新成果的软件,帮助学生学习,使学生学习起来有安全感,并提供了个性化的学习环境。

正是基于这样高度的认识,才有了别具一格、独树一帜的普纳荷学校!就像宣传片中说的:"在这里,不单单是十三年普纳荷之旅,而是快乐的生活圆满之旅!""老师们看到每一个孩子成长感到非常奇妙!""知识培养相当重要,心灵的培养更重要!""每一个孩子都是有天赋的。在这里,老师们就是要善于去发现并拓展他们的才华、天赋,为他们的未来做准备!"

2. 和谐的课堂给学生自由学习的空间,民主的师生关系更有利于学习创新。

走进每一间教室,听过每一节课,我们感到那不是课堂,而是娱乐的天堂。小学生像幼儿园孩子一样,坐在地上上课,随意听讲,随意走动,想干什么就干什么(可以上厕所,可以喝水,累了躺在地上,有的女生时不时玩起头发……),但没有打闹,没有争吵,没有相互间的影响。和我们的常规课堂相比,大相径庭,令我们不解。再看老师,也像孩子王一样,坐着、站着讲课,没有规定,没有约束,没有批评,多的是和蔼可亲的表情,多的是像母亲一样的关注。下课了,再看孩子们随心所欲,光着脚丫在草坪上踢足球、坐在教室前绿草彩花掩映的河沟石头上聊天、侍弄教室前后的花草……把一切都当成自己家的事来干。我们坐在一旁,细细观来,煞是可爱。没有人打闹,没有人糟蹋植物,个个文明相处。就连幼儿园的孩子们也时不时用刚学的拗口的中国话"你好"与我们打招呼。

我静静地观察,这个学校的孩子也很调皮,有攀爬榕树的,有攀援巨石的,有跑来跑去的。一年级孩子踢足球也像小鹿一样跑来跑去,一身土,一脸泥灰,但是他们活动后进教室前,都是自觉地把手洗干净,有很好的习惯。我看着一年级孩子绿茵场上踢足球的身影,时不时在想:在中国呢,我们的孩子,这也不敢,那也不让。别说光脚丫玩了,就是穿着鞋乱跑,老师烦,家长管,难怪中国的足球水平那么差!更别说家长对孩子的百般呵护!

再看中学课堂,我听了一节中学英语课。我一进教室,就被一位貌似中国歌舞演员曲比阿乌的英语老师那自然率真的灿烂笑容迷住了。我仔细观察,她对学生的态度是相当的和蔼,像姐姐,像妈妈,更像朋友。一节课,我没有看出老师讲什么,看到的是四组学生合作表现小组研究的成果。学生们什么坐姿都有,有吃着东西听课的,有坐在窗台上听课的(当然很安全),还有两个男生,一会儿坐在椅子上,一会儿坐在沙发上,一会儿又坐在三面桌子的中央,总之很是自由!一组组汇报,都是相互配合,相互补充。看上去课堂组织无序,实际上每个孩子都是那样的专注!创作的时候,老师放了自然轻松的音乐。有的学生一边完成自己的作品,一边哼唱着歌曲。我忽然听到老师也在唱!我想这样的教学,哪个学生不喜欢呢?玩中学,学中玩,孩子感到很安全,很有意味,这是符合天性的课堂!正是我们所缺乏的!

我冷静地在想:我们学生听课时,有的不爱听,在看课外书,老师没收了;学生捣乱时,为一个学生教育全体学生;学生上厕所或喝水,老师制止了……我们是不是过于限制孩子自由了?试想,如果经常限制孩子的自由,学生是不是怨恨老师。即使学生服了你,是不是还在想着你对他的指责?一定有教育效果吗?其实,遇到做“私活”的孩子,我们是不是给他点自由。其实不会影响他的学习的!

我班上学期的例子就给了我答案:一名台湾来的孩子王××的数学竟然考了全班第一,他语文从来不交作业,上课很少听老师讲课,总是抹抹画画,没写过一篇作文,做测试卷子从来不交,成绩是85.5分,比经常写作业的有的学生考得还好。在我采访他的学习过程中我才知道,他虽然有时看上去是在开小差,但是其实是在听你讲课!

3. 学校教育的主旨是让学生把智慧表现出来,而不是把知识装在脑里。

在参观校园的过程中,我们来到了学生做的“日晷”图上,我们看着学生设计的学校帮助烧制的反映天体规律的“日晷”图,果华老师说:“学习不是把知识装进大脑,而是把所学表现出来!”我听着这句话,觉得很有高度,是教育的最高境界。在以后的参观中,无论二年级电脑课的“设计开放的水仙花”,还是一年级的“手工制作蝴蝶课”,还是幼儿园小朋友联合烧制作品“自然世界园壁画”,还是摆在墙头上的手工制品,还有中学生的“制作陶瓷课”,乃至看到的学生“作品陈列室”……都让我们看到了学生才能的表现!

再看看我们学生的学习,很大的时间是死学知识,没有生趣,不重视表现,这就是和目前“创造性人才”培养相脱节的原因之一吧。我们的学生静态学习过多，中小学生一个学期，大量时间在学书本知识。灌输式的学习，远离了孩子的天性。

在普纳荷，我们看到孩子喜欢学校，因为校方的理念是“让每一个孩子觉得自己是学校的一个分子，知道如何实现理想，并知道怎样努力实现理想！”而在我们周围，许多学生厌烦学校，厌烦老师，厌烦学习。每当放学时，好多学生不做值日就急着往回跑，看来是没有把自己当成学校的主人。

4. 多元的评价为学生适应未来的发展打下基础。

我很关注他们的学生观。终于找到了根据。普纳荷学校不重视分数，重视老师的评语。评价分四个等级：优秀、尚可、在努力、还需努力。但是有规定：凡两门不及格者勒令退学（因是私立学校）。他们对学生的评价以“个人发展报告”的形式呈现：内容主要包括：礼貌、自信心、责任感、独立性、适应性（能接受多种多样的变化）、解决问题的方法、敢于冒险、专心听讲、听从老师教导、在周围环境中探险、毅力（投入、坚持下去）、小组合作（活动中成长）。按照表现进行具体单向“√”等级评价（Beginning Developing Secure）。在此基础上，老师写出评语和家长交流。

看来我们的评价还是静态的、单一的，不能全面反映孩子的表现。我真正知道了“多一把尺子”在评价中的意义。而且这些看似不是知识的内容都是为未来做准备的重要本领！

我问果华老师：“就您了解的中国的教育现状，您认为最需要改变的是什么？”果华老师就自己的孩子在我们四年级一年学习的经历，深有感触地说：“中国孩子学得太累！成天死学知识，周末还上这样那样的补习班，有碍孩子的发展。孩子很不快乐！我的孩子不喜欢这样的学习。她在中国的一年里很孤独，想找小朋友周末一块玩，竟然找不到一个，都说有课外班。”“我的孩子回家说‘每节课，中国的老师都在那叫（喊）’（实际上是训斥孩子），孩子感到不安全。”“中国的课节数太多，有些凌乱，一节课时间太短。孩子还在思考，就下课了；孩子还没有转换过来，又换成另外的课了。”“中国的学生大部分将来是听众。”……果华老师的话引起了我久久的思考。

短暂的异国考察学习结束了，寒假我一直在思考：学了之后我们应该改变什么呢？正好寒假《中国教育报》上一篇文章谈道：“为孩子的终身幸福而教育！”我还是做些小改革吧：(1)少做练习册和篇子。(2)尽量星期一到星期六不留作业，变成阅读或玩耍时间。(3)多设计活动的作业。

我们不能一提到外国做得好的地方，就用国情说话，这样总是学归学，做归做。不管哪个国籍的孩子，天性是一样的，发展是一样的，面对的未来也是一样的。总之，我们要学会站在国际背景下思考教学，站在国家教育方针上思考教学，站在学生发展角度上思考教学，站在家长角度思考教学。多角度思考教学问题，改变不合理的做法，才是教师专业成长的根本出路！

正确扭转传统教学观念

传统和现代是一对矛盾的对立体，它们只是相对而言。我欣赏一句经典台词："我们只能说过去做得不够，不是说过去做得不好！"这就道出了怎样看待传统和现代的矛盾。

教学上也是这样。过去，由于认识的局限，我们可能某一个问题看得不是那么成熟，现在，时代变了，学生变了，教师的眼界开阔了，视野打开了……会带来教学观念的冲突。我们从传统中一路走来，形成了习惯，要跳出来也不是容易的。

我经常听到一些老的教育工作者会经常说：现在的课标没有过去的好；现在语文教学又走在了回家的路上；现在的学生真不好教；现在……这些话听起来有道理，是针对现实中的某一点问题而说的，或者就某一些问题而言的。但是，我们不能以偏概全。静下心来细想，这些话没有道理，那就是不能与时俱进地用发展的眼光看问题。所以我总是说"如果一个人总在抱怨社会，不是社会有问题，而是自己跟不上时代的步伐！"虽是开玩笑，但也是事实。历史的车轮总是滚滚向前的。

在一次教育部《课程标准》培训会上，主讲人付宣红女士提道："对于课标，有的专家加以批评指责，网上各种观点都有，这很正常，说明大家在关心教育的发展。但是谁也不可否认，课改的方向是对的。不能轻易说一提西方理论，就丢掉了辩证唯物主义等中国特色的东西。"

客观地说，我们要正确地对待传统。比如说我们的小学语文教学，传统的经验应该了解。像过去成功的景山的集中识字、辽宁黑山的"注音识字、提前读写"、斯霞老师的"随课文分散识字"、李吉林老师的情景教学，等等，这些传统经验；又比如我们的语文国宝级教师霍懋征老师的读写经验；又比如作文教学的"观察·思维·表达"三级训练，等等，这些都是指导我们语文教学的旗帜性的东西，是规律性的东西，是科学的理论，不能随意丢掉。

所谓的扭转传统观念，指的是不符合现代教学，对学生发展不利，对人才培养要求不相符合的东西。比如，课堂教学忽视学生学、过分强调学生的认知、忽视非智力因素的关注忽视动手能力的培养、忽视自主探究的教学方式，等等。这需要教师不断学习、不断比较、不断思考的过程。要知道淘汰一种东西，比接纳一种东西还要困难。

关于这些道理我也是在不断学习过程中逐渐明白的。比如关注学生的全面发展，是在参加了裴娣娜教授主持的《发展性学习》研究课题基础上，再加上后来的思考明白的；比如课堂教学关注什么，是在到日本、新加坡、美国等地考察学习后明白的；比如让学生每周一期的主题手抄报，是到日本、新加坡等地学习后发现的。

我们谈和国际接轨，就是要不断解放思想，不断取得新生。否则，抱着多年的陈旧的东西，只是自己在“窝里”欣赏，满足于自我陶醉，是不行的。我对我的老师及徒弟讲：现在你陈旧，就等于你在白干一件事情。我常说：先进理念终究会影响我们的教育的。尤其是在首都北京，在北京师范大学这个具有一百一十多年历史的名校，我深深地感受到了这点。

在海淀区名师工作站第三次导师制成立会上，区政府主管教育的副区长傅首清同志谈到海淀区教育规划的问题：海淀区十二五期间在打造“十百千工程”，也就是要通过各种合作，将在中小学里引进和培养 10 名具有博士学位的校长、100 名具有研究生学历的校长、1000 名具有研究生学历的教师。那么具有高学历的领导和教师，都是高等院校培养出来的，一定是理念在前的研究者和行动者，这批管理和教师大军终究是会影响我国教育的。作为海淀区名师工作站的小学语文组长，我有权对导师（均是具有中高职称的）以及市级骨干教师组成的成员提出：你不拥有先进的理念，不去按照规律与时俱进，必然被社会淘汰——这就是残酷的现实。

我眼中成功的一节语文课标准

怎样看待一节课，是目前争论比较激烈的话题。海淀区教委主任不止一次说：教师要善于站在教育外看教育，站在课堂外看教学。这样你会站得高，看得远。我身处北京师大这块教育宝地，经常和一些教育专家在讨论教学问题。我越来越发现，不论哪路专家，看课的标准是不一样的。比如教研室老师，由于多是从一线教师成长起来的，学科背景深厚，所以就带着学科教学的痕迹来看课。更多关注的是教师的“教”。他们说教材、说教法等是长项，是微观角度的看课，评课标准多是应知应会的学科技巧性的点拨。而大学教授评课，如，裴娣娜教授、丛立新教授、史静寰教授等，都是我的老师和好朋友，由于多是研究理论，关注规律，再加上眼界开阔，带有国内外教育比较的眼光看问题，所以看课多从教育学、心理学、课堂教学规律等角度看课。更多关注的是学习主体的效果。说理论、说理念是长项，是宏观角度的看课，多从学生发展的角度指导。教科所老师也看课，他们由于是搞研究的，所以也多接近大学教授的看课。实际上，只不过看你从哪种角度看课而已。教学就是这样，没有对错，只有更好。

各自看课的角度，会对教学有一定的导向，也会引来争议。小学教师多数是没有主心骨的，因此就来回摆动。听教研员说的也对，听教授讲的也没错。最后不知从何下手。其实大可不必。合理的评课是二者的结合，但这只是理想的设想。一个理想的看课者，既要有学科背景，又要有研究者的视野，在我国目前还只是少数。这就需要教师自己不断提高认识，加强理论学习和实践的有效结合。

我也经历了人云亦云的过程，多年被教研室、各学校请去评课，受到大家的欢迎。有的青年教师说："陈老师，我们最愿意听您评课。您评课的角度很新，教材拿得准。我们从来想不到。"我是师大毕业的，又注意学习，我既从教研员的学科背景上评课，也从大学教授关注的教学观来评课。经历了最近几年的学习，随着认识的到位，我逐渐明白，合理的做法是应该站在学生发展的角度来看课。我觉得一节好课，不但要关注教师的教，更应该关注学生的学，还要兼顾师生关系。于是在不断思考下，我制定了北京师范大学实验小学的评课标准。

北京师范大学实验小学________学科课堂教学评价量规表(实验3稿)

听课时间____年____月____日　　姓名______性别____　教龄____年　职称____　听课者______

一级指标	二级指标	三级指标	四级指标	课堂表现			
				优秀	符合	基本	不符
教师	1. 教学准备	教与学环境创设	教室里有学科文化氛围				
		教与学资源准备	教与学活动相关材料(含书本、工具书、实验材料等)齐备；有恰当的教学手段				
	2. 知识维度	事实性知识	基本术语清楚；和本课学习相关的信息准确可靠				
		概念性知识	应知应会的知识传授准确；传授方法恰当				
		程序性知识	传授知识方法适合年级特点；能灵活多样				
		元认知知识	注意培养学生自我学习反思和调控自己学习的能力；并引导学生修正自己的学习				

教师	3. 认知过程维度	记忆(回忆)	注意引导学生从常识记忆中提取相关知识:如识别……(回忆……)				
		理解	有解释、举例、分类、总结、推理、比较、说明的多种方法				
		应用	有在教师引导下执行或使用规律、方法的过程				
		分析	有区别、组织、归因的环节				
		评价	有基于准则和标准作出判断的环节				
		创造	教师课上在预设的基础上有生成;鼓励学生质疑问难				
	4. 关注个性	教学设计	有层次,多角度;关注不同学生的不同学习需求				
		问题设计	有坡度;注意学生的学习由易到难、循序渐进				
	5. 教学技巧	问题处理	基础性问题、发展性问题紧扣教材实际和学生实际				
		学习反馈	对学生的学习作出到位的评价				
		板书设计	板书讲究;主副板书有序;字迹规范、美观				
	6. 时间匹配	讲练时间比例	教师讲的时间和学生学的时间合适				
		教与学结合	教学容量疏密有致;能看到学生学习的渐变过程				
	7. 作业布置	完成时间	作业布置适量				
		形式　内容	形式活泼;有基于不同程度学生学习的分层设计;讲求质量				
学生	1. 礼貌纪律	师生间有礼貌;回答问题举手、站姿正确;自始至终遵守纪律					
	2. 听说读写算	学生听得专注;说得恰当;读得认真;写得规范,并姿势正确;计算正确率高					
	3. 发言普适度	人人读书发言;回答问题普遍(最少占全班人数的3/4)					
	4. 质疑问难	不会就问,能提出有价值的问题					
	5. 独立性	思考及练习时能独立完成					
	6. 适应性	适应老师的教学活动					
	7. 解决问题	对于课堂上的问题能动脑解决					
	8. 合作	合作小组活动参与的积极性高,人人有兴致,会倾听、会包容,互帮互学					
	9. 毅力	整节课学习积极性高,不做和学习无关的事情					
	10. 习惯	站、坐、写、举手等姿势规范					

师生关系	1. 教师声情	教师衣着大方、面带微笑、情绪饱满、声音自然、教态亲切				
	2. 学生声控	读书、回答问题不喊叫、自然得体				
	3. 师生配合	眼神专注集中、始终处在学习状态中				
课堂效果	1. 学习效果	多数学生能全面发展、完成学习任务				
	2. 三维目标落实	完成教学任务;掌握了应知应会的知识、学习能力有提高;能看到清晰的掌握知识、培养能力的指导过程;教书育人相结合				
学科特色	(1)	(2)				
其他						
评价等级	还需努力 D( ) 在努力 C( ) 尚可 B( ) 优秀 A( )					
评语						

提倡"1+n"的教学方式

这实际上是说课堂教学不能"单打一"。那种"只知其一,不知其二"的教学,是狭隘的。教师的境界有多高,就把学生的境界带到多高;教师的眼界有多宽,就把学生的眼界开阔到多宽。

我无论听课,还是自己讲课,有时会发现,我们的小学生对老师讲的语文课不太感兴趣。尤其是到了中高年级,这一现象很明显。好多学生在下面经常干"私活",或看课外书，或抹抹画画，或做数学题……搞得老师一味训斥，把精力放在管纪律上。老师的行为是或者没收，或者数落学生，搞得家长、学生、老师关系很是紧张。细想，为什么有这样难堪的局面？我思来想去，感到不是学生的问题，而是教师自己的问题，你的课讲的多是学生知道的东西，你的教学方式是陈旧的一套，当然学生对所学的东西没有兴趣了。这样的课即使你强行让学生听，学生也是"身在曹营心在汉"。我在课堂上，经常有这样的经验，当你说到一些学生不知道的新鲜内容时，开小差的同学立刻会竖着耳朵倾听。比如，我在讲冰心的《山中杂记》时，介绍小资料，我除了书上说的冰心简介外，还把余秋雨先生介绍冰心的资料给孩子，以新的方式导入新课："冰心小时候是一个身体很不好的孩子，在国外上学期间，常常三天两头地在医院住着，医院的大夫都说这位东方小姑娘不会活长，但是当冰心 90 多岁时，她的同学朋友都早已离开了人世。这就是奇迹，是什么使小时候疾病缠身的冰心能成为世纪老人？大概就是她永恒的母爱和童心使然吧！这节课就是讲她的童心。看来一个具有童心的人是可以战胜疾病的。"这时，我发现孩子们个个都竖着耳朵来听，当让学生读课文时，他们读得可带劲了。

一次，我要随海淀区特级教师组长考察团到上海考察一周，只好请他人代课。一周过后，我来到教室，孩子们给我鼓掌，我看出他们想我了。课间，我问同学们："我走后，你们想我了吗?"他们个个都说想了。当我问起原因时，几乎每个同学的答案都是一致的，那就是：您课讲得好。代课老师讲的都是书本上的东西，而您讲的既有书本知识，也有好多是书本之外的内容，还有自己的感受。你看，孩子们的课堂需要什么，是我们值得思索的。当然，作为一个年轻的教师，还是要首先以书本内容为主，有经验的教师应该学会课内外结合来教学。但最终要变换教学方式，充实教学内容，学会以一带十，以少带多。这样学生所得才不会单一，学起来又是那样的兴趣十足！

我经常对孩子说：到了高年级，要学会"1＋n"的学习方式。"1"是一课书，也指一个单元，还指一本书……"n"是与课文相关的知识，它是无底洞，是大海。没有这样的学习，就是走进了知识的死胡同，心中的世界是狭隘的。一个语文学习爱好者，应该学会用这种方式去学习。作为教师，也要用这种方式去教学。从某种角度上讲，就是辩证处理课内和课外的"一滴水"和"一掬水"的关系。

我经常让孩子准备一个记录本，时时把老师上课的精彩话语记录下来。课堂是师生智慧碰撞的舞台，是师生和作者碰撞心灵交汇的舞台。老师可以展现自己的积累与才华，学生可以表现自己的智慧。其实课堂就是教师用自己的智慧去点燃学生的智慧之火。

比如，我在教学《我站在铁索桥上》一课：

"啊！/当年激烈战斗的楼房，/如今成了孩子们的课堂；/勇士们洒过鲜血的地方，/满树的梨花正在开放。/人民捧着美丽的鲜花，/轻轻地，轻轻地撒在这英雄的土地上。"我引发学生思考，本小节中"洒"和"撒"意思有什么区别，能不能交换位置时，我凭着自己的日常积累，涌出一句："第一个'洒'寓意'抛洒青春不吝啬！'第二个'撒'寓意'轻撒鲜花作泪雨！'"

讲到"勇士们洒过鲜血的地方，满树的梨花正在开放"时，我根据影视经验理解，英雄逝去的时候，或者满山的红杜鹃迎风开放，或者青松翠柏染绿青山，很少看到"满树的梨花正在开放"。"洁白"的梨花用在英雄牺牲的场面，我还是第一次遇到过。我突然想起《英雄赞歌》里有这样的经典歌词，于是有选择地呈现给学生：

> 《英雄赞歌》（句选）
>
> ……
>
> 两脚熊熊趟烈火，浑身闪闪披彩虹。
>
> ……
>
> 敌人腐烂变泥土，勇士辉煌化金星。
>
> ……
>
> 为什么大地春常在，英雄的生命开鲜花！

当讲到最后一节的抒情"我站在铁索桥上，心潮汹涌激荡"时，我设计"我想对当年的英雄说：＿＿＿＿＿＿＿＿"的环节，意在突现学科教学渗透思想品德教育。如果仅停留在学生的表达上，离不了"珍惜今天的幸福生活，不忘革命先烈"等空话、大话上。为了和本诗情感一致，并产生余音缭绕的效果，我在学生粗浅认识与表达的基础上，将歌剧《江姐》中江姐牺牲前的一段经典歌词讲给学生："我们对英雄表达了自己的心声，但是你们知道英雄牺牲前留给我们的话吗？"紧接着出示"英雄们对我们说"：

> 今天的生活得来不容易，
> 不要轻易把昨天的战斗轻忘掉。
> 当好革命接班人，
> 莫辜负党的期望，人民的教导！

课堂教学达到了一次次的高潮。孩子们在课堂教学中感受到了老师的功底，"1＋n"使课内外一致起来，同学们纷纷记下老师积累的优美句子，从老师身上感受到学习语文不止在课堂上，课下积累很重要。而积累最终是为了运用，这就叫“学以致用”。明白了生活处处有语文，学好语文，可以使自己的思想道德修养和审美情趣得到提高！

慧性教学理念的出台

我越来越清醒地认识到：教学的真正意义是让学生变得更为智慧！我认为教学的最高境界是，教师要通过自己的教学引领，将学生的最高智慧充分地表现出来，使他们的大脑变得越来越聪明，从而使学生的学习生活更为充沛、丰盈！

钱学森的“三问总理”给我们教育界带来了思考。时下，在我国教育界谈得更多的是中国如何培养出创新型的人才的问题。一次，北京师范大学在“敬文讲堂”举办了一个讲座。主讲人是国内外有影响的著名国学专家熊春锦，内容是《中国道德修身慧识教育思维模式》。我有机会去听了讲座，很受启发。他从东西方不同国家、不同肤色的人的教育教学不同方式，并用脑科学的原理，进行比较分析，发现我们中国目前教育上存在“文山题海”“寅吃卯粮”“透支体内之精，不重视精神”的现象，其后果是“系统的营养、灵感、创造力枯竭”。这种现象急需改变，我们教育工作必须改弊纠偏。

我曾在海淀区课改六年成果总结会上，听教育部课程中心负责人刘坚讲道：“美国圣地亚哥大学华裔科学家沈教授（加拿大数学学会的副会长）说，他在加拿大和美国都教过上百人的大学生的大课，这中间有中国的学生，但是最优秀的不是中国的学生，而是西方人。优秀到什么程度？优秀到他作为一个教授讲课给学生布置作业，学生完成作业做出的答案比布置作业的人所期待的答案还要好。他还说，中国人非常聪明，但是我们更多的人把聪明用在了一些小的智慧、小的技巧上，更多的是做小技巧而不是大的智慧。这个说法虽不能覆盖目前中国学生的全部，但应给我们教育工作者以警醒。教师是培养人的，老师也是一样，要学会拥有大智慧，大技巧上，要勇于改革固有的束缚学生发展的心理模式。

这位科学家还对中美数学教育、科学教育这样一个问题有思考：第一，中国的基础教育没有中国人所说的那么好；第二，美国的基础教育没有美国人说的那么糟。一个基础教育糟糕的超级大国不可能在科技、经济各个领域取得世界一流的水平。下面的例子虽然是数学例子，足以让我们思考：同是对待“38÷5”的问题，中国和美国的教学却截然不同。

在美国，面对 38÷5，是让学生不断地讲故事。

第一天讲

(1)有38个人,有5张桌子,每张桌子坐几个人。有的坐7人,有的坐8人。

(2)有38人,每5个人坐一张桌子,要多少张桌子?

(3)38米长的一根彩绳,要平均分成5段,每段多长?

……

第二天继续讲

(1)会讲到模、代数的模。

(2)会讲到域,会讲到高等数学(不是高等数学的基础课)。

(3)有的能把故事讲到现代数学,讲到数学的前沿。

……

而在我们中国,面对38÷5,只有一个答案:38÷5=7.6。接下来,就做42÷7,450÷35,做整数除以小数,做小数除以小数……

一路做下去,成千上万道的计算题,但是对它的意义并不知道,或者说知道得并不多,更谈不上走进现代数学的殿堂。

这尽管是个数学教学例子,但引起我们思考:我们的教学不是给孩子思考的空间,不是给学生智慧以表现,而是把学生引向思维发展的死胡同。

让学生富有智慧地学习,简言之,就是让学生学会思考,实际上是会想问题,会跳出来想问题。

考察我们很多课,教师培养学生的创新性思维,存在着很大的缺口。创新人才必须具有创新性思维。创新人才的培养是个大工程,但是基础在小学。往往我们的教师不去思考这样的大问题,只是认为我教好书就行了。其实大错特错了。试问:即使认真教书,你一定教会了吗?如果把每天的作业去掉,如果不允许你的学生做练习册,不允许你的学生利用课外班补习,用第三方命题方式来检测你的学生,成绩还有保证吗?……用惯常思维去做事,只是会沿着陈旧的固有模式去做,结果不会有新的发现。如果反过来思考,反命题就出来了,结论就不一定成立了。反命题可以帮助我们从另一角度思考问题,可以改变我们的行为。如,学校教育是培养为未来做准备的人!那么未来需要什么?我们就可以扭转只盯在考试成绩的狭隘眼光,从而改变行为。

我观察,我们的教学漏洞很多。课上老师总是围着考试转,课下,我们的卷子、练习册还是不停地做。老师们想过没有,这样的学习会有怎样的结果?教育部负责新课改项目的朱慕菊司长说过:"我们的学生是在牺牲终身的代价换取考试成绩!"国外了解中国教育的人说:“中国的孩子不幸福,一天到晚都在写作业!”这样的结果是什么?我看到期末考试同学们的表现:当最后一门考试结束后,就是小学生,也在狂呼:解放了!放假了!我还看到:小学生寒假前考完后,敲桌子、砸椅子!更别说有严重者把书本都烧掉了!……如此种种,这样的结果只会导致学生越来越厌烦学习。创新型的人才没有一个不把学习当成幸福的事的,我们的孩子从小就厌烦了学习,把大脑都用到了极点,孩子每天的弦绷得紧紧的,那么成人后,就必然会原谅自己、放松自己!这样的结果是很可怕的!

我想到“学术超女”于丹讲过的一个故事。一个买弓箭的人来到一家弓箭专卖店,想挑一对有力的弓箭。他四下张望,看到墙壁上挂着一对极有张力的弓箭。他决定就买这对墙上挂着的样品。当让售货员取货时,售货员说:这是最差的一对,最好不要买。因为它老在那张着,时间长了,早已没劲了。这是店里弓箭的活广告!买就买没有张着的,也就是新的,才最有张力!一句话点醒了买主。

学习也是如此,要解放孩子,给孩子松绑!其关键是解放教师自己!

语文是比较纯净的课程,阅读课更是纯而又纯的课程。但是现在的阅读教学语文味道淡薄,远离灵动的语言文字,上成了索然无味的说教课、分析内容课,难怪有的课让人听了觉得不是语文老师上的课。其表现是老师们没有从语文的根本上去钻研教材,不是从整体上设计教学,不是从“学语习文”的角度去想问题,而是多从无关紧要的内容上下功夫。一个个的肤浅问题充斥着课堂,这样结果是丢了西瓜,捡了芝麻。其根本问题就是阅读教学缺少慧识,缺少慧性思考。把学生当成静止不变的容器凭主观愿望灌注,其结果必定使学生学得死,想得少。久而久之,会使学生消极应对,停滞不前。这是得不偿失的事情,亟须扭转。

在课堂教学上,到底给孩子什么?应知应会的知识固然重要,更为重要的是给孩子智慧的钥匙,让他们去开启智慧的大门。在小学课堂上最为要紧的是给孩子以学习的兴趣,培养孩子的创新思维力,那么精心设计激发学生思维的问题,就是备课的关键。

比如,我在听低年级课儿歌《早操》时,发现我们好多青年教师只追求时髦的教学形式,问题设计深浅:谁,在哪儿,怎样做操?这些问题学生不动脑就会,是没有意义的。

早操

小露珠,起得早,
滚来滚去,
在荷叶上做操。

小鸟儿，起得早，

跳来跳去，

在树枝上做操。

小蜜蜂，起得早，

飞来飞去，

在花朵中做操。

小学生，起得早，

跑来跑去，

在阳光下做操。

真正的慧性教学设计应是：为什么小露珠在荷叶上滚来滚去地做操？为什么小鸟儿在树枝上跳来跳去地做操？为什么小蜜蜂飞来飞去地在花朵中做操？回答这些问题就需开动脑筋了。

又如：

雪地里的小画家

下雪啦！下雪啦！

雪地里来了一群小画家。

小鸡画竹叶，小狗画梅花，

小鸭画枫叶，小马画月牙。

不用颜料不用笔，

几步就成一幅画。

咦，青蛙为什么没参加？

哦，他在洞里睡觉哪。

慧性教学问题应该是：(1)这些动物朋友是画家吗？为什么作者说他们是画家？(2)他们的笔是什么？纸是什么？(3)学完后，你认为他们画的内容又是什么呢？

智慧是什么？一次我在飞机上看到一本杂志有一句话说得好："聪明和智慧的区别仅仅是：一个早一步，一个晚一步！"看来，智慧从某一角度说，实际上是静心动脑筋再亮出观点的行为！教学要达到慧性，那就应该设计学生经过一定的思考才能回答上来的有价值的问题，而不是脱口而出的问题。

我眼中的合格学生

多年的传统观念，使我一度改变不了过去的那种对好学生的看法，即是乖乖的、对老师言听计从的学习成绩好的孩子。随着我对社会所需人才的逐步认识和对教育的深入思考，我的学生观也在发生转变。社会需要各种各样的人才，我们不能用一把尺子来衡量和要求学生。学生的家庭环境和智力背景不同，生活积累和学习经验各异，必然会出现各种各样的参差不齐，这是正常的。俗话说，十个手指头伸出来也不一般齐。我们不能人为地给孩子划分各种界限，也不能把学生视为静止不变的人，要用发展的观点和多元的视角看待学生。

孩子的发展在任何时候都是呈阶段性的，也是千变万化的，即使是出现问题，情况也是很复杂的。我们不能把有的学生一棍子打死，也不能把有的学生视为掌上明珠。我们在教育的过程中，不能让每一个学生掉队，不能丢掉任何一个学生。要让每一个学生都成为未来合格的公民。我们的孩子大都是独生子，每一个孩子背后都有几个家庭，所以教育是"关系到亿万个家庭的大事"，寄托着亿万家庭对美好生活的期盼。教师对每一个学生应该一视同仁，不能疏忽。

那么合格的学生标准是什么？每个人理解的角度不同，理解也不尽一致。我们不用讲那么高深，不上纲上线，简单地说，应是理想远大、刻苦学习、道德高尚、体魄健康的全面发展的学生。一切违背全面发展观的做法，都会使你的教育和教学走向极端。就是对孩子的不负责，对教育、对社会的不负责。我讲了自己眼中的合格学生后，海淀区西玉河小学一位青年教师与我信息交流："陈老师，听了您的课和讲座后，我感觉自己教学的幼稚。我更加觉得自己肩上的责任。看来语文教学不只是教会学生知识那么简单了，更重要的是在教知识的同时，还要育人。"一个年轻教师能悟到这些教育本质问题，可以说，她的教学路子不会偏歪。

这些看似谁都会说，但是真正执行起来谈何容易？我对"小博士"考试制度改革的思考可以说明怎样转变学生观的问题。

一次，我校一年一度的"数学小博士"获得者又产生了。我所教的五(5)班出现了两名：杨××和严××。事情竟是那样的凑巧，也是那样的出人意料。本来获奖是好事，但是害得班主任罗晓甡老师和我很尴尬。这两位同学论天资聪明自不用多说，都是超出一般儿童智力水平的。但是他们上课及平时各方面的表现却令人头痛。他俩一样的表现：上课坐没坐相，站没站样，懒懒散散。老师不提醒，桌上根本不放书本，即使有书本，也是作掩护。一天到晚在桌上划来划去，在纸上抹来抹去，老师讲课还时不时接下茬，做出怪异的搞笑动作。平时作业除数学外，根本就是应付。或不交，或乱写一气，让老师看了不舒服。任凭老师怎样劝说也无济于事。当我得知他们获奖并向罗老师落实时，罗老师说正为此事犯愁呢。低调处理吧，毕竟考学校试题测试获的奖；高调宣传吧，他们两个是捣乱的典型，表扬后可能会更加放肆。最后，跟家长商量还是低调处理为好。

学校设立小博士的目的何在？无非是激发学生热爱数学的兴趣，鼓励大家开动脑筋，勇于攻克数学难关，引导大家好好学习罢了。可是这两位同学单从卷面成绩说是够了小博士的成绩，但是老师却不敢宣布，在学生和老师眼中却是那样的不好接受。这就带来了真正意义的小博士是什么样的？值得我们思考。我想到当年教育部副部长韦钰同志说过自己招博士研究生的标准，宁可招智力水平一般但非智力水平高的，也不愿招智力水平高而非智力水平一般的学生。于是我给学校提出，希望讨论一下评价小博士的标准究竟是什么。

这里面有一个评价标准的问题。什么是小博士？按过去的操作法做出常人不易做出的绕弯子、兜圈子的题目，获得高分就可以是小博士。但是在素质教育的今天，靠这种办法产生小博士的做法有时会是误导。我觉得应该改革小博士评选的方法。卷面考试固然重要，但是需增加其他内容的考核。除了卷面成绩外，其他有关数学的综合素质内容也应占有一定的比例，如进行现场答辩。答辩内容包括诸如：数学学习品质、学习动机、学习习惯、人际关系、自觉学习等等条件，否则，单凭纸面测试就获得殊荣，对获奖本人，对其他同学都会有不利影响。另外，我们要思考他们的成绩是怎么来的。是凭着聪明得来的，还是通过课外奥数班补出来的？……并非真正的热爱数学的勤奋而来的成绩是靠不住的。

教育是一个比较复杂的问题。在小学阶段，主要是培养学生的良好习惯。我们评价学生，要多给他们一些尺子，这样会引导他们向全面发展的高度进发。未来社会需要业务素质好，有良好的心理品质，善于合作，人际关系良好的人才。忽视对学生综合素养的培养的做法，是不利于人才的发展的。现在，大学评教授，科学院评院士，教师评特级，各类演员大奖赛增加的规定时间的综合素质的测试，包括重点大学的面试，等等，都是对人才提出了高标准的要求。随着人类社会文明进步的步伐，那些只是靠过硬的专业而其他素质不过硬的单一人才，终究会被社会所甩掉。

为此，我们从小学开始，就应大胆地来点小博士按"卷面成绩＋相关学科综合素质测试”的方法产生名次这样的尝试。它或许比较麻烦，但是会对学生的将来有所裨益。愿目前单一重视卷面测试的这种局面能够得以改善。现如今，好多老师依然用传统的只看考试成绩的眼光看待学生，这样不利于学生为未来做准备。不仅小博士评价制度要改革，对所有学生的评价都要施行改革，让每一个孩子都能成为健全的人，是我们教育共同追求的理想，它任重道远！

把明明白白的问题带进课堂

语文教学不能轻易追赶时髦，语文教学不远人

语文学的是我们的母语，是祖先留下的宝贵财富。语文教学有其自身的规律，它呈现出多重功能：实用功能、教育功能、认识功能、审美功能、积累功能和生存功能。

思想性：党的教育方针和“三个面向”是教学改革的依据，教师要牢牢地把握着这一依据。我们的全部教学改革活动，要贯穿一条鲜明的红线，那就是“教文育人”。追求所上的每一节语文课，都充分地体现“文道统一”的精神，在听说读写训练中，结合着思想教育，似春风化雨，渗入学生的心灵深处，达到教养与教育的和谐统一。

重学性：重教轻学，是传统教学的积弊。教师应把从教出发的立足点转换到从学出发的立足点上来，重视对学法的研究，使教学为学生的学习服务。为此，教师必须“目中有人”，要研究当代学生的新情况、新特点，从学生的实际出发进行教学。

情趣性：讲课要有情趣。教学有了情趣，就能吸引学生产生一种孜孜不倦、锲而不舍的学习愿望，才能产生实效，而效果又会促使兴趣的巩固和发展。为此，教学就须在“得”字上下功夫，学生学有所得，才能对语文学习产生情感和趣味。

智能性：教师站在培养开拓未来社会主义现代化建设者的高度，十分重视学生的智力开发与能力培养。在全部语文教学活动中，通过启发式、自主探究式、合作式等教学，让学生在主动、活泼的学习中，逐渐成长为聪明有为的人才。

在语文能力的培养上，要注意读写听说全面训练。“重读写轻听说”教学有一定的滞后

性，从适应信息化社会的需要角度考虑，应十分重视听力与说话训练，也就是口语交际能力训练。一句话，在教师主导下，让学生在主动、自觉的学习活动中，逐步地培养起自学能力。

文学性：人的生活离不开文学。文学修养是一个合格的公民应该具有的文化素质。我们的语文教学，要带有浓厚的文学色彩。要有"学生在发言时能熟练地运用古诗词，能恰到好处地使用成语表达自己的意见，能在课堂上一首又一首地背诵古代诗词"的意识，要有目的地向学生进行文学教育。

文学味浓是打动学生心灵的要素。平时教师的教学语言要充满优美的文学词语，感染力要强，这对学生的影响是潜移默化的。把学生带入文学的情趣之中，可以提高语文学习的主动性与积极性，语文教学的效率也就必然随之提高。

整体性：语文教学是个系统工程。它首先应具有科学的序列，然后才能有序有效地传授知识、进行训练。教师对每个学期教学工作的安排，既要全局在胸，又要明确每堂课、每个单元、每个阶段的教学目标与教学任务。

在实际教学中，引导学生遵循文道统一的规律，从整体上去理解、把握课文，使学生不仅理解、把握课文写什么、怎样写，而且领会为什么这样写。学生从课堂教学中不仅学到知识、技能，而且受到思想教育。

教师要精通于教学艺术，表现在对于一堂课怎么开头，选择什么作突破口以带起全局，怎样展开教学进程，怎样收尾，都有独创的整体设计。

教学要环环紧扣，节奏鲜明，抑扬顿挫，起承转合，有张有弛，波澜起伏，引人入胜。只有整个教学能"和学生的心弦对准音调"，才能取得最佳的教学效果。

语文教学有着自身的规律可循。眼下，教学时髦的东西很多。时髦不等于规律。时髦的意思也有多元理解，有教学形式上的时髦和内容上的时髦。有的名师一味不顾语文规律而搞一些超乎语文本身的东西，搞得人们眼花缭乱。时髦不是不好，而是看穿在什么人身上。穿在他人身上合适，到了你身上就不一定了。小学语文课，是上得朴实、扎实。语文素养的形成不是靠吸引人眼球的小技巧能培养的，不是只靠学书本那点东西而练就的，也不是随便追求数量的课外阅读所能解决的。必须靠教师用浅显的简便易行的教法，给孩子以兴趣，教孩子以方法，予孩子以大智慧。"走一步踏三步"是有道理的。

今年3月底，我随海淀区特级教师组长代表团到上海考察，上海静安区原教师进修学校的校长，现上海市静安区教育学院附属学校的校长张人利（国家教育部十一五优秀成果——后"茶馆式教学"研究的负责人）提到：他曾经一度研究比较有名的教师的课例，其中把一些有影响的名师请到学校去做课，发现个别名师把学生都讲哭了，真可谓"以情动人”。本想给老师以启迪，但是，他观察在座的老师无动于衷。课下，他跟老师聊天，老师们说：“课上得好是好，但是学不来。”张校长又跟上课的名师聊天，他惊奇地发现名师口才很好，讲起话来口若悬河，滔滔不绝。他又专门调出这些老师的课，并查看其他的课例，结果发现：这些老师的课堂实际上没有什么真正的东西，重在艺术展示。他认为，尽管经典的课堂教学应是科学性＋艺术性，但是科学性应是其本质的东西，应是教师的本事。我赞同他的看法。这个例子告诉我们：时髦是学不来的，就是学得来，对学生的语文素养提高没有实质变化，所以还是研究规律，按规律办事最为重要！

语文课是有深度的课，有情感的课。它处处有点，处处有情，处处有激发，处处有“教文育人”的潜在因素。“语文不远人”。你把语文课上远了，非语文了，就搞复杂了，就远离了作者，远离了文章本身，远离了学生的心。

我们小学课本选择的文章，都是内容比较浅近，语言比较朴实，思想比较简单的课文。把语文课上成简单的课，不意味着思维的不深刻，因为你纯朴简洁，所以你的课学生学起来就丰富。丰富和复杂不能画等号。把课上复杂是无能的表现，学生就会像游魂一样没有深入文本，对你的问题没有兴趣。“文史哲”从另一个角度来说是“文”讲好了，后面有“哲”。教师要善于把文章蕴含的情感悟出来，有情有意才说得上能感染学生，教师要善于打开情的窗口，让学生感受那一个个灵动的语言文字组成的精美文章的成因。

有的语文课，听后不知道是什么课，用有的专家的话说就是：荒了自己的园，肥了别人的田！也就是说，语文教师站不稳自己的阵地，搞成了四不像的课堂教学。有的在课上离了音乐不行，有的诗情画意夸大语文，有的没有画不叫课，有的音画全具有。搞这些花里胡哨的辅助东西不是不可以，问题是就那么40分钟，你搞了这些，必然挤掉的是语文本身的听说读写、字词句段、口语交际等基本训练。朴素的东西是美丽的，是绿色环保的，是本质的。所以教师要严格把关，语文课不要过度庞杂，要清纯，那就是扎实地引领学生在课文中游泳，就是拓展些，也要适度拓展和课文紧密相关的补充资料。

解放自己最紧要

我们当教师的平时工作很忙，忙到极点的时候，就会抱怨负担重。每当这时，我们总会找客观理由，总有一千个理由等着你，很少从主观因素上分析。但是静下心来，冷静思考,我们会发现许多忙素是自己造成的。

要学会辩证地看待教学问题,实际上是树立教师的教学观。这对于指导自己的教学很为重要。中国是讲究中庸的,实际上就是辩证地看问题。

我们在教学上经常会碰到这样的问题:比如,一提“减负增效”的话题,教师就愤愤不平,责问是谁造成的?一提体育活动一小时,就埋怨说上级来回说;强调改革,就忽视继承传统;强调国外理论,就忽视中国理论;强调了世界眼光,就忽视了中国特色;强调了工具,就忽视了人文;强调了现代,就忽视传统;强调了新课标,就忽视了过去的教学大纲;强调教师观,就会忽视学生观;强调了考试,就忽视了知识之外的内容……反正总是有理由。实际上,我们看问题缺乏哲学的头脑,也就是辩证地看待问题。

一次,北京教育学院请我给骨干教师讲有关“校本研究”的话题。我也提及“减负增效”的事情,教育学院的一名老师马上说:“不要只提给学生减负增效,要给老师先减负。”我觉得这实际上是把矛头指向他方。我立即反驳这位老师:“给学生减负增效,实际上是给老师提出了更高的要求。是让老师们下大精力研究教学,研究课堂。”紧接着一位学区负责人说:“给学生减负实际上是给老师增加负担,是对老师的要求更高了。”我同意此看法,关键是我们从什么角度看待问题。

我们老师总是在工作的时候,把责任推向他人。什么领导想立功了,什么领导苛刻了,什么家长不配合了,什么学生难教了……其实这都不重要,关键还是在于自己。

就拿布置作业来说,哪位校长让你多布置作业了?哪位主任又盯着你留什么作业呢?做领导的都知道减负增效的意义,又有谁让你不停地做练习册?又有谁让你一个生字十遍八遍地写个不停……关键还是看教师自己的能耐。

就拿家长来说吧,又有多少家长想让自己的孩子苦着累着。社会大气候在变,家长的素质也在提高。不要以为你的作业多学生的成绩就高,也不要机械认为学生作业少,就会受到家长欢迎。关键还是看你的教育思想的端正与否,看你的教学投入,看你对学生的情感。

北京师大实验小学是国内比较知名的学校,我们校长对作业量是有规定的,每个学期都要把国家教育部的文件精神放到网上,我们不提倡靠多留作业要成绩,也不主张靠做篇子、做练习册来要质量,我们鼓励教师以作业少、质量高为荣,即鼓励教师创新课堂教学,创新作业布置。这实际上就是在发挥教师的主观能动性。

每个教师是不同的教师个体,尊重学生个体,也要尊重教师差异。这个观点校长是知道的,老师们要根据自己的教学特点、根据自己学生的实际情况、根据教学现实来定你的作业内容。我觉得一切改革主动权在自己，而不是在他人。

有的人看到我总在忙碌，表示不理解，也有的人问我怎样看待自己的忙碌。我常风趣地说："选择了特级教师，就选择了苦累！"我觉得命运掌握在自己手里，干好干坏的关键在于自己，你又想把工作做好，又想料理好家务，又想干得轻松愉快，什么好事都让你摊上，那是不可能的。达到目的，做到了多赢，那你的付出就会更多。看你选择什么？自己如果选择了，就不能有什么后悔！

40分钟语文课给孩子什么

一节课到底给孩子什么东西？这一直是我思考的问题。搞不清这些问题，我们的教学就会无的放矢。我听课发现许多老师不清楚一节课应给孩子什么？我们平时看的课，发现老师们把精力用在做课件上，其手段花活不断，但是课文吃不透，语文本身的知识心中没有准心，教学漏洞很多，学生所得甚少。知识出门就忘掉了，能力出门就丢了。

作为语文课，我觉得每个教师都要明白，一节课应该给孩子以下东西。

1. 应知应会的知识。

什么是应知应会的知识？也就是概念性知识和事实性知识。我们的教学好多是模模糊糊的。一次，我和一个北京市中学特级教师听小学语文课《飞夺泸定桥》。课讲得热热闹闹，老师又是多媒体课件，又是录音，又是录像，手忙脚乱的，看来下功夫不小，但是收效截然相反。课后，特级教师和我交流：我不想让这位教师难堪，如果我要问学生"红军什么时候、为什么飞夺泸定桥"，大概学生都不知道。尤其是讲到泸定桥的样子时，"泸定桥一共十三根铁链，两边各有两根稍高的铁链，算是桥栏；底下并排九根，铺上木板，就是桥面。人走在上面摇摇晃晃，就像荡秋千一样。可是现在连木板也被敌人抽掉了，只剩下铁链。向桥下一看，真叫人心惊胆寒。红褐色的河水像瀑布一样，在几十丈深的河谷里倾泻下来，冲到岩石上，飞溅起一丈多高的浪花，水声震耳欲聋。桥的对岸就是靠山的泸定桥，城的西门正堵住桥头。守城的两个团敌人，早已在城墙和山坡上筑好工事。他们凭着天险，疯狂地向红军喊叫：'来吧，看你们飞过来吧！'"老师特意播放了一段录像。令人想不到的是，屏幕上出现一个红军战士掉下来的画面，全班乐了，有的惊呼"快看，又掉下一个。真好！"让听课的老师大失所望，最后找到原因就是老师目的性不强，把功夫下在做课件上，下在教学预设上，没有估计当今的学生学习课文的困境，没有预计效果。难怪听课的老师伤心地说："这么好的一篇传统性的思想教育极强的课文，让老师给糟践了。"至于本课的思路、线索等基本的叙事性知识全然不涉及。那试问，质量从何而来？

这样的例子很多。现在很多语文教师教学没有思路，没有语文思想，一味模仿他人的课上，很可悲。如，有的课文可以直接"这节课我们继续学习《松鼠》。"如果你模仿，那么学《这儿，原来是一座村庄》，设计"这节课我们继续学习《这儿，原来是一座村庄》。"行吗？"这儿"，指哪儿？去掉"原来"，和加上"原来"，一样吗？教学《乡村人家》，你也"这节课我们继续学习《乡村人家》。"能过关吗？"乡村"等于农村吗？"人家"指什么？孩子们知道吗？……每节课就这样稀里糊涂地教学，孩子的准确理解力能提高吗？

教学本该这样，最基本的应知应会的知识，不能含糊，要让学生清清楚楚、明明白白。

2. 程序性的知识。《语文课程标准》提到的三维目标是课改的重大突破，其中强调的"过程方法"很为重要。实际上强调的是教师要重视教给学生程序性的知识。学习任何一种知识，掌握一种本领，都是有程序的。只重视学习结果，而不重视结果的获得过程，最后的学习结果是极不稳定的。只有把学习过程和结果等同看待，学生的效果才会扎实稳固。

教师要时刻关注知识形成的过程。比如讲巴金的《海上日出》一文，应让学生明确读懂文章的程序：首先从读懂课题入手，"海上日出"和"海上的日出"有什么不同？之后读懂作者巴金，接着读出顺序"日出前、日出中和日出后"，或者"日出常景——日出异景"，再引导学生读懂段落，在段落中品析词句也好，鉴赏词句也罢，始终和散文的魂魄"这不是很伟大的奇观吗?"相挂钩理解、感悟，还要让学生抓住重点细致阅读，在此基础上读懂段与段的联系，进而读懂巴金写这篇文章的目的，最后回到作者，让学生走近巴金这个伟大的文学家。

不清清楚楚、步步为营地设计教学，是不扎实的，是虚无缥缈的。

3. 独特的语文思维方法。语文课要重视语文思维方法的历练。学科不同，思维角度会有所区别。语文课也是讲究思维训练的。无论因果、转折、递进、顺承等，事物间都有着必然的联系。有的青年教师的语文课，不太重视思维方法的训练。有一位年轻教师讲《惊弓之鸟》一课时，板书看来下了一番苦功，想以一首打油诗吸引听课老师的眼球："更赢魏王去打猎，口出狂言令人疑。弦响雁落惊大王，最后说出其中妙。"其中"口出狂言"就是忽视了对更赢这个射箭能手的一种错误解析，而根源就是教师没有从文中悟到严谨的思维方法，造成讲课出现了硬伤。

这一课是因果关系非常明显的联系紧密的推理课文，主要是学习作者严谨的思维方法。其中文中“一只大雁从远处慢慢地飞来，边飞边鸣”，是思维训练的切入口。“更羸是魏国有名的射箭能手”，是概念性知识。什么是“著名的射箭能手”？是当时没有人能比拟的高手，可以说百发百中。他说的话是有根据的，而且面对魏王，怎能是海口呢？怎能口出狂言呢？他说话是有准的，是三思而后言的。我们来看思维方法：“一只大雁从远处慢慢地飞来，边飞边鸣。”这是现象。“一只大雁”说明这只大雁是孤雁，“孤雁难飞”。怎样的孤雁？从远处慢慢飞来，边飞边鸣？为什么慢慢飞来？可能是受了箭伤。“边飞边鸣”，从飞的状况，鸣的声音，判断疼得厉害，伤势很重。正是因为凭借一定的思维方式得出的有把握的判断，于是才有了“大王，我不用箭，只要拉一下弓，就能把这只大雁射下来”的判断和承诺。实际上是经历了“观察——分析——思考——推断——结论”的思维过程，把这一思维方法通过语言文字渗透给学生，学生才会受到思维方法的训练，才会在将来的生活中练就处理事情的本领。

4. 教文育人。育人是语文教学的本质所在。问题是怎样育人？是像品德课一样说教式教学，还是让文字本身去教育学生。我们的语文教师，包括其他学科教师，谁都强调怎样做人，但是学生表现出的实际效果很差。我越来越发现我们的语文教学没有很好地发挥育人的功能，我们多的是空洞的说教，做了品德老师做的事情，没有用文章的本身去教育学生。也就是说文章学完后，没有留下痕迹，只知皮毛，未入脏器，不能攻心，所以效果就很差了。希望育人的话题不要仅是一纸空文，要落在实处。前面谈到过在教《一只小鸟》一课时我在育人方面的做法，这里不再赘述。

我们的学校到底该关注什么

寒假里，我在浏览积累报纸材料的过程中，突然在《中国教育报》上 2012 年最受热捧的书目中，发现一本《“输”在起跑线上的哈佛男孩——个性化教育之路》（清华大学出版社），这本书一下吸引了我。当我翻到第四版于立写的推荐文章时，我的思想受到了深深的触动。在我们家长疯狂择校、望子女成龙成凤的今天，到处充斥着“不要让孩子输在起跑线上”的口号，我们读读这本书，可以多些另一种角度的思考，可以降去些许浮躁。再加上十天的美国考察学习，转变了我的许多教育教学看法。我赶紧从网上购买了这本书，用了整整两天的时间，一口气读完了。我把这本书推荐给所有的老师和家长一读。

这本书的主人公于智博，小学留过级，考过倒数，中学成绩不理想，可以说中国大学和他无缘。他留学美国西部地处乡村的普通大学，经历了各种挫折和艰难。但是从小培养的体育精神等软实力在关键时刻起了重要作用，使他转入名牌大学，进入500强企业，考上哈佛商学院MBA。27岁毕业后成为花旗银行“全球领袖计划”成员，28岁担任联想集团总裁助理。

在我国，不难找到学习成绩突出，生活能力却差的孩子。我们也经常听说学生会领袖的尖子生会被世界名校拒收，重点大学毕业生会在职场失利……

去年年底，我参加了无锡市惠山区教育局的课改十年总结会，会上教育部原基教司司长朱慕菊的讲话启迪了我：她用问卷调查来呈现全国中小学生对学校生活的喜欢程度，诸如，学校生活的枯燥无味、分数排队等等，造成了仍有一部分学生不喜欢学校的现实。尤其她提到：不全是高考带来的，还有好多是领导、教师理念陈旧引来的。孩子们整天沉迷于做卷子的静态陈旧式的教学，其结果是使孩子以牺牲终身的代价来换取成绩！

学习固然重要，难道唯有做一个学习好的孩子，才有出息吗？刘翔、姚明、易建联等体育明星，最近热捧的林书豪等人物，小时候是属于学习成绩最好的吗？好多科学家小时候未必是学习比较好的孩子，那又能说明什么呢？著名科学家丁肇中小时候在南京许府巷住过两年，曾在南昌路小学上学，当时他对读书毫无兴趣，常常到夫子庙听相声、听二胡。后来到了重庆，再后来到台湾念中学，之后就去了国外。“我每次考试都是倒数几名。我妈妈是学习教育心理学的，她从来没有批评责怪过我，而是鼓励我。”丁肇中挺乐于描述自己曾是“顽童”“差生”。“过去50年中，我所认识的拿诺贝尔奖的人，很少有人在学校考第一名。”

看看我们的实际，目前考试拿“A”“B”来分等，85分以上的就是“A”，70分至84.5分的就是“B”。那么84.5分、84分等，和“A”只差1分、2分的，能说明就比得“A”的学生差吗？想想，我们应看重的是什么？一个得“A”的学生，不会合作、自私自利、不爱劳动、不孝敬父母、不尊重老师，又有什么意义？实际上这是树立怎样的“学生观”的问题。

在美国普纳荷学校，我们看到孩子十分喜欢学校，因为校方的理念是“让每一个孩子觉得自己是学校的一分子。学校从小让孩子知道自己的理想是什么，并知道怎样努力实现理想！”而在我们周围，许多学生厌烦学校，厌烦老师，厌烦学习。每当放学时，好多学生不做值日就急着往回跑，他们认为学校是老师的，只有自己家才是真正属于他的，实质看来是没有把自己当成学校的主人。

再看看我们学生的学习，很多的时间是在死学知识，学死知识。学校生活没有生趣，不重视表现;课外生活是那样的单调,没有好奇,这可能也是和目前“创造性人才”培养环境不相称的原因之一吧。我们的学生静态学习过多,中小学生一个学期,大量时间在学书本知识,灌输式的学习,远离了孩子的天性。

在国外考察期间,我很关注他们的学生观。《第56号教室的奇迹》作者,美国杰出教师雷夫·艾斯奎斯来华访问,他在接受记者采访时的回答,可以让我们转变陈旧的对学生的认识。当记者问道:“在教育教学上,您走过弯路吗?”雷夫答道:“很多年轻教师都会犯同样的错误。那时我自以为教的是最聪明的、最好的学生,自己是最好的老师。但事实不是这样的。聪明是好的,但更重要的是做一个好的人。我意识到,教师最重要的是教学生如何建立一个顽强的品格,而不是单纯地教他们学知识,教人做人的老师才算是真正的好老师。”记者问道:“中国家长比较看重孩子的成绩。如果老师让学生放松的话,家长也许会持反对意见,您怎么看待这种现象?”他回答:“我对分数没有任何兴趣,我最感兴趣的是教孩子钓鱼。如果为了考试而学习,一点意义都没有,我一定要让他们很早就认识到考试没有用处。并不是说我不赞成考试,如果我教他们乘法,我会看他们到底有没有弄懂。如果他们做得很差的话,说明我应该再教他们一遍。整个地球上的人都太重视考试了,我觉得学习成绩并不那么重要。我和妻子谈恋爱时,我们也没有看对方的成绩如何。”我们现在有的学校,有的老师,包括有的家长,总是置全面发展于不顾,而是过多地看重学习成绩,这与我们多年的片面学生观认识相关。雷夫的回答,明确告诉我们正确的学生观,对塑造人很重要,希望教师能够及早纠正自己的狭隘认识,学会全面看待问题。

我们的评价还是静态的、单一的,不能全面反映孩子的表现。我真正知道了“多一把尺子”在评价中的意义。而且这些内容都是为未来做准备的!

于智博的成长经历,让我们从另一个角度思考,学校到底教给孩子什么?培养孩子什么?

整合国内外考察学习体会,又在《“输”在起跑线上的哈佛男孩——个性化教育之路》书的基础上,我引领北京师范大学实验小学的老师们,在“‘轻负高效’的小学课堂教学评价研究”课改试验项目的总体目标下,深入实质性的课堂教学评价研究。确定既要研究对教师教的评价,更重要的是研究对学生学的评价,同时还要研究师生间和谐民主的关系,以全面立体地反映教师专业成长、学生素养获得和快乐健康成长的规律。

“多一份标准,就多一个人才,多一份激励,就多一份希望”。多元评价已成为我语文课程改革的重要理念。尤其评价方面,我们对于学生的学习,除了评价成绩外,还重视评价学习的过程、学习的心理、学习的兴趣特长发展等各个方面。评价的方式不仅包括用传统意义上的纸笔测验来评价学生的学习，而且包括学生作业、学生成长档案袋、教师日常观察、师生交流等多种方式。

我从“为每一个孩子的健康快乐成长着想”的角度思考。我观察，静态的教学，从书本到书本，从课堂到课堂的教学，让孩子变得不快乐。有的专家说，衡量一个学校办得好坏，其衡量标准不是只看重成绩，而是看学生能不能记得住学校生活。我们的学校有几个活动，学生喜欢得不得了。比如足球杯赛，吸引了全校的男生女生，可以说，足球月，孩子最喜欢了。另外，我们的元旦活动、六一活动等，孩子们也很喜欢。这都说明孩子们喜欢形式多样的、少与学习挂钩的活动。当然，学习还是学校生活的重要内容。那好了，我们能不能改变一下学习活动。比如，我们谈语文素养，仅仅是听说读写吗？那么口语交际呢？我曾经观察许多成功的人士，他们都是除了具备过硬的专业技术外，那就是特别善于和他人沟通，因而赢得的是大快乐！可是我们的语文教学很少有人顾及口语交际课。我们的学生不很懂礼貌，不很懂感恩，不和他人合作，其实就是不会口语交际。不会口语交际的学生，将来是不适应现代社会需要的，也是不能拥有大快乐的人。不善于口语交际，可以说是学习上的缺项的“亚健康”，老师们要及早醒悟。同样，综合学习活动，灵活运用语文知识，是要远比考分高重要的素养，希望老师们开创这片新天地。

把不明白的问题交给研究

把教授的研究精神用在自己的研究中

我们小学教师大都觉得自己很累，很少有人认为自己是快乐的。这的确是客观现实，一天工作量不能按小时计算。早上，在北京，有的教师早 6 点就出门，7 点有的学生就来了，还得看早读。上课铃一响，开始一天的工作，上课、备课、批改作业、教育学生，中午还要值小饭桌，下午又是紧张的工作，班主任还要跟学生课外活动，保证 1 小时的课外锻炼时间，放学还得把孩子送到接送家长的手里。一天下来，累得浑身散架了似的，也该准备下班了。有的晚上还要加班判作业、备课，等等。如此年年月月，月月年年。

教师抱怨累，可以理解，理由很充分。我可能是跳出来的，既是学校中层干部，又是特级教师，不当班主任，所以就更为理解他们的苦衷。的确，各级又不断给教师施压，什么督导、抽检、推门课、交论文等等，老师身心负担很重。我在北京师范大学居住，我看到大学老师虽然不坐班，但是也很忙碌。我每天早晨会碰到好多教授走路速度很快，看来也是一天忙忙碌碌的。大学教师课虽少，但是科研任务很繁重。没有科研课题、没有专著，是不能晋升高一级职称的；讲课没有新意，学生会对你做出不满意的评价；没有知名度，也会让学生看不起。很多成绩显著的教授其献身精神令我佩服。其中给我印象深的有北京师范大学的裴娣娜教授（教育学部博士后点导师）、刘锡庆教授（汉语言文学院博士生导师）、韩震校长（哲学家）、董奇副校长（心理学家）、杨大春教授（长江工程学者）、褚红旗（教育管理学专家）等，他们没有星期天，没有节假日，我很少看到他们在路上聊天，据听说他们很少待在家里，晚上经常在办公室工作。我总是看到他们的脚步匆匆，但很快乐。

在这里，我要说说裴娣娜教授，我上大学的时候，刚是个副教授，后来成了教育系主任，再后来又成了教授、博士生导师，她的学术也越来越受到教育界的关注。她的《发展性教育》研究的规模越来越大，参与研究的课题实验校越来越多。10多年前，就听别人说，裴老师家的方便面一箱一箱的，她连孙子也顾不上带。后来竟然由于她的成绩显赫，拥有了博士后流动站导师的资格。裴老师热爱事业的精神让我折服！

我还要说说我的学生家长杨大春教授。杨教授比我大一岁，是北京师范大学屈指可数的“长江工程学者”。他出身于湖南某山村，曾经做过中学老师，他一门心思做数学的精神让我佩服。我作为他孩子的老师，有机会注意观察他的行动。我发现学术做得那么好，原来是倾全身心于研究的。他请我吃饭限制时间；陪我锻炼，只走三圈；记者采访婉言谢绝……所以数学做得那么好。

我在圈内说来也是个会抓紧时间工作的“拼命三郎”，但是和杨大春教授比起来，是那样的悬殊。我每到周末，当没有外出任务的时候，锻炼身体总要花费两个多小时，寒暑假更是自由自在。但是我看到杨大春老师一年365天，除了年三十、初一、初二休息外，初三便开始自觉主动地工作，看似是寂寞、孤独伴着他，实际上他内心是那样的欢快、逍遥。没有人催促，没有人盯着，全靠自己。这就是他的卓越！

一次，北京市教委教科院教师学院两名总结我经验的博士，要了解孩子家长眼中的“陈老师”，杨大春教授看在我面子上说只能谈半个小时，还要赶紧在网上和美国留学的博士讨论问题。我们看着他桌上一摞摞厚厚的枯燥的数学专著，盯着摊开的复杂的数学公式，夸他数学上的成就。他说："做数学是需要静下心来的，你看，从这一步推导到下一步，明白推导过程多么有意思。我搞明白了这些，比什么都快乐！"我和两名文科管理学博士，看后听后很是惊讶和羡慕！这就是一个纯粹的事业者，他普通而了不起！

我还要说一下给我影响至深的刘锡庆教授，他原是北京师范大学中文系（现为汉语言文学院）的博士生导师，是我国高等院校研究写作教学的知名专家，是新课标教材最初审定专家的召集人。刘老师对我的帮助，使我逐渐从一个"教育人"成为了"语文教育人"。我初次到刘老师家，被他的书房所吸引。早在上世纪90年代，能分一套三居室是很难的。刘老师的三居室，有一间最大的，专门做书房使用，实际上就是他的私人图书馆。我一下被他的"家庭图书馆"吸引了。分门别类的"古典文学""现代文学""当代文学"……有序摆放，让我吃惊！原来大学问家竟是如此！我感到自己太渺小，肚子里的学问过于浅薄。我发愤向刘老师学习，恶补我不足的语文营养。在以后接触刘老师的过程中，我把刘老师的话当经典，尤其是刘老师对语文教学的认识之准确，对作文教学规律论述的精妙，感受至深。刘老师说的话，我现在还觉得是语文之本，也是课改之魂。他的话使我在教学上能按照规律前进！

无论大学领导，还是知名教授，他们的言行都给我一个启发：那就是把时间挤出来用在你的工作上，再愚笨的人也能做出成绩！再看看我们的小学教师，是苦是累，但是我们却把时间耗费在享受生活上，多做了和教学无关的事情。享受生活没有错，问题是在寒暑假休息的同时，又有多少位教师在以读书为消遣，在总结你的反思，在撰写你的论文？

一次，我碰到一位获得北京市基本功大赛一等奖的青年教师还在追着教研员备课。我问：你的方向是什么？她说不知道，也根本没想过，只求好好教书。这个回答看似没有错，可是我问她的规划，回答却是那样的含糊。我说既然没有，那你付出那么多去争取获奖，又是为了什么？她似曾明白，对我的点拨很是感激。我指出：从你的发展看，课没有问题，但是你写过自己的成长点滴吗？教研室老师帮你备课，弄明白了什么？……你要学会总结，学会反思，这就叫研究。坚持五年，出上一本《×××教学火花集》，周围人会怎么看你？你的前途又会是什么呢？教研员朋友赞同我的看法，她也欣然点头。

我觉得我们小学教师和大学教师的区别就在于，他们有方向，有追求，有规划，有研究，有学习。我们每个人只要拿出教授的精神，少些聊天，少些清闲，多些有心，多些工作上的快乐，谁能做不出惊人的成绩呢？

牢牢把研究学生放在心上

著名教育家斯霞说:“工人爱机器,农民爱庄稼,解放军爱武器,教师要爱学生。”著名国宝级教师霍懋征老师说过:“没有爱便没有教育!”这里的爱除了教师对学生生活的关心外,那就是上课要研究学生。

1. 把学生作为懂事的朋友。

我们的对象是小学生,看似不懂事,其实只要你真诚地和他们用心去交流,去和他们相处,你会发现孩子们是懂你的。当你生气的时候,学生会马上静下来,用眼睛望着你;当你高兴的时候,学生也会露出快乐的微笑;当孩子发现你的课有些生分的时候,孩子的配合也就差了些……这些,我都遇到过。可能有些孩子很调皮,这很正常。关键是你怎样去处理事情?你没有调查就去处理,必然会激化矛盾。你偏向一方,必然会让另一方不服……行者无疆,教育同样也是无疆,教育无小事。

最近,我教的毕业班里发生了这样一件事。中午是我值小饭桌,我刚进教室,就听见“哐当”一声,有重物从后面砸来,我一看不好,一定是闹大事了。原来是男生吴××把盛汤的大饭勺扔了过来。接下来两个男生大打出手,你一拳,我一脚,互不相让。快毕业了,学生的心很浮躁,看到老师来,他们闹得越发来劲;老师越是吼着管理,他们闹得越凶。正巧班主任也来了,他们还是在扭打。我冲着发疯的吴××说:“孩子,你今天怎么了,这么愤怒?”这一说不得了,他冲我瞪着眼说:“您怎么说我呢,怎么不说他?”我马上调整自己,对班主任说:“李老师,让他们出去冷静冷静。先让大家吃饭。”他俩被叫出去了,依然在吵、在踢。因下午是我的两节课,怕他们情绪受影响,我不能视而不见,不能全推向班主任。等大家都吃上饭,我便把顶我嘴的吴××叫到跟前,压低声音和颜悦色地说:“孩子,今天怎么回事?”他便告诉我是因为争抢签字笔的事情。我说:“孩子,我和你父母是好朋友。好朋友的孩子怎么能干这种粗鲁的事呢?就我了解,咱们家不缺少笔,甭说这么一支普通的签字笔了。能值1000元吗?”他摇头了,事情有了转机。“50元能买一大把。至于吗?他说是他的,你就说‘好吧,送给你’。还有这样难看的局面吗?快毕业了,应该成为好朋友。你说呢?打了一架,你得到了什么?你觉得陈老师能做出这样的事吗?

我从小到大不知道打架是什么滋味？你也是好孩子，我很喜欢你。记住，不要干幼稚的事情。”他哭了，承认了错误，便快乐地去吃饭了。接着，我又把另一个孩子赵××叫来，这个孩子是英语课代表，也向我讲明了打架的缘由。我用同样的语言和方式去教育他，当我说到“你得到了什么？快毕业时，你留给老师什么印象？”他哭了，他摇头后悔自己错了，认为自己狭隘了。事情就这样结束了，他们吃完饭很快和好了。这样的处理既没有造成学生恨老师，也没有影响下午的上课。

还有一届毕业班，有两个孩子也是特别闹。一提起作业，就头疼。那我也没有生硬地批评、训斥。每次小饭桌，其中的一个男生总是盯着老师的饭盒，调皮地说：“当老师真好！吃得比学生的好！”我知道他是成心说这话的。我把他当成自己的孩子，没有“去……去……去”地轰走，而是逗乐地说：“好，来，你拿去，咱们换着吃。”他不好意思地说：“老师，真的。”就拿去了。另一个孩子说：“老师，你怎么给他了。”我说：“明天给你换。”果然，第二天，我又给他换了。再过几天，他们不好意思与我换饭，他们觉得陈老师就是他们的好朋友，上课纪律好多了。我们像朋友一样相处，很快乐！

2. 用“假如我是学生，我会……”的思维方式考虑教学。

现在提倡和学生平等相处、平等交流。我在讲课时，一改过去老师是权威的做法，而是和学生一起成长。老师和学生是相对立的统一体，既是朋友关系，又是师生关系。我欣赏《金色的鱼钩》一课中老班长的话：“一路上，我是上级，是保姆，是勤务员……”小学教师这个行当，大家认为不只是“传道、授业、解惑”，更重要的是对学生的呵护、关爱、引导、帮助。尤其是低年级小学生，我们老师都有亲身感受。城市的学校，你看课间，哪个老师敢掉以轻心，撒手不管；放学，哪个老师敢让学生自己回家，哪个老师不是大手拉小手，把孩子送到接他们回家的大人手里；课上，哪个老师不组织纪律，一味只管教学呢……说我们小学教师可爱，关键就在于老师付出的真心和爱心，这恰恰是值得尊重的原因吧。即使高年级，孩子们稍微懂事了，对于每一个孩子来说，你对他们怎样，他们心里很清楚。我是个爱养花的人，阳台上种着三十多盆花，到浇水的时候，我都会一视同仁地给它们喝水；同时，我也会根据花的喜阴阳程度和喜干湿程度，浇多或浇少。如果有人问我：你最喜欢哪种花？过去我会根据自己的喜好，说开得好看的、长得漂亮的一定喜欢。但是现在对于我这个真正爱花的人来说，不会这么简单地去回答了，而是说：每棵花都有它的美丽灿烂。这个事实，使我常常想到在教育上，对于学生，也是一样，应一视同仁。孩子并不怕严格的老师，但是他们特别憎恨不公平的老师。每个孩子都有自己的特色，也有自己的不足。既要有对全班的要求，也要关注他们的个性。

我备课时，常常用“假如我是学生，我会……”的思维方式考虑教学。

课堂上，我的设问总是要照顾不同孩子的兴趣爱好和不同的学习需求。我经常观察班上每一个孩子听课的表情。发现孩子在皱眉头，我会瞬间反思自己是不是说错了；发现孩子的眼睛在下面，我知道他们在走神，看课外书，一定是自己讲得过于浅薄了；发现孩子们看挂在墙上的表，知道他们盼着下课，惦记着去踢球了；看到两个同学在递眼神，就会知道他们的心思不在课上，赶快调整自己的教学……

比如，周末在布置作业时，我会考虑孩子们会用多长时间来做完。对于一篇作文，我会考虑为难孩子没有。比如，办一期《英雄》的手抄报，我会想学生能上网自觉查找资料吗？会查哪些资料？等等，把每一个孩子的情况全考虑到。从而调整自己的作业量，或降低难度，或拉长时间。总之，不以学生为敌，不给学生设关卡。

3. 把课堂时间多给孩子一些。

我们的课堂教学，过多地看到的是教师的教远远大于学生的学。有时我听课会发现教师基本上占据了40分钟里的35分钟。你讲得越多越精彩，学生获得的东西越少，这是心理学验证过的。鲁迅说过“精讲多练”，现在依然不过时。知识是学生学会的，书是学生读会的，不是老师讲会的。

《浙江潮》是一篇古今对照的文章，我按照本课的特点，进行了大胆的省时高效的教学改革。过去我教要用两个课时，现在只用一课时完成，而且效果甚好。

浙江潮

浙江之潮，天下之伟观也。自既望以至十八日为最盛。方其远出海门，仅如银线；既而渐进，则玉城雪岭，际天而来。大声如雷霆，震撼激射，吞天沃日，势极雄豪。杨诚斋诗云“海涌银为郭，江横玉系腰”者是也。

我按照以下八个步骤进行教学：

第一步，从课题入手，读出字眼“潮”：引导学生查字典，了解“潮”（海水因为受了日月的引力而定时涨落的现象），读出地点“浙江”，从而知道是江潮。

第二步，引导学生读古文，用“①②③④⑤”符号标出五句话。

第三步，解释古文中难以理解的词语“既望”“既而”“杨诚斋”等意思。

第四步，诵读现代白话文。

第五步，古今文对照，把古文的五句，对应写在现代文旁边。

第六步，把最后一句“海涌银为郭，江横玉系腰”写在现代文后面。

第七步，用不同的情感读古今文，体会古今文的好处。

古 文	今 文
凝练、简洁	具体、形象

第八步，布置作业：古今文对应抄写。

经过这八步的巧妙简单处理，一节课轻松自如，没有那么多的支离破碎的分析，学生学起来充实，老师教起来省劲省力，兴趣盎然，何乐而不为？

《凡卡》是苏联作家契诃夫的名篇。课文比较长，离孩子生活实际较远，孩子不感兴趣，怎么办？按常规讲，用上两三节课是自然。但是，我没有沿用过去的做法，而是用了以下几步教学，使教学收到好的效果。

第一节

第一步，了解作者契诃夫。

第二步，整体读文，发现本篇文章和其他文章的区别。（学生一边写书信一边回忆往事。）

第三步，画出书信内容。（完整地去了解书信。）

第四步，引导学生体会插叙，找出插叙部分。（也就是回忆的内容。）

第五步，抄写书信的内容。（课上写不完回家接着写。）

接下来，做书信手抄报，了解内容。

(1)抄写书信

(2)画出信封

(3)提出问题

第二节

第一步，展示书信的手抄报。

第二步，说说书信的主要内容。（叙述了凡卡在城里老板家学徒生活的悲惨遭遇。）

第三步，讨论：这篇文章是以书信为课文主要内容的，不要回忆的部分不可以吗？（体会插叙的作用。）

第四步，结论，这篇经典之所以流传至今，主要是结构的新颖，写法的独特，运用了插叙的表达方法。

这样的教学，既简洁，又明了；既有知识，又有表达方法，而且体现了学生的学习。比老师神采飞扬地从头到尾无休止地讲课好多了。

附:学生手抄报的样例

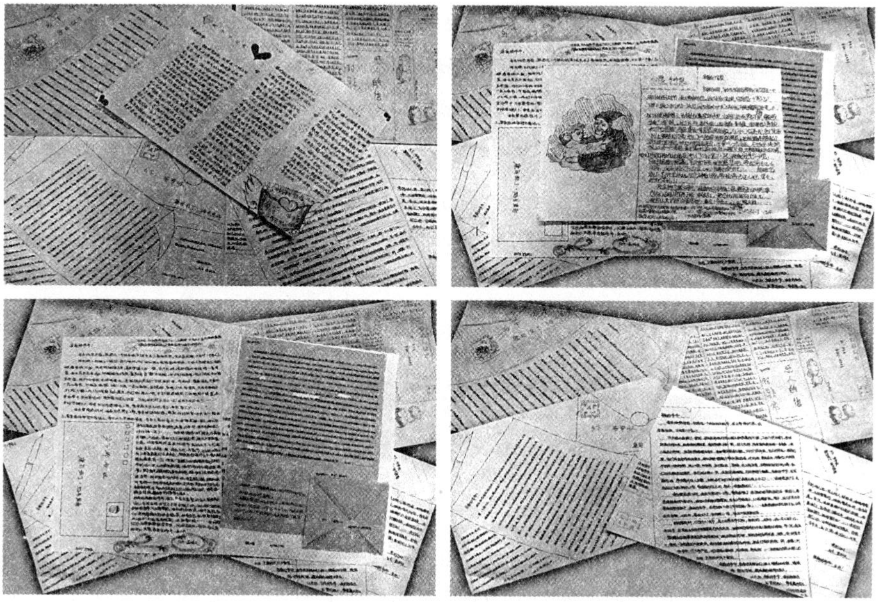

4. 要切实为孩子的语文素养提升设计教学。

学生是学习的主体,可以说,老师的一切准备都是为学生发展而进行的。不把学生的学习和发展放在第一位而只顾自己的死教是没有用的。

研究学生就是要研究全班学生的学习情况,研究每一个学生的学习心理。说老师不好当,就是说面对的学生个体情况很复杂;说教学不易,不是在共性上,而是在个性上。因为课堂是充满变数的,教学环境是时时变化的,一切均在变化中。

我们的语文课,按照教师的预设进行是不行的,面临着随时的调整备课。我从来不把课备得那么死,而是留有空间。对教师的设问,多几个角度,对问题的答案,我总会多想出几个。

教学、教学,教师的教最终是为了学生的学。学习没有多大效果,教师累死累活是无济于事的。学生对学习不感兴趣,对学习没有主动性,任你怎样卖力教,结果是不会令人满意的。把学生放在首位,还有一层意思就是充分估计学生的动态备课。课上,我们经常看到老师只盯着少数举手的学生,几个学生托着老师,课堂“几人做活大家瞧”的效果是不可取的。

一次,北京教育学院请我和另外一个特级教师给新加坡的老师培训,其中是评市里一个骨干教师的录像课，内容是运用字理教学帮助学生读懂古文。评课时有个互动环节，新加坡老师突然问道："你们中国的课很棒，个别同学的表达水平很高，我们新加坡的老师也不如。但是有一个问题，就是在听过你们的课里发现有一个普遍的现象，是多数学生一节课是听众，从来没见过举手发言。请问，这些孩子学得怎样，你们老师心中有数吗？"这个问题很尖锐，实际上是我们的课堂研究学生不足，致使课堂教学多是给少数孩子设计的。其实每个班的孩子参差不齐，我们备课不妨解析一下，多花些精力研究每一个孩子，比单纯研究其他和孩子差异无关的内容要强得多。

多角度去发现问题

由于思维的习惯，我们大都只习惯于正向思维，不会逆向思考问题。我为了把教育中的问题想得尽量周到，处处逼迫自己用逆向思维去考虑教学问题。比如：学校教育是培养为未来做准备的人，那就带来"未来的人最基本的素质是什么？仅仅是成绩好就可以吗？仅仅是能力强就可以吗？"所以产生许多问题的思考，诸如礼貌、合作、毅力等社会化的品质和习惯等就要在小学课堂上得到关注。比如，现在提到的"减负增效"，逆向思维："减负一定会增效吗？增效一定是仅靠减负来实现吗？"比如，"提倡多读多练"，那么逆向思维"什么是多读，什么是多练？""只追求数量，不求质量"的读书能有效吗？我发现现在小学生对长课文不太感兴趣。这个问题很普遍，不是一个学校的事情，也不是一个学生的事情。比如《小英雄雨来》《凡卡》《夜莺之歌》《草地夜行》《武松打虎》《金色的鱼钩》等课文，读上一遍很是费劲，怎么办？试想，课文都不去好好读，那么对于长篇小说、名家经典，没有老师的引导，他们更不会去认真地读。如果读书问题处理不好，构建和谐的书香校园便是句空话。我常听一拨一拨的家长说：书没少买，但是他们不爱看。我很同意有的专家提倡的小学生应该学会诵读，对每一篇作品，引导孩子大声朗读，朗读比追求理解重要得多。一个人朗读水平的高低，能看出他的语文表现力如何，同时朗读能力标志着他的文学修养、理解能力、分析能力、表达能力的高低。俄国教育家列戈维也教授说过："全部了解一个作品的最好的方法就是好好地高声地诵读。作品一被高声诵读，就成了好懂与易解了。"近代著名政治家、有着一定文学造诣的曾国藩说："非高声朗读不能得其雄伟气概，非密咏括吟则不能探其深远之趣。"现代著名散文家、诗人朱自清说："诵读是独自一个人默读或朗诵,或者向有些朋友朗诵。"我教过的孩子也不想读长课文,我努力调动他们的情趣,和学生一起读。我改变长课文的讲法,变成读书理解。我自己读,读到一个地方,停下来让学生读;我读到一段,提出问题让学生回答;我读到某一处,问学生能提出一个什么问题,并问他们问题是根据什么提出来的……总之,唤起每个同学的读书情趣,让每个学生在听读中引起思考。

我不赞成有的只求数量,甚至用数字统计的方法,证明读书多。读了不少书,思想没有触动,写作没有词汇,行动没有准则,又有什么用?还不如把时间还给孩子,让他们去干自己喜欢的事情。所以读书要研究,没有指导的读书是没有效果的,包括课外阅读,怎么做,需要三思。

如,同样讲《桥》,同样处理"老汉清瘦的脸上淌着雨水。他不说话,盯着乱哄哄的人们。他像一座山。"我和其他老师的设计是不同的。比如,我在北京师范大学厦门海沧附属学校听过一位其他附校青年教师的课,他的设问是:

师问:他什么像一座山?

生答:表情像一座山。

师问:我们一起来感受老汉的凶。从哪些词语看出?

生答:从"冲、揪、吼,以及像只豹子"可以看出。

师问:我们给"揪"换一个词语,能换什么?

生答:可以换"扯、拉"。

师问:为什么不用"扯"和"拉"?

生答:用"揪"更能表现老汉的生气、又气又急。

……

这样的设问让老师牵着学生生硬理解内容,不分层次,语文味淡薄。

而我在处理这部分内容时,就考虑了三个层次:

第一个层次:全班都过关的设问:

师问:变换句子读什么的老汉像一座山?

生答:清瘦的脸上淌着雨水的、不说话并盯着乱哄哄的人们的老汉像一座山。

第二个层次:接着是中等学习程度的学生的设问:

师问:这句话哪个字集中了老汉的特点?

生答:"凶"。

师问:哪些字词是在生动地刻画老汉的"凶"?

生答：冲、揪、吼、像只豹子。

第三个层次：更高层次的设问：

师问：哪个字更有力地表现了老汉的“凶”？你就是这位老汉，体会这个“揪”字的巧妙。

生答：用力、咬牙切齿、愤恨……

这样一比，我课堂教学的高度是不是就显而易见了。

总之，多角度发现问题，是一种做学问的态度。拥有这个本事可以使你的研究更加缜密，说话、做文章更加全面、透彻。

过一种丰富立体的教学生活，跳出狭隘的教学院墙

我们的小学教师由于工作性质的原因，和孩子打交道，工作琐碎，头绪很多，所以生活很单调。每天基本上是“教室——办公室”的两点一线式生活方式。这种封闭的教学生活不利于教师智慧的生成。我欣赏景山学校的经验，中小学教师不坐班（当然班主任除外），这就给教师带来了很大的自由空间。对于小学教师不坐班现象，可能会引起争议，但是在普遍学校不能改变现实的情况下，我们自身必须从内心打破自己的人际交往圈，跳出樊笼，解放自己。比如，你了解本省本市哪些知名教师？他们的经验是什么吗？又如，你大胆和全国著名教师、专家、学者联系过吗？请教过吗？比如，你的学校就有比较有经验的教师，你走近他们了吗？你主动找他们讨教了吗？你的学校有图书馆（室），你每天能去那里坐上一个小时翻阅新的图书报纸吗？记录一些新知识新讯息吗？比如，你的周围就有在某一方面取得成绩的老师，你向他学到了什么？他的那些经验对你的教学有什么影响？比如，你每个月主动约主任、校长听你的课了吗？比如，你每个学期参加了几次区域性的教研活动？在你学校组织的校本研究过程中，你充当的是作为主讲的主角，还是作为听者的配角？又比如，你每学期主动写了多少反思？五年内出了几本书？再比如，你和家长一学期平均沟通几次？你们的谈话做记录了吗？谈话对孩子有什么影响，你知道吗？……

以上这些，你都做了，而且做得很好，我想你就过上了一种丰富立体的教学生活。可以说，我多年以来都在这样认真地做，从没有感到负担，而是从中感受到了乐趣。每当我遇到困难时，江姐的话就会出现在我的脑海中：“不贪羡荣华富贵，不留恋安乐温暖，威武不屈、贫贱不移，百折不挠志如山，赴汤蹈火自情愿，早把生死置等闲，一生战斗为革命，不

觉辛苦只觉甜!"我是这样想的,也是这样做的,而且乐此不疲!

快乐的工作观,使我一年很少吃药,即使有点不舒服,我也顾不上。我常说:"睡好觉,做趣梦,品美餐,饮茗茶,养花卉,交真友,斟小酒,写酌文,赏佳作,我连死的空儿都没有……哪有时间得病啊!"

要使自己的教学生活丰富立体,就得学会跳出狭隘的教学院墙。这个问题实际上是打开自己,换个脑筋,勇跳出来,冥想问题。

今年是"十二五"计划的开局之年,全社会把减负增效提到议事日程上来,这是新形势下的重要举措,是全面贯彻《国家中长期教育改革和发展规划纲要(2010—2020年)》和全教会精神的具体实行策略。其实是引导老师们把教学的研究引向深入,从人才发展战略出发思考问题,不断探索教育规律,全面提高教育质量。

跳出院墙的第一层意思是放眼明天。明天是什么?现在的年轻教师赶上了好时代,同时又是竞争的时代。我们要和时代同步发展,这样你就会拥有美好的人生。

找准位置,规划人生。你要达到什么目标?或者你要拥有什么?一个人最不能原谅自己的是没有规划。大规划和小规划,分阶段实施。人不能经常原谅自己和放纵自己。要步步为营,实现人生的大欢欣。

现在评各级学科带头人,不是简单地靠领导们主观议论议论就行,逐渐走上了课程化。政府颁发的各种有关教师职业资格"证书",如政府组织的赛课、论文评审获奖、各种骨干班培训结业证等都成了必备的硬件。下表是北京市学科教学带头人评选答辩测评表,我们可以看出当教师越来越难了,要求也越来越高了。认识到教师的工作特点,迅速找到定位,为你的幸福生活打下基础。

学科:　　　　　　　　　　姓名:

一级指标	二级指标	分数
教育教学理念 (20分)	热爱教育事业,具有先进的教育教学观念(课程观、教学观、学生观),并能够体现到教学实践中。	
	能够把握相关学科前沿的教育教学理论。	
知识与能力 (30分)	具有坚实的学科知识、丰富的通识知识和系统的教育学与心理学知识。	
	善于学习,精通业务,具有引领本学科发展的能力。	
	善于反思并总结自己的教育教学特色。	

教学研究（20分）		主持教学研究课题的数量和级别（国家级、省部级、区县级）。	
		承担或参与市级科研课题有阶段性成果，并在区级及以上刊物发表本人撰写的有关文章。	
		在市级以上正式刊物上发表过与专业有关的教育教学文章；论文获市级以上奖励。	
教学效果（10分）		学生普遍认可，总体成绩突出，具有良好的引领作用。	
答辩（20分）	思维能力（10分）	思维的逻辑性、条理性。	
	表达能力（10分）	语言表述的清晰、准确、流畅。	
总分			
综合评价意见			

专家签字________

跳出院墙的第二层意思是打开自己。我们当教师的不同于京剧演员。京剧艺术完全是传承，所以是国粹，有很多流派，唱腔不允许大幅度的创新，这次成功申请了世界遗产。

有人说，教师就像演员一样。这话不太正确，教师这个行当和演员大不相同，其原因很多，主要是：演员可以完全忠实于大师的演技。教师这活一部分可以继承，但是随着时代的发展可以创新，甚至可以颠覆传统。创新性是教师工作固有的特点。另外，教师面对的是活生生的灵动的学生，是为了学生发展，是通过互动达成教与学的高度统一。而演员更多的是自己表现自己的艺术，当然，演员也讲心中装有观众。

假期里，我不断学习有关减负增效的文件，不断结合实际转变观念，改革教学。尤其学习了《中国教育报》的几篇文章，深有所感。

首先，我学习了诺贝尔物理学奖获得者李政道有关“钱学森之问”的解读，接着我又学习了2010年11月25日的《求解“钱学森之问”》（作者：教育部总督学柳斌），我的思想在萌动。一个科学家，一个教育家，论述的角度不同，可是观点是一致的。“要创新，需学问；只学答，非学问。要创新，需学问；问愈透，创更新。”这是杨振宁先生对学问的中肯解答。

柳斌，作为教育部督学，一针见血地指出目前教育的问题是“急功近利”。纵观当今教育现状，分数承载了太多的期望；学习承受了太重的压力；童年背负了沉重的包袱。在不少地方，学习活动常常远离了学习者的现实生活；整齐划一的学习任务，偏离了学习者的兴趣、爱好、自主性以及承受能力的差异；学习活动的要求常常违背学习者身心发展的规律。数十年的历史经验说明：高度集中统一、以分数论成败、一考定终身的高考制度不利于出人才；由高中到初中甚至到小学遍地开花的学科“奥赛”不利于出人才；年复一年的神童炒作、少年天才吹捧，不利于出人才；以应对考试为本，猜题押题，死记硬背，题海战术的教育教学模式不利于出人才。原因在哪里？原因在于未能遵从青少年身体、心理的发展规律办事；未能遵从教育规律、人才成长规律办事；未能遵从人的品德、智力、体质、情操是一个不可分割的整体的原则办事；未能遵从儿童全面发展观办事。我认为这都是制约我们多年来教育滞后、不出创新型人才的根本原因。我们孩子的负担过重，不是一天两天的问题，长期滞留下来的问题，根深蒂固，学生学的多在死的知识上，多在死记硬背上，没有创新的办法，没有想象的本领，少有思考的间隙。

下面的信息材料，是以引起我们的思考。

现实忧与思(一)

科学诺贝尔奖获奖人次排行榜(2009年统计)

排名	国籍	物理学奖	化学奖	生物学或医学奖	合计
合　计		184	154	192	530
1	美国	84	63	90	273
2	英国	20	23	27	70
3	德国	23	30	16	69
4	法国	12	8	10	30
……	……	……	……	……	……
9	日本	7	4	1	12
……	……	……	……	……	……

2010年世界诺贝尔奖获奖最新消息

三名物理学诺贝尔奖获奖者：美国1人，日本1人，意大利1人。两名化学合作者获奖，均是美国人，其中一名年仅36岁。

2011年世界诺贝尔奖获奖最新消息

据外电报道，来自瑞典卡罗琳医学院的消息称，2011年度诺贝尔生理学或医学奖由三人分享。其中一半奖励布鲁斯·巴特勒(Bruce A. Beutler)和朱尔斯·霍夫曼(Jules A. Hoffmann)在激活先天免疫方面的发现。另外一半奖励拉尔夫·斯坦曼(Ralph M. Steinman)对获得性免疫中树突细胞及其功能的发现。

现实忧与思(二)

中国青少年想象力世界倒数第一，创造力倒数第五。

中国孩子的想象力状况令科学界陷入忧虑。2009年，教育进展国际评估组织对全球

21 个国家进行的调查显示，中国孩子的计算能力排名世界第一，想象力却排名倒数第一，创造力排名倒数第五。在中小学生中，认为自己有好奇心和想象力的只占 4.7%，而希望培养想象力和创造力的只占 14.9%。

“传统的教育观念束缚了孩子的想象空间，中国教育的解放必须从解放孩子的好奇心开始。”

现实忧与思(三)

我们不是要办人民满意的教育吗？现在，人民群众对教育系统的师德、课业负担和收费三个问题最不满意。

引起不满意的原因很多。来自社会：浮躁，有的教师忽视自己的师德。来自家长：盲目追求成绩，追求上好中学，几十年前的传统观念依然沿用。来自老师自己：思想陈旧，应付工作。没有创新，没有动脑，把工作当成谋生的职业，而不是事业。少读书，少研究，不合作。

我们不可能改变中国的教育，但是我们可以经过自己的学习和努力，做一个个影响中国的教育的铺路石子，推动中国教育的发展。

我们要引导家长从狭隘的“赢在起跑线上”走出来；同时，我们不要拘泥于旧有的质量观，要从沉重的教学负担中解放出来，解放自己的手脚，大胆改进自己不合理的做法。为了学生的发展，我们要切切实实培育学生，让每一个孩子都能快乐健康地成长。

培养创新型人才是全社会的事情，任重道远，我们教师肩上的责任重大。谁能说与教育没有关系呢？我们都陷入了一个怪圈。还是魏书生说得好：“30 年中国的教育了不起，但是有问题。”

跳出围墙的第三层意思是打破几堵墙。打破学科之间的墙，打破班级之间的墙，打破学校之间的墙，打破生活的墙。

总之，做教师的需要冷静看自己，需要静默察看教育教学问题，并学会静心思考。

现在社会对减负呼声最为强烈，要从根本上解决中小学生课业负担过重的问题，光靠教育行政部门管、卡、压是不行的。关键还是教育工作者必须从自身做起，转变教育思想，更新教育观念。

1. 跳出束缚思维的教学圈子。我学习了《尊重学生在学习中的主体性——读〈教学革命——蔡林森与先学后教〉有感》一文，引起我本学期的减负增效改革思考。

“先学后教，当堂训练”作为一种教学方法，有一定道理。我们平时的教学多停留在“先教后学，或者边教边学”上，这样的结果会导致老师越俎代庖，而前者尊重学生在学习中的主体地位，调动学生学习的主动性和积极性，是应该提倡的。

效果好的课就是好课，效果好的标志之一就是全过程让学生积极地自主学、合作学、探究学。这里的效果，既包括知识方面的要求，也包括能力以及情感、态度、价值观等方面的要求；既包括课堂教学中每一环节的阶段性效果，也包括一堂课的终结性效果；既包括作业的数量，也包括作业的质量。

2. 变繁琐的教学为简单明了的教学。实际上，越是简单的朴素的，越是美的。我们听原生态的歌曲，几乎个个都是精品，就是因为简单，因为独特。我们的教学，学生不爱学，老师不爱教，就是因为把简单的搞复杂了。语文不远人。实际是要朴素地去教，要引导学生学习语言文字运用的方法，练就听说读写的能力。

跳出围墙还要注意脚踏实地。减负增效对学校教学管理是一次置之死地而后生的挑战，同时也为学校教学工作加快实现从外延扩张向内涵提升提供了难得机遇。在没有退路的时候，不是杀出一条生路，就是坐以待毙。我们要拿出当年西楚霸王破釜沉舟的勇气，敢于向低效高耗的教学模式挑战，走出一条减负增效的新路。负担在很大程度上来自精神压力：愿意做的事，人们乐此不疲；不愿意做的事，再容易也感到辛苦。让家庭作业由被动变为主动，由单一变为多样是一个解决问题的思路。人大附小"让作业可爱起来"的经验、做法值得借鉴。

研究作业布置的策略。精简繁琐重复的作业，变为有兴趣的利于发展思维、培养能力的灵活作业。

我们研究减负增效，就是思考怎样的教学是有效的，怎样的作业布置是有利于促进学生全面发展的。减什么，通过什么途径增效，这就是核心问题。我认为关键有两个方面。

(1)减去不必要的死写死记的内容。比如"每个字写上五遍"，不如"会的字不用写，不会的字写五遍，前提是以第二天默写正确为准。"比如做一篇阅读篇子，不如练习概括能力的题目。比如，像那些近、反义词不用每次都做，多音字也不要写，这些在课堂上学生注意力集中时提醒，让学生铭记心中。

(2)变固化的作业为动手操作的作业。对于习惯性误读的字，让学生查字典解决，而不是直接告诉他们。如"处理"的"处"，又如"瘦弱"一词，如果不加提醒，全班约有32%的同学是抄错的。老师编故事提醒他们后，看似好些，但是一写依然出错的占16%，如果让学生查字典利用部首记字，就好些，就不会写成"广"字旁。教学方法不恰当，结果修来修去，期末仍有5.8%的学生还是写不对。说明什么呢？学生的学习是自己学会的，不是老师讲会的。

上个期末，班上有名比较老实的学生吴××，作业完成得很及时，期末考试却不理想。

我分析其试卷和平时行为，认为他由于上下学都是家长接，缺乏生活，对外界事物没有感情，学习死板，当然成绩很低。请家教没有用，补课没有用。春节，见了我不会说什么祝福的话，这是不行的。我对他特殊要求，寒假少写作业，多练习做家务，参加些体育活动。我们试想，打篮球，还打出个姚明、易建联；跑步还跑出个刘翔……死学只能学傻，没有出息。可是家长不听，不放心，所以家长也要我们引导。

这位家长看似很重视学习，可是没有方法，希望寄托在家教上。家教老师帮着学习，辅导作业却是"捐款"的事情，这怎么行呢？家教老师，把孩子越教越糟糕。这个孩子三个学期，每次都背家教老师修改的作文，倒是作文成绩不错，但是这背后却隐藏着孩子没有了思维，妈妈还沾沾自喜，实为一大悲剧。我为全家的可怜而伤心。世上这样的家长万万千，教师要用先进的理念帮帮他们，让他们跳出来，共同为解放孩子尽一份力。

(3)变翻书看书为大声诵读。不经过诵读是什么也记不住的。所以寒假我的作业是诵读本学期的课本，一天一课。不诵读谈不上记住，没有语感。不诵读，学生的感官没有参与学习，尤其是小学，不拿腔拿调读书，是不能证明读书的。

(4)作业批改重态度。重视写字质量，重视是否认真，重视精致用心去写作业的态度，不正确，但是态度好，就鼓励。态度不好，要提醒，给以点拨。如生字，要求抄对。不对，十个字有一个抄错了，依然是"良"，不能给"优"。姑息纵容害人害己。

总之，减轻学生过重负担，首先教师要减轻自己的负担。即教育工作者要把自己从单纯追求考试成绩、追求升学率的片面认识中解脱出来，从沉重的教学负担中解脱出来，多学习国内外先进教育理论，多研究教学中的问题，多总结自己的经验体会，多培养出具有良好习惯和喜好学习的学生。

寻求自己的合作伙伴，按照规律办事

"一人强，一时强；一队强，一世强。""没有完美的个人，只有完美的团队。"现在教师专业发展讲究团队合作。教师是一个团队很强的工作，需要多方配合。它是一种我中有你，你中有我的工作。我向你看齐，你向我学习。谁孤军奋战，谁的工作干得就会吃力。现在对教师的要求更高了，不但要做一个处理日常教育教学事务的行家里手，更重要的是做一个不断发现新问题，不断解决问题的专家，这是时代赋予我们教师的责任。做研究型教师、做科研型教师、做学者型教师、做专家型教师成为教师职业成长的必由之路。

科研兴校、科研兴教，提了好多年，但是真正达到这一境界，离不开教师做科研课题，需要一大批科研型教师的引领。研究是需要付出的，是需要吃苦的。研究实际上就是带着长期关注的问题思考，每个教师要学会带着课题走进教学，这样你就走在了前面。我自1991年大学毕业后，就参与了课题研究，一次次的科研使我明白了许多。是研究让我知道了自己的不足，是研究让我知道了读书，是研究让我接触了很多专家、学者，是研究使我的笔头勤快了起来，也是研究成就了我的今天，收获了快乐！

说起研究，就得有研究伙伴。我自1991年参与课题研究以来，参加过各级各类的课题研究。从“九五”的北京市电化教育馆的“应用电教手段，促进学生形象思维发展”、国家级的“应用信息技术手段，提高课堂教学实效性”，到“十五”期间的海淀区“德育实效性研究”，再到“十一五”的市级课题“小学语文素养综合性发展评价研究”，再到“十一五”的国家级课题“应用信息技术，有效培养学生口语交际能力的研究”、教育部课题“应用戏剧教学法，促进师生心理健康发展”、北京市级课题“‘减负增效’的创新性实践研究”和海淀区重点课题“创新性使用教材的研究”(带经费)，再到“十二五”的市级课题“减负增效的小学课堂教学创新研究”和区级特级教师专项课题“小学语文课堂教学创新的实践研究”(带经费)。可以说，一路走来，是和课题研究并肩成长的。在每个课题的研究中，我和课题组的老师一起，同甘共苦、团队合作、共赢快乐。一次次的讨论，一次次的智慧碰撞，使自己的研究能力逐步增强。可能在研究过程中，也有苦累的时候，但是回顾走过的路，思想上获得的提高，教学上取得的进步，可不是看几本书，上几次课，听几次讲座所能换来的。感谢科研，感谢团队！

参与科研实际上就是在按客观规律办事，教育是有规律可行的。我们上大学都学过教育学、心理学等专业书籍，都知道“纸上得来终觉浅”，只有“躬身力行才知真”。更重要的还是要在实践中去摸索和掌握教育规律。

小学语文教学处处有规律，但是掌握规律谈何容易？小学各学段学生年龄特点不同，教学侧重点也不同。可是好多教师不管不顾地漫无目的地设计教学，使教学效率比较低下。

在语文教学上，我认为各年段目前存在的主要问题和对策如下：

第一学段主要存在的问题是：1. 识字量小，手段单一；2. 机械记忆，形式热闹；3. 负担过重，无趣无味；4. 课型模式，思路封闭；5. 设问简单，思维枯竭。

第一学段备课追求的境界是：必须在面向全体学生的基础上，以识字写字为主要内容，方法和形式要灵活多样，阅读理解设计要简洁、明朗、清晰，要充分调动学生的思维。要营造这样的课堂教学效果：小手举起来，小嘴张开来，小脸笑起来，小脑动起来，小笔挥起来。同时要注意:不要让识字教学成为阅读教学的附庸品!以识字写字为主,带动阅读,同时在阅读教学中巩固识字成果。

第二学段主要存在的问题是:1. 夸大整体,段落不足;2. 无序训练,漫无重点;3. 工具不力,人文无限;4. 听说不顾,读写不管;5. 设计过高,目中无生;6. 界限不明,导向不清。

第二学段备课的重点是:侧重通过重要词句帮助理解文章,体会其表情达意的作用,以及对文章大意的把握。以段的教学为主要切入口,抓好语文听说读写基本功。

第三学段存在的突出问题是:阅读教学语文味道淡薄,远离灵动的语言文字,上成了索然无味的说教课、分析内容课,泛语文、非语文现象们羁绊着教学。

语文是比较纯净的课程,阅读课更是纯而又纯的课程。教师要引导学生实实在在地读书,接触文本,带领学生分分秒秒地和课文连在一起,跟作者的心连在一起,跟老师保持一致。读书要做到老老实实,全心全意。因为语文课是非常纯净的,是非常饱满的,不去把课文弄懂,搞一些庞杂的远离文本的东西是解决不了学生语文素养提高的。

另外,教师要心中始终装有学生,每一个环节、每一句话都要想想能否落实。北京教育学院一位德育专家在一次会上说:"什么是好教师?说孩子明白的话的老师是一个好教师。"我觉得她说得很有道理。她的孩子在二年级时,曾经回家问妈妈:"妈妈,什么是认真?我们老师都说我们不认真。我认真了呀,怎么还是遭到老师的批评呢?"这位专家对孩子说:"妈妈说话,你身子坐正,眼睛看着妈妈,好好听,就是认真;你把妈妈给你盛的饭菜吃干净了,就是认真;你把作业按时完成了、做对了,就是认真……"孩子兴奋地说:"噢,我明白了!"可是我们的老师细想一下,你说的话有多少是孩子能听明白的,多少是说到他们心上的。仔细一想,教师没少提醒注意事项,各位小学生能否做到呢?其原因之一是我们多半话孩子听不明白,因为我们说的是大话、空话。我们往往在交流时,忽视对象是孩子,而是同伴间的交流。尤其是低年级要注意。

教师要通过思考和真理握手!

打破模式,寻求自我;

少有模仿,多些创新;

不断思考,勤于实践;

颠覆自己,日日新颖;

学会学习,勤动手笔;

日积月累,修成正果!

我愿和你用心做精致的教育!

我的教学观

全面关注学生的语文素养获得

什么是语文素养？或者语文素养的内涵是什么？每个老师须清楚明白。

《语文课程标准》(2011 版)明确指出："语文课程应激发和培育学生热爱祖国语文的思想感情，引导学生丰富语言积累，培养语感，发展思维，初步掌握学习语文的基本方法，养成良好的学习习惯，具有适应实际生活需要的识字写字能力、阅读能力、写作能力、口语交际能力，正确地运用祖国语言文字。语文课程还应通过优秀文化的熏陶感染，促进学生和谐地发展，使他们提高思想道德修养和审美情趣，逐步形成良好的个性和健全的人格。"

这里有四个层面：(1)对语言文字的情感态度；(2)掌握语言文字的过程方法；(3)语文四种基本能力的培养；(4)培养良好的个性和健全的人格。

我们的教学，现在问题很多，就语文课来说，关注读写多，关注听说少；关注结果多，关注过程少；关注死的可考的东西多，关注不可考的非智力因素很少。

我们听课，有多少在关注学生思维方法的训练，又有多少在关注对人格的培养。我常常在想：学生九年义务教育真没少读书，语文老师也讲得慷慨激昂。语文老师又大都是班主任，为什么学生知行不统一？后来我才慢慢发现，我们的语文教学没有真正按规律办事。我也在想:学生没少读书,但是在写作文时,那些个好词佳句哪里去了,很少用得上。这就造成了教学的“少慢差费”。根本原因就是教师过多关注的是知识获得,关注概念性的知识很多,没有注重学以致用的能力的培养,没有真正让学生心领神会,心有感悟,没有关注全面素养的培养。多年来,学生只是“听”的容器,结果遗漏很多。别谈学生多少年后,就连一个星期,便很快地把知识还回了书本,还给了老师。

我很注意学生的口语交际能力培养。现在的语文评估,各地对口语交际没有真正重视起来。由于对于语文素养的这个分支理解有偏差,所以这个重要的能力没有到位地训练。

一次,我提到要重视口语交际的问题,北京一所大学的科研干部说:我们很重视口语交际评估,期末考试,我们专门有一张条子,设计几个问题,让学生作答。我一听,这哪儿是口语交际的内容,又变成了问题回答的变相灌输。

真正的口语交际能力不是通过考试获得的,贵在平时的训练,让每一个孩子都练到位。专靠口语交际课是达不到目的的。我充分利用课间、中午小饭桌时间,每天要和班上的 1/4 的孩子进行单独会话,以训练他们的口语交际能力。

比如,姿势优雅地走过来,比如礼貌、文明地会话,包括手往哪儿放,眼睛怎样关注对方,会完话怎样和老师告别,等等,都要教给孩子。口语交际既练了语言,又协调了师生关系。

我们教师要给学生创设绿色课堂。绿色课堂是健康的课堂,健康的课堂必须关注学生的综合素养。我们的课堂都是缺枝短叶的。我看到好多孩子一节课很少说话,有的见了老师很是害怕。我常对青年教师说:看着面前的孩子,你预设他的未来。未来需要综合素质高的人。将来,哪一个人不需要当场对话呢?假如做了领导,你能不当众讲话吗?假如当了劳模,能不面对媒体和大众吗?假如当了明星人物,你能不发表感言吗?就是考大学,将来也要进行面试。我们在课堂上不注意培养,一味地只在那搞些小词句,是不行的。我们的孩子不学会说话、学会交往,将来就哑语了,闭塞了。

就拿每届青歌大赛的现场综合素质测试来说吧,在一届又一届的青年歌手电视大奖赛上,我们常能遗憾地看到歌手们对最基本的文化常识也全然不知。歌手们的尴尬反映的是基础教育的欠缺,因为他们无论怎样自学成才,至少都经历过义务教育或高中的学习,而在他们的基础教育阶段,学校给了他们什么?基本的质量标准是否达到?我们的教学方式为什么竟会导致学生考后便把所学知识又还给了学校?这说明我们的教育教学关注教育的真问题和核心问题不够,这些问题是中小学校教育应该高度关注并深入思考的。

下面是国家教育部一位辅导《课程标准》的专家提供的材料，意在说明我们的课堂关注的是什么。

近年香港大学在内地面试试题：

网络、电脑技术是否对人际关系产生影响？

鸟巢的钢结构是否浪费材料？

你对博客文化发展的看法是什么？

如何看待政府对网络的监控？

如何看待甲型流感暴发后的预防措施？

迈克尔·杰克逊为什么整容？

如何看待中国的独生子女政策？

高考的利与弊？

赌博在中国内地是否应该推行？

中国社会如何缩小贫富差距？

四大污染及其解决方案？

这些方面的问题考查的是学生独立思考与判断能力。你课堂上不重视这些，将来学生面对现实问题就会束手无策。

这位专家还列举一位著名的职业经理人归并了其在各大学为大学生做职业讲座时常见的学生提问内容：

1. 我是学环境科学的，我想知道我学的这个有什么用？
2. 请问我的爱好到底是什么？我一心想上哈佛，这算爱好吗？
3. 袁老师，我觉得我什么也不懂，你认为我适合做什么工作？
4. 我准备出国，您认为我应该留学吗？
5. 我是博士生，请问现在博士学位有用吗？
6. 什么是最能迅速成功的创业领域？
7. 我应该创业吗？我适合创业吗？
8. 如果我参加司法考试，然后怎样成为一个好律师？
9. 我现在考了不少本，这些本对就业有帮助吗？
10. 我应该先找工作还是先考研，哪个更好？
11. 我准备去欧洲，我应该访问哪些地方？我该不该去欧洲？
12. 我很想做你们公司的职位，你们公司是干吗的？

13. 我想成为马云一样成功的人,你认为有可能吗?

14. 我知道你们的总经理是花六年做到这个职位的,你觉得我要用几年?

15. 我不要钱,只要有人给我一个工作就行,为什么这样还没人要我?

16. 我在很多方面都很有研究,适合做各种工作,但那些招聘的人好像都不相信,如果招聘的人水平比应聘的人低,怎么样能找到招聘机会?

这些说明我们当前的学生最缺乏的是什么?缺乏的是认识,缺乏的是思维,更重要的是质疑问难的能力和设计自己的能力。

语文课关注什么?要关注生活、关注知识、关注思维方法、关注行为习惯……最重要的还是要关注学生的人格修养。

我们教师要知道,就像一个人,不能你看他很健康,他就是健康的人,不是你说他健康就行了,也不是他本人说自己健康就可以了。关键要看医院的医生判断,这是靠仪器出的结果分析出来的。实际上好多人的亚健康就是这样知道的。任何一个指标有问题,只能说大概健康。课堂教学也是一样,只有遵循科学,按照规律办事,才能是绿色健康的和谐课堂。缺少任何一个方面的能力培养,都是不健康的课堂教学。

附(一):口语交际教学设计

一年级口语交际课《我想和你做朋友》教学设计

执教者:北京师大实验小学　李新洁　贾红斌

指导教师:特级教师　陈延军

【教材】 义务教育课程标准实验教科书语文一年级上册(语文出版社)

【教学背景分析】《语文课程标准》指出:"语文是最重要的交际工具,是人类文化的重要组成部分。"它以全新的理念将低年级的说话、听话改为口语交际,注重提高小学生的口语交际能力。一方面反映了人们对语文学科本质属性的科学全面认识,另一方面也反映了知识经济时代对小学生语文学习的更高要求。因而,培养学生的语言表达能力,提高学生的口语交际能力,要从一年级抓起。

一年级的小学生,刚刚从幼儿园迈入小学的大门,他们年龄尚小,思想幼稚,他们对学校的一切都充满了好奇。个体角色的转变,周围环境的改变,身边的同学和老师在他们眼中都是陌生的。面对这些,他们既充满了好奇心、陌生感,同时还夹杂着些许的恐惧和不安全感。他们渴望同学的关心,老师的关爱,但又不知如何去获取,所以,此时他们需要一段时间来逐渐适应全新的小学生活。

这时候的口语交际至关重要，口语交际活动可以让一年级的孩子张开嘴巴，敞开心扉，表达自己，接受他人，是一年级的小学生逐渐走出自我，接纳他人，融入集体的一种重要形式。

低年级的孩子喜欢灵活多变的教学形式，认识事物偏于感性，他们喜欢丰富多彩的游戏和活动，一年级的孩子更是如此。针对低年级孩子的年龄和心理发展特点，选择他们感兴趣的有实际教育和指导意义的话题显得尤为重要。口语交际课不同于传统的语文听说课，它重在培养和发展小学生的口头交际能力，促进他们与周围人、周围世界的和谐沟通和交流。面对才刚刚入学两个多月的一年级小学生，他们最需要的是尽快融入集体，接纳身边的同学和老师，所以我们选择了“做朋友”这个话题。它来源于孩子的生活，与孩子的成长和发展息息相关。这个话题既有实际意义，又将关系到一年级孩子今后交际能力的提高。

在本课教学中，我们将通过一年级孩子喜闻乐见的多种教学手段，力求打开全班每一个学生的嘴巴，让他们从不敢说、不会说，到我能说、我会说，再到乐于说、说清楚。这是一个逐渐提升的过程，是一年级小学生口语交际能力训练的必经过程。

【教学目标】

1. 在口语交际活动中，学会发现他人的优点，学会欣赏他人，知道主动和同学们去做朋友。

2. 能听明白对方的发言，并能表达自己心中真实的想法，把心里想法说清楚。

3. 增进同学之间的相互了解和交往，建立良好的团结、友爱的关系。

【教学重点】 把心里想法说清楚。

【教学难点】 表达自己的想法时能做到比较具体、清楚。

【教学时间】 一课时

【教学过程】

一、歌曲导入，激发兴趣。

1. 小朋友们，昨天咱们已经见过面了，我们班的每一位小朋友都给老师留下了美好的印象，看见你们这么可爱和热情，老师特别想和你们做朋友。你们想和我做朋友吗?

2. 朋友不能白交，老师给你们带来一份见面礼，是一首好听的歌曲。听一听，你们会唱吗?

（播放《找朋友》歌曲）师生共唱。

3. 交朋友的时候又敬礼又握手，说明要想成为好朋友，两个人都要懂得什么？

板书：礼貌

4. 敬个礼，握握手，让我们从行动上交到了好朋友。今天的这节课老师要和你们共同学习用真诚的语言交到好朋友。相信通过这节课的学习，小朋友们会拥有更多的新朋友，你们愿意吗？那我们快大声地说出我们的愿望吧！（齐读课题）

二、明确题目要求，引导学生明确"朋友"和"心里话"。

1. 你觉得什么是"心里话"呢？板书：真心

2. 怎样表达才是献出了真心呢？小朋友们想一想：你最想结交的那位小朋友，肯定是你很喜欢的一个同学，你喜欢他（她）什么？他（她）哪点最打动你？快快开动小脑筋，想一想，想好了说一说。

3. 指名发言。注意引导学生结合具体小事谈。教师评价。

4. 教师小结：老师从你们的心里话中听出来了：你们都喜欢结交积极的、向上的、努力的、善良的朋友，交这样的朋友对你们的帮助太大了，你们真有眼光！

三、学会和同桌交朋友。

1. 今天老师还给你们带来了一对好朋友呢！你们愿意认识他们吗？我们仔细听一听，他们俩都说了什么？

（播放"丁丁和冬冬交朋友"视频。）

2. 你都听到什么了？板书要点。

板书：听谁？　为什么？

3. 你们真会听，发现了这么多交朋友的小窍门呢！那你们想不想也学着丁丁和冬冬的样子，交个好朋友？

平时同桌是离你最近的人，也是最需要互相帮助的。如果成为朋友，你们就可以互相关心，共同进步，多快乐呀！所以今天老师有一个小提议，这节课我们都来试着先和同桌交一交朋友，你们乐意吗？

4. 那就快快张开小嘴巴，先自己练一练，然后再有礼貌地和你的同桌说说心里话吧！争取把话说清楚，让同桌能够听明白，两个人还可以多说几遍。

同桌口语交际：交朋友。

5. 找两组同桌做汇报，师生评议。

评议：从这个组的表演，你学到什么了？（师结合板书要点总结）

四、拓展朋友圈，和其他同学交朋友。

1. 刚才小朋友们勇敢大方地通过话语和同桌成了朋友，我们的集体有这么多的同学，你还想和哪些同学交朋友呢？你可以先选择两个同学。

2. 三个朋友分别发言，生生评价。

3. 刚才这个组的同学多大方呀！羡慕他们又有新朋友了吗？那好，现在再给你们一次结交朋友的机会，和你的前后桌同学，也交交朋友吧！

前后桌交朋友练习（教师巡视指导）。

4. 小结：现在你们已经有了好几个朋友了！老师真为你们高兴。相信你们能凭着自己的本领，交到更多的好朋友呢！

五、再次拓展朋友圈，和老师交朋友。

1. 看你们这么热情，交了这么多朋友，谁想和我交朋友呀？要求得说明白。

2. 指名和老师交朋友。

3. 我真高兴，我和你们一样也有新朋友了！今天在这个场合，除了小朋友们和老师，还来了好几位和我们一起上课的爷爷、奶奶呢！伸出小手，和他们摆摆手、笑一笑！你们真有礼貌！

4. 你们有勇气去和他们交朋友吗？用学到的本领去和他们交朋友。

5. 教师小结表扬。

六、课堂总结

小朋友们，今天这节课你们说出了真心话，交到了真朋友，你们的收获真不小！希望你们能用今天在课上学到的好方法到其他的班级、其他的年级、甚至生活中去结交更多的新朋友，你的朋友越多，生活就越快乐！

【教学资源】

“丁丁和冬冬交朋友”对话范例。

（态度真诚，表情自然、亲切，互相用目光交流）

丁丁：冬冬，你好，我叫丁丁，是一年级四班的同学，我活泼热情，最喜欢交朋友了！你呢？

冬冬：丁丁，你好，我叫冬冬，也在一年级四班，我喜欢画画、跳舞和唱歌。

丁丁：冬冬，我想和你做朋友。因为我觉得你是一个爱帮助同学的小朋友，前天，我忘了带橡皮，你把你的新橡皮借给我用，我特别感动！

冬冬：丁丁，这不算什么，同学之间就应该互相帮助。听了你的夸奖，我真高兴，我也愿意和你做朋友！你上课发言声音响亮，作业写得认真，学习成绩突出，能在学习方面多帮帮我吗？

丁丁：没问题！让我们成为好朋友吧！

冬冬：太好了！

【板书设计】

我想和你做朋友	
	（心里话）
看	听
礼貌	谁？
真心	为什么？

（这节课在教育部“十一五”课题《有效应用信息技术促进新课程教学的研究》中期成果评估会上展示，深受好评。）

附(二)：关注学生未来发展的现代小学课堂语文教学

《乡下人家》教学设计

执教者：北京师范大学实验小学　陈延军

【教材】 人教社义务教育课程标准实验教科书语文四年级（下）

【指导思想】 本课依据《语文课程标准》（2011年版），突出语文课程“是一门学习语言文字运用的综合性、实践性课程”的特质，着眼学生的语文素养获得的过程，从四年级学生认知维度和认知过程维度设计教学，在全文阅读基础上对重要段落和语句进行细致阅读，具体感受作品的形象和语言，培养学生感受、理解、欣赏和评价的综合能力。在理解课文的基础上，提倡多角度、有创意的阅读，利用阅读期待、阅读反思和批判等环节，拓展思维空间，提高阅读质量。教学中，重视引导学生一步步认真读书，“走一步，踏三步”。注重读书过程中的自觉积累，学以致用。同时，引导学生利用阅读所得解决实际问题，培养口语交际能力。另外，落实《语文课程标准》中“每天的语文课中安排10分钟，在教师指导下练字”的实施建议。

【教学目标】

1. 认识5个生字“檐、饰、冠、捣、谐”，掌握14个生字新词，如“和谐”“率领”等。了解乡村人家独特、迷人的风景，体会淳朴的乡风乡情。

2. 在全文阅读基础上对重要段落“房前屋后风景”“两季乡民生活”和重要语句进行细致阅读，具体感受乡村人家的自然景致和人文景观，欣赏优美语言，体会其表情达意的作用，学习作者的表达方法。

3. 感受乡村人家的恬静、静谧的生活情调，以及乡民热爱生活、用勤劳的双手建设自己家园的美好品质。

【教学重点】 在全文阅读基础上对重要段落“房前屋后风景”“两季乡民生活”和重要语进行的细致阅读，具体感受乡村人家的自然景致和人文景观。

【教学难点】 体会重要词句表情达意的作用。

【教学时间】 两课时。

【教学过程】

第一课时

一、导入新课。

今天我们来一起学习《乡下人家》。

老师把课题写在黑板上，同学们认真把课题写在本上。写字时要注意姿势端正，书写认真。

二、读课题，理解题意。

题目中有两个词。是什么？

【乡下——人家】

“乡下”指什么？“人家”又指什么？

【“乡下”指乡（镇）政府管辖的比较偏僻的人家很少（大概几十户）的自然村。“人家”就是指居住在那里的住户。】

题目提示我们写作的思路：一是写乡下的自然景观，二是写这里住户的生活。

老师从小就在农村长大，但文中涉及的乡村不是我们北方的农村，看来是南方的小村子。

浏览一遍课文，从哪儿看出我猜的是正确的？

（小河、鸭子、竹子等）

三、了解作者。

陈醉云：浙江人，现代小说家、诗人。

四、认真读课文。

(一)朗读课文

读书要做到全身心投入,要做到眼到、耳到、心到。也就是我们说的“认真”。像京剧演员一样,把每个字都吐饱满。不会的字词查查字典、词典。

(二)略读课文

把掌握的 14 个字连带着词语,迅速画在书上,一边画一边记住字形。

五、学习字词。

(一)认识的字

檐(屋檐)　饰(装饰)　冠(鸡冠花)　捣(捣衣)　谐(和谐)

(二)掌握的字

棚(棚架)　饰　冠　菊(大丽菊)　瞧(瞧见)　率(率领)　觅(觅食)

耸(耸着)　捣　搬(搬到)　巢(归巢)　谐　眠(催眠曲)　辛(辛苦)

(1)这 14 个字要求会写,画出你不用写就能记住字形的生字来。

(2)把难字标出来。老师当一次学生,同学们提问老师写,看老师怎么记住字形。

(3)老师讲“冠”的字理,以区别于未来的“寇”。

“冠”:会意。从“冖”(mì),用布帛蒙覆。从“元”(人头),从“寸”(手)。意思是:手拿布帛之类的制品加在人的头上,即“冠”。本义:帽子。

“寇”:会意。从宀(mián),表示与室家房屋有关,从元(人),从攴(pū),表示持械击打。意思是手持器械的人,侵犯到房子里来打人。本义:入侵;侵犯。

(三)多音字

冠 guān　树冠　鸡冠花　衣冠　皇冠　桂冠　冠心病　衣冠整齐　怒发冲冠　凤冠霞帔

冠 guàn　冠军　夺冠　冠名　三连冠　名冠全球

(四)习惯性误读字

倘若　觅食　即使　附近　寄住

(五)词语积累

(1)名词——瓜藤　屋檐　装饰　时令 浓阴

(2)动词——率领　觅食　踏步　捣衣　吃惊　散步

(3)形容词——碧绿　朴素　华丽　独特　鲜嫩　成群　和谐　迷人　辛苦

(4)叠词——长长　绿绿　甜甜蜜蜜

(4)精词炼语——别有风趣　天高地阔　田园风光　月明人静

(六)学以致用的练习

用积累的本课词语填空。

(　　)的装饰　(　　)的浓阴　(　　)的风景

(　　)地吃起来　(　　)地入梦乡

六、默读课文

画出揭示主要内容的句子。文中有两句,看谁能全找出来。

主要内容我知道

这篇文章描写了______________________________。

要求:用文中的一句话来做主要内容。画出来。

(描写了一幅自然、和谐的田园风光画。)

(描写了一幅独特、迷人的乡下人家风景画。)

第二课时

一、默读课文,理清顺序。

思考:《乡下人家》按怎样的顺序写的?

帮助学生理清:

房前屋后——院内院外——乡民生活

二、理解课文内容。

房前屋后(静态描写)

我们作为城里人,走进乡下人家小院,首先进入眼帘的是房舍,快看:房前的景象!

读1、2自然段:

你透过语言,看到了什么具体事物?(青红的瓜、碧绿的藤、几株花、几十枝竹)

(崭新的房子配上色彩鲜明的植物,多美呀!)

我们看看作者是怎样把这些具体景物写美的?

理解重要句子:

当花儿落了的时候,藤上便结出了青的、红的瓜,它们一个个挂在房前,衬着那长长的藤,绿绿的叶。

思考:语句中有几个字词用得十分生动传神,找找看。

体会“挂”“衬”的表情达意的作用。

(我们一般要用“长”“结”,而“挂”写出了大、传神,招人喜爱。“衬”显得瓜大、色彩明显,使绿叶更绿了。)

当花儿落了的时候,藤上便结出了青的、红的瓜,它们一个个挂在房前,衬着那长长的藤,绿绿的叶。青、红的瓜,碧绿的藤和叶,构成了一道别有风趣的装饰,比那高楼门前蹲着一对石狮子或是竖着两根大旗杆,可爱多了。

讨论:

去掉“青、红的瓜,碧绿的藤和叶,构成了一道别有风趣的装饰,比那高楼门前蹲着一对石狮子或是竖着两根大旗杆,可爱多了”可以吗?

(体会运用对比写法,更突出了乡下人家风光的可爱,是城里景象所没有的。)

对应体会句子。

还有些人家,在屋后种几十枝竹,绿的叶,青的竿,投下一片绿绿的浓阴。

几场春雨过后,到那里走走,常常会看见许多鲜嫩的笋,成群地从土里探出头来。

这两句分别写竹子和竹笋,哪些字用得极为生动、传神?

(一“投”一“探”,十分形象、风趣,表现了竹子的无限生命力!)

引导学生用体会到的美感来读句子。

院内院外(动态描写)

同桌对读。

学习创新性地阅读。

这一部分内容主要是写动物——鸡鸭。你看到了怎样的鸡?(读句子)你看到了怎样的鸭?(读句子)。

学习这部分内容,我们这样学。著名学术超女于丹阿姨演讲能力很强,她妙语连珠、很是引人。她总是创新性地使用词语。我们来试试。

这部分我把“鸡鸭”二字搁在这儿,能不能用一个四字词语,概括鸡鸭很多?

(群鸡众鸭、鸡鸭成群、鸡群鸭队……)

老师引导学生试着用理解的内容来复述:母鸡——雄鸡——鸭子。

夏秋乡民生活

默读剩下的内容,画出乡民生活的句子。

这段话是从哪两个角度来写乡民生活的?(夏食秋寝)

读句子:

吃——他们把桌椅饭菜搬到门前，天高地阔地吃起来。

睡——纺织娘的歌声真好听，赛过催眠曲，让那些辛苦一天的人们，甜甜蜜蜜地进入梦乡。

领会：这两段大量笔墨写了自然景物和人们的关系？为什么？

（侧面写乡民生活的自然淳朴、清新静谧。）

欣赏句子：

天边的红霞，向晚的微风，头上飞过的归巢的鸟儿，都是他们的好友，它们和乡下人家一起，构成了一幅自然、和谐的田园风光。

我们也看到过这样的景象，可是不会这么说？

一般我们这样表达，可以吗？

红霞、微风、小鸟，都是他们的好友。

对比，作者写得很生动。是用上了优美的词语，具体形象。

师生对读。

总　结

我们欣赏了房前屋后的美景，也看到了院内院外的鸡鸭，还感受到了乡民的生活。这对在城市里居住的人来说，是很难得的一次身心大洗礼！

难怪作者无尽地表达：

乡下人家，不论什么时候，不论什么季节，都有一道独特、迷人的风景。

体会句子的情感：学习句式：不论……不论……都……

体会“独特”“迷人”的意思。

自然迷人的乡村给乡民以无尽的快乐，而勤劳的乡民又用自己的双手装点着这个美丽的家园。这就是自然、和谐的乡村风光，这就是独特、迷人的乡村人家！

三、口语交际能力训练。

同桌互相用本课学到的词句和读懂的内容，来说说乡下人家的独特迷人风景。

假如你是乡下人家的主人，试着给客人介绍家乡的风情。（用上本课学过的词句说上三五句。） ____________________ ____________________ ____________________ ____________________

四、师生互动。

老师采访

1. 我是一位外国人，想到你学的“乡下人家”看看。请你给我当导游。（用上学过的本课词句。）

2. 我是一名北京师大的教授，我想到你学过的“乡下人家”走走。请你重点给我介绍一个方面的内容。（用上学过的好词句。）

3. 我是电视台的记者，请你描述学过的“乡下人家”的房前屋后景象。（用上学过的好词句。）

五、作业。

1. 从文中选出两个你认为好的句子背诵下来。

2. 用上本课学过的好词句把你脑中出现的“乡下人家”的风景画讲给父母听。

【板书设计】

乡下人家

陈醉云

房前屋后	**院内院外**	**夏秋生活**
瓜、藤、花、竹	鸡群鸭队	食寝自在
（植物）	（动物）	（乡人）

景——————————人

独特、迷人

（这两个课时的授课在全国多个地方交流，深受好评。）

另附青年教师听课感受

名师引路　茅塞顿开

——听特级教师陈延军执教《乡下人家》

北京海淀区西玉河小学　陈金凤

今天，我听了陈延军老师执教的四年级课文《乡下人家》，受益匪浅。

刚刚迈入中年级语文教学门槛的我，很长一段时间以来，都是在孤岛上摸索。这种孤独不光是因为信息闭塞，也不仅仅是缺乏新的创想，更大的悲剧在于，即便是偶尔自己摸索到了较好的教学方法，但因为不确定到底对不对，常常草率地放弃了；或者因为自己钻研得不深入，领略不到其中的精髓，浅尝辄止了。

今天陈老师的课堂上至少有三个地方让我找到了共鸣，大有茅塞顿开之感。

第一处是他让学生在第二遍读文的时候略读课文，圈出生词。在我自己的教学实践中，也尝试过这样的方式。但我仅仅是想到了这样做能让学生加深对生词的重复记忆，便于以后复习，有时就会把这项工作推到课前预习。但那些尚未养成预习习惯的孩子呢，他们的书上至今仍是空白。陈老师今天不仅让我坚信了这种做法对孩子认字识词的作用，更让我看到，这对于帮助孩子养成略读课文的习惯也有所帮助。有的老师，可能会在作业中让孩子一遍一遍去抄这些词，但陈老师没有这么做。他让孩子对照着生字表回忆书上出现的生词，当堂大声念出来。这样孩子课堂上就能强迫自己去记忆，免得回家再写一大堆作业了。我们常常听到人们在呼喊“减负，减负”，其实，像陈老师这样，找到了教育规律，抓住了课堂实效，免去了作业负担，这才是真正的“减负”。

陈老师另外一个让我久久回味的教学片段是这样的。

师：孩子们，这10个字都是要求我们会写的。你自己看一看，这些字如果你不写就能写对的画上钩，不会写的画上圈。把不太熟的字晚上各写两遍，下决心记住。

（学生自我检查之后）

师：心中有数，知道自己哪些字会写，哪些字不太熟的举手。

（没有人举手，学生似乎没有听懂老师的话。老师马上改变自己的语言。）

师：刚才你记住了几个字的举手。

（学生纷纷举手）

师：你记牢了什么字？

（学生举手说自己是如何记住“眠”和“谐”字的。）

师：我们用什么办法就能记住这个字并终生不忘呢？

（学生开始答不上来，老师进一步点拨。）

师：刚才你是怎么记住这两个字的呀？

生：记住它容易错的地方。

师：挑两个最难写的写一写吧。

（学生当堂书写“捣”和“率”）

这一部分的教学可谓是环环相扣，滴水不漏。首先，在如此大型的公开课上，陈老师能够拿出足足10分钟来对孩子进行写字教学，可以说非常有创新的勇气。其次，老师在指导孩子写字的时候有选择有侧重还有方略，尤其是教给孩子“抓容易错的地方去记字”的方法，非常有效。最让人感动的是，这么多听课者在座的公开课场合，陈老师丝毫不避讳自己语言中的疏漏，一旦发现自己所说的话孩子听不懂的时候，马上改变说法，并启发老师们平时上课也要讲孩子能听懂的语言。我在心里暗暗佩服：陈老师真有大师风范！

还有一点，陈老师非常重视语言文字运用的实践性。每当遇到课文里一些比较精妙的字或词的时候，陈老师就会问：“你写作文会这么写吗？”或者说：“这个词用得太好了，你看，陈老师就不会这样用。”这样的语言看似随意，其实是在引导孩子学习在作文中这样去遣词造句。最后，陈老师还设计了一个采访环节，也是将语言文字运用到实践当中的典型范例。

虽然陈老师一堂课时间短暂，但带给我们的思考和回味却很多很多，有待我们在以后的教学工作中进一步去实践和运用，或者也要根据自己学生的情况去进行选择性地吸收。真希望陈老师能永远保持这样旺盛的精力，不断为我们带来这样精彩而丰富的课堂。

我教学生学会朗读的方法

朗读是一件既有意义而又愉快的事情，在教学中是教师经常使用的手段。尤其是在讲求积累、感悟的语文教学阶段，更是不可或缺的形式。对学生来说，一个人朗读水平的高低，能看出他的语文表现力如何，同时朗读能力标志着他的文学修养、理解能力、分析能力、表达能力的高低。俄国教育家列戈维也教授说过：“全部了解一个作品的最好的方法就是好好地高声地诵读。作品一被高声诵读，就成了好懂与易解了。”朗读和理解是互为因果的，朗读得好可以帮助我们把作品理解得更深刻、更透彻；反过来，深刻地理解作品可以帮助我们朗读得更好，而朗读者准备朗读的过程，也正是理解性阅读的过程。所以朗读得好坏，标志着个人的阅读表现力水准。对教师的教学来说，恰当地充分运用朗读，可以使学生和语言文字亲近，使学生的学既简单有效，又饶有兴趣。更重要的是减少老师的讲授内容，腾出时间让学生讨究，让学生从自读中领会和感悟，即起到“以读带讲”的作用。而培养朗读能力的途径主要是在课内加强各种形式的读书训练。

应该说，“读”是语文学习之根本，是学会语文的首要途径。语文学习若对文章不会“正确、流利，有感情地读”，换句话说，读不通，读不熟，就谈不上能读得明白。或者说，语文教学的感悟、理解、积累,乃至运用就收效甚微,会严重影响阅读的质量。一句话,没有读书体验,或读书体验不足,积累、感悟就是空话。新课标下的语文教材,选文大都文质兼美,多是名家名篇,为学生感受祖国优美语言文字,受到语言熏陶提供了平台,但同时也带来一些问题,如,由于选文多是现当代作家的作品,语言风格拗口一些,内容也许离学生实际有一定距离,这就更需引导学生多读书,读熟书。教学中以读代讲,以读助讲,突出"以读为本"这条语文教学主线。教学事实证明:学生语文学习是自己读会的,不是教师讲会的。

关于朗读,一直是近来语文教学关注的焦点。读有一般意义的宣读,理解地读,有体验地读,传情达意地美读。

"精讲多读"是鲁迅早年提出来的一个教学原则。即使难的课文,也要精讲、少讲,要让学生读"熟"。就是这么一个老生常谈的简单的朗读,至今在课堂教学上落实得很不到位。我们经常看到老师在上课指导朗读时,招数不多。注重学生的朗读次数,"谁再来读读""谁还能读读""你读得真好""谁能读得比她还好"的缺乏具体指导的用语屡见不鲜,使朗读停留在表面上,忽视朗读的指导,没有保证"读"的质量。经常听到老师们让学生齐读、一遍一遍地读,学生读来无趣,像念经似的,没有真正用情和爱去朗读。这是实现不了语文新课标要求的"用普通话正确、流利、有感情地朗读课文"之目的的。

我在教学实践中是这样指导朗读的。

一、从生活经验入手,确定初读课文的感情基调。

唱歌会根据内容先定调子。说话、做事之前要根据环境需要定好基调。朗读也不例外,每次学课文之前,我都要结合课文内容,联系生活实际,确定把握读课文的感情基调,使学生初识课文就有基本调子,注重"读"的调子。如,《海上日出》一课,我问:"谁见过海上日出的景象?用简洁的话语来概括看到的景象(对于没有见过海上日出景象的同学来说,进一步启发结合风景图或影视作品唤起海上日出的印象),是怎样的心情?"

学生回答出:"高兴、愉快、激动、兴奋……"

这时,我会说:"好,就请大家带着愉快激动的心情,带着兴奋的表情朗读全文。"这样,一入课文,读课文的基调就定准了。朗读便有了初步的效果。

二、在学生品味语言的基础上,引导学生带着感受不断读好。

从多年的教学经验看,学生实际的语文学习,多是爱说,不爱读和写。即使读也流于形式,粗泛浏览,同时写也不深入。我就紧紧抓住学生的不良读写习惯,课上注重朗读细节的指导环节，给学生反复朗读语句的机会，一遍一遍地指导，每次在原有基础上提出新要求，直至进步为止，使朗读达到最佳效果。

比如，《草原》一课，有这么一句话："突然，像被一阵风吹来的，远处的小丘上出现了一群马，马上的男女老少穿着各色的衣裳，群马疾驰，襟飘带舞，像一条彩虹向我们飞过来。"学生体会出蒙古族同胞的热情并不困难，句子意思基本能表达清楚。但当我要求他们带着感受朗读时，一个又一个，全是慢慢腾腾的一个调子，使句子感情不能充分流露出来。我问："这样的读和理解没有紧紧地联系在一起，如果你是客人，你听了朗读会觉得热情吗？再试一试。""你的热情读得还不够，还需再练习朗读。你看怎样读就能把蒙古族同胞的热情突出出来？"

学生在老师的指导下，又开始认真地练习读着，最后，一致认为可以通过加快语速的方式读出与课文感情一致的情感。这样，读者的情和作者的情融合在了一起。为了淋漓尽致地表达这样的热情，我让学生在桌上模拟骏马奔驰的节奏，老师带动，范读引路，使朗读达到高潮。孩子们在兴趣盎然的师生朗读中，结束了这一片段的学习。

三、随时产生朗读指导语的生成，突出"读字当头"的理念。

我在实践中，经常在学生研读文本语言的同时，把学习目标落实在朗读上。我总结了许多成功的有关朗读指导语的范例。通过引导点拨，调动学生读书的积极性，提高了朗读的质量。如，"朗读，要像京剧演员哭戏一样，字正腔圆，认真去读。""谁愿意用自己的朗读带领大家明白课文的意思？""你不但朗读的技巧好，而且对作者的感情体会得深刻到位。""读书的时候一定要集中全部注意力，倾注自己的全部感情，做到除了自己和书本，旁无别物。这样就会读好。来，听老师读一遍。""把你自己体会到的感情充分带到课文中再朗读一遍课文。""读一两遍显然是不够的，再细细地读，不要放过一个字，一个词，一边读一边感受。""你们的眼神告诉了老师，有一份深深的感动在你的心中涌动！来，再一次把你的感动用朗读告诉在座的同学和老师。""请同学们再自然轻松地把课文读一遍，把你的感受读出来，最好把表情印在脸上。"……课上，在学习过程中，处处能听到"书声琅琅"的场面，充分体现了朗读的指导作用，使学生的朗读收效很大。

总之，以读为本，读字当头，"读"占鳌头，是语文教学的最显著特征，它是真正落实全国小语会理事长崔峦先生说的"简简单单教语文，本本分分为学生，着着实实求发展"的最直接有效的办法，也是学生感悟文本、感触文本的最好出发点，更是语文学习的切入点。

（此稿于 2005 年 5 月 25 日在《光明日报》上刊登）

阅读课堂教学之我见

随着语文新课程标准下阅读教学研究的步步深入，广大语文教育工作者越来越清醒地认识到，正确理解“工具性”和“人文性”辩证统一的关系，对学生语文素养的形成有着重要的影响。阅读教学过于追求“人文性”，学生的语文素养就没有了积淀，没有了根基；过于追求“工具性”，学生的语文学习，就变成了知识点的循环累加，造成语文素养缺乏思想，小气、委顿。只有强调“人文性”的“工具性”，才能正确把握小学语文教学的性质。

近年来，我潜心学习了许多有思想的语文教育大家的观点，研究了在中小学语文教学课堂上有较深造诣的专家、特级教师的经验规律，结合自己的语文实践思考，比较明晰地整理了自己的思绪。我认为更利于培养学生的阅读习惯的阅读教学理想境界应呈现出：读书训练课、语言文字感悟课、思想情感熏陶课、良好习惯培养课。具体来说：

一、把语文上成读书训练课。

“读书”是阅读学习的重要一环。“读”包括朗读、轻声读、默读、指读、用心读、带着想象读，等等。离开了读，阅读教学就成了孤零零的空壳。而朗读，是读中之本。阅读课，没有书声琅琅的读书体验，课堂就失去了光环。语文姓“语”，这是最能突出语文课程特点的，是语文教学的根本属性。“语”就定位于语文学习必须围绕“语言文字”不折不扣地做文章。如果说数学是把复杂抽象的数学事实用简单明了的数量关系表示出来，那么，语文就是通过生动的语言文字把作者对生活的理解及情感态度表达出来，并加以概括化、清晰化，从而提升自己的精神世界。其中，最简便易行的方法就是从“读”入手。亘古至今，从私塾，到近现代的课堂教学，无不例外地进行着各种形式的读的比拼。只有学生全身心地投入到读书中去，才能进入学习语文的情境中。关于“读”的重要性，提法很多。“以读为本”“‘读’占鳌头”“读字当先”“以读代讲”“以读带讲”“以读助讲”等等，提法司空见惯。但实际教学中，做得怎样呢？很不怎么样。我暑假以来，有幸能听一些区里年轻教师的课、外省市优秀青年教师的课和我校教师的课，有时也参与一些备课，但总觉得在读书方面做得不够。有的教师本人对读书就不感兴趣，认为说清了内容就完成了语文教学的任务，结果上出的课重讲说不重读，根本看不到读书的影子；有的老师认识到了读书的重要，知道多读书有好处，但没有领会读书的实质，缺乏读书的指导，上的课重读的数量，不重读的质量；有的课学生的说是说，读是读，二者不能巧妙地糅合在一起；有的课读书火候不到，上来就齐读、分角色读……做得总是那么不恰当，学生学下来，收获甚小。难怪阅卷时发现北京市质量抽测的阅读题（共32分），得到20分以上的班级寥寥无几。学生学起来费时费力，当年吕叔湘先生的“少、慢、差、费”现象一直没有得到解决。

如，有个教师在讲《火烧赤壁》（北京版第九册）时，引导学生理清故事的线索，明确是一个“以少胜多”的故事后，让学生说说故事的经过。结果一个学生啰哩啰唆、淡而无味、无情无意地拉家常式谈了自己的看法，教师一句轻描淡写“说得很好”让学生坐下；接着老师“谁还能说说自己的理解”，又开始了另一个同学的夸夸其谈，结果又是一阵极随意的讲说过程，跟着老师又一次虚假地夸耀“你的理解也很好”，学生又坐下了。两个学生的发言“哼啊、嗨呀”差不多用了10分钟，其他学生跟着似是而非地听，看不见老师的指点，看不见学生的学习，看不见学生与文本的对话。事后，我思考：什么叫好，多一句，少一句，以什么标准？干巴巴的说、带着表情的说，不明确。什么是啰唆的叙述，什么是概括的表达，不清楚。结果一节课大量的时间用在说上，用说代替了读书体验，用学生主体掩盖了教师的主导。明显地看出这节课有这位老师和无这位老师，学生的读说水平没有多大变化，学生的发展没有什么进程。文中反映“以少胜多”的“不计其数”“丢盔弃甲”“曹操只得带兵从华容道逃跑”等文字根本不去感悟、领会。可以看出学习效果很差。尽管老师使尽招数，学生的学习水平依然低下，惨不忍睹。

又如，有个外地教师在上《陶罐和铁罐》（人教版第五册）时，先让学生读课文，再说这个寓言故事讲了一件什么事？当一名同学说了“这个故事讲了一件争吵的事”后，老师说“很好，请坐”。接着又一同学说“这个故事讲了一件事”，老师问“什么事？”学生答“争吵的事”。这个学生坐下了。又一个学生说“这个故事讲了铁罐不愿意和陶罐好的事”后，又一个学生不全面地讲了自己的看法。四个学生的发言，都不全面，表达不够好，老师既没有去指出孩子的不足，又没有去帮助孩子渡过语言难关，然后开始理解铁罐怎样“奚落”陶罐的语言，学生说“奚落”是“嘲笑”（老师应及时问：那为什么不用“嘲笑”呢？），老师没有引导学生联系上下文和生活实际正确理解词语，致使“奚落”还是“奚落”，词语没有消化，理解不到位。正确的理解应选：“抓住对方的弱点用尖刻的话来数说，使对方难堪，讥讽、嘲笑。”老师只是肯定了学生的回答，结果和学生站在一个理解层面上，以偏概全，不能很好地把握词义句义段义，自然理解内容浮浅，进入不了角色。接着就是让学生一遍遍地带着表情、甚至动作机械朗读陶罐和铁罐的话语。看起来读的遍数很多，但停留在一种体验上。接着就开始表演，三番五次，来回表演20多分钟，老师一味地夸奖，甚至和学生跺脚表示铁罐的傲慢，看似热闹，实际学生在语言素养上无所收获，课堂效果很糟。由于学生根本没有通过读书去体验，没有击中文章的要害，全文 17 个自然段，只完成了前 9 个自然段的阅读教学，还延长了 6 分钟。试想这样下去，势必造成培养的学生脑中没有思想，嘴上没有词汇，笔下没有文章。这样下去，学生所得只是浅层次的东西，抓的是皮毛的东西。细细分析，两个教师的课都是散漫自由的课，前者读的设计严重匮乏，后者单调重复地读书训练，结果都是阅读贫血症。

教师要记住，课上要少讲，多营造学生喜欢读书的氛围。这是教师的高明所在。

二、把语文课上成语言文字感悟课。

语文与其他学科的不同就在于它独有的语言因素和情感因素对学生的影响，是其他学科不能代替的。著名语言学家、北京师大汉语言文学院王宁教授说："语文老师应当通过语文教学养成学生从语料中发现语言现象、概括语言规律的锐敏性、兴趣和习惯；教给他们贮存语言材料的正确、有效方法，敦促他们通过自觉的积累，使自己的语言逐渐丰富起来；让他们体验观察、想象、分析、综合、推论等获得新知识的实践过程，并在此过程中，训练他们把已加工成熟的思想用最得体、优美的语言表述出来的能力；最后，还要以语言为桥梁，培养他们的人际交往意识、创造性思维意识和文化修养意识。"过去，在语文新课标使用之前，语文教学多过重地进行理解内容、理清文章结构、讲解写作手法，抓住言语表达进行掰开揉碎，支离破碎的分析，这种强调深入理解的教学是机械模式化的；现在，提出淡化语言文字训练，讲整体感悟多了，语言品析少了，这样做的实践，我看也是不可取的。谈到积累，有的是靠多看多记，恐怕有的是通过细细咀嚼才能心领神会。这就好比吃饭一样，有的食物囫囵吞枣咽下，可以逐渐消化的；但有的食物必须细嚼慢咽才可能吸收。试想，现在阅读讲感悟，讲积累，但是实际从学生的作文看，表达中用到的精词炼语并没有增多，这个现实就是最好的例证。如果我们不合理对待积累，孩子将来就缺少了锤炼语言的功底，表达不会富有个性。那种"红杏枝头春意闹""春风又绿江南岸""金沙水拍云崖暖"中"闹""绿""水"等字的锤炼将和后一代无缘相遇。我们一提锤炼词语，一提优秀的成功人士在读书写作上的经验时，就有教师说："我们不是把学生培养成像鲁迅、巴金、冰心等文豪。"这样的观点忽视了另一面"我们是要把学生培养成具有像鲁迅、巴金、冰心等一代文豪品格的后一代"。就像我们学习《愚公移山》一课，不是学习愚公怎样移山，而是学习愚公移山的精神。因此，从学生语文素养发展史来看，我觉得该抓的还要抓，该锤炼的还要锤炼。那种停留在只是讲究感悟的教学是不全面的。如《这儿，原来是一座村庄》中反映"贫穷落后"的"只求""多少年来""一个模样"等，反映变化之快的"只不过短短的几年"

“奇迹般地”等应让学生通过比较,通过上下文理解细细品味,然后再来带着感受去读。又如《陶罐和铁罐》中的“常常奚落”,还是让学生去结合上下文理解,从铁罐仗着自己坚硬的优势傲慢无礼感悟出大意,再把自己比作铁罐回到课文中去读,理解就不一样了。有时就是一个简单的词语,也要抓住不放,引领学生从一般中品出韵味来。如《陶罐和铁罐》中“许多年代过去了”,抓住“年代”(一个年代是 10 年),让学生感悟到时间的久长,不是几年,几十年,而是上百年。否则,铁罐不会腐烂的。又如《草原》中,“汽车走了一百五十华里全是草原,再走一百五十华里也还是草原”中的“再”,不需讲授,在于抓住它让学生继续仿照句子以读代替说地读上两遍,这时“辽阔的美”不言自喻。再如“干部们向我们敬酒,七十岁的老翁向我们敬酒,我们回敬,主人再举杯,我们再回敬”。围绕几个“再”,引导学生再用读代替说继续下去,老舍当年的“祝福频频难尽意,举杯切切莫相忘”之感受就水落石出了。蒙古族同胞热情好客的情感就分明了。文章之情,文章之趣都是通过语言文字反复吟读感悟出来的。脱离了语言文字的咀嚼和诵读,“情”就是没有依附的皮毛,无情无意的学习是不会提升学生语文素养的!

三、把语文课上成生动活泼的有情课。

情感浓烈是语文学科又一重大特点。文章本是有情物。语文课本就是一篇篇有情的文章组成的。无论什么体裁的文章,什么题材的文章,离开了“情”就失去了生命,就没有了“宗”,反过来,作者没有情是写不好文章的,那种“无病呻吟”的文章,是不会打动学生思想感情的。这正是语文课程的魅力所在。教学必须要求我们的教师把语文课上成生动活泼的有“情”课。语文大都是有情节,有渲染的课文,它可以帮助学生积累语言,更重要的是积累思想。这就必须要求教师用真情感染学生,打动学生。我观察,学生从头至尾认真读一遍课文的数量是可怜的。一般老师让学生读文时,由于学生大概了解文意,所以读只是习惯地浏览课文,很难认真一字一句地去读书。在学校都这样,课外阅读质量就更难保证。没有有情有意的认真读就没有外在的吸收、感悟,哪能去滋润学生的心田呢?看来,学生大部分是不爱读课文的。尤其是年级越高,现象越明显。开始读还可以,教室里书声琅琅,当读到一半时,或老师让学生读上两遍时,大多数学生开始厌烦。为什么?因为他们对书本中的内容在发书时就有所了解,已再不是感兴趣的东西了。是不是就不学了,不读了。不是的。我们要从卡通制造商手中抢回孩子,这就要发挥语文老师的功力,努力把语文上成生动的既简单又有效的课。要想让学生有情,教师先入情。我们不能小觑课上的 40 分钟。真正的读书训练就在这 40 分钟里,试想,孩子在你的课上都得不到读书训练,更何况在家呢?从这个角度讲,教师要勇于当演员,当煽情者,当造势者。调动学生读书的情趣，就是我们要研究的内容。比如，上课我尽力使尽浑身招数去激发学生读书的兴趣，想尽一切办法，让学生产生读书的欲望，激发和文本对话的情感。如在学习《这儿，原来是一座村庄》中，当学生理解到“贫穷落后”时，学生迅速找到了“晨曦中阿爸在田间劳作，烟雾里阿妈煮饭在灶旁，小孩子在稻草堆里打滚，姑娘从溪边挑回一担担摇动的夕阳”内容时，我引导学生“日出而作”“日落而息”，但还是“多少年来一个模样”，“谁能通过你的读，让大家感受到农民的艰辛”“你会通过读来感受渔民生活的不易”，然后再次让学生读，并采用描写“起早贪黑、艰苦劳动情形的语句是”的方式，引导学生再读再悟，加深印象。又如“呵，只不过短短的几年时光”，我抓住“呵”的两种字音变化，启发学生读出不同的体验，不同的感受。读出赞叹的语气，读出惊喜的语气，二者相机交融。说惊叹，看了这一夜间奇迹般地（神话般地、魔幻般地）改变了模样，谁能不惊奇呢？看了深圳日新月异的变化，谁能不自豪呢？谁能不赞美呢？学生一遍遍在老师的引领下朗读，读出了变化，读出了深情。又如，在表述深圳人忙碌的一段表达时，学生开始慢慢腾腾，这与文章的情感悬殊。我抓住时机，启发“你们读的不能很好体现深圳速度，来，加快速度读”，学生有了进步，在此基础上，我范读引路，学生找到了感觉，再读，比以前好多了，全文也就有了抑扬顿挫。感悟深了，领会到位了，自然，对改革开放的政策也就领会了。整节课，在书声琅琅的训练中，学生由不会到会，由不熟到熟练，由一个调子变为丰富多彩地读，真正实现了叶老的“美读”，即：“所谓美读，就是把作者的情感在读的时候传达出来。”“这无非如孟子所说的‘以意逆志’，设身处地，激昂处还他个激昂，委婉处还他个委婉，诸如此类。”“美读的方法所读的若是白话文，就如戏剧演员读台词那个样子。所读的若是文言，就用各地读文言的传统读法，务期尽情发挥作者当时的情感。美读得其法，不但了解作者说些什么，而且与作者的心灵相感通了，无论兴味方面或受用方面都有莫大的收获。”（《叶圣陶教育文集》3）

四、把语文课上成良好习惯的养成课。

教育是什么？一句话，就是养成习惯。这是著名教育家叶圣陶老人的观点。教了近三十年书，我越来越明白小学各门学科，教知识并不难，也并不是最为重要的，重要的是习惯的养成。我们的语文课，培养的习惯很多：爱护文具、坐姿、站姿、举手姿势、拿书姿势、执笔姿势、听说读写要求等，都有明确要求。这些要求做到了，就可能有很好的终身受益的好习惯。其核心习惯就是做事认真、细心、精致。这些看似与考试无关的内容，比起智力还要重要。如，语文写的东西很多，不注意写字姿势，视力下降，将来找工作就吃亏了，所以老师要经常提醒学生注意写字姿势；又如，翻阅工具书的习惯，如果读书学习遇到疑难字词，特殊字的偏旁部首不去查阅工具书，只靠蒙猜的投机取巧，将来可能就是一个马虎从事的人，因此，教师要让人人准备一套工具书摆在桌子上，遇到习惯性误读的字、生词等，不要直接告诉学生正确答案，而是要让他们自己动手获取答案；比如，对长课文学生普遍不愿意读，要进行毅力的比赛，让学生养成文学作品认真诵读的习惯。等等。总之，语文课堂教学无一不是习惯的养成课。

总之，长时间的实践和理论研究摸索中，我在努力摸索着阅读教学的新路子，实践着小语会理事长崔峦先生说的“简简单单教语文，本本分分为学生，扎扎实实求发展”和中语会理事长张定远先生说的“激发一个趣字，拎出一个情字，牢记一个新字，落实一个活字”。

（本文写于2005年岁末，为厦门讲课有感，收入特级教师于永正主编的《个性化备课》一书。）

课程改革形势下阅读教学的走向刍议

语文是学习其他学科的最基本的基础，小学阶段又是学习语文的最佳时期。课改实验以来，应该说，我们的语文教学有了新的突破，取得了新的成效，发生了很大的变化。广大语文教师在自己的岗位上进行了卓有成效的探索，总结了一系列的经验。但也应看到，研究过程中，教学过程深层次探究不够，许多教育理念认识模糊，辨别不清。对语文教改的实质性问题，老师们还没有突破性的认识，对思维方式的巨大变化没有体悟。语文教学“少、慢、差、费”现象依然可见，“十步九回头”的苗头开始复苏。我们有必要就目前语文阅读教学主要现状入手，将自己置身于大的教学改革浪潮中来搏击一番，从而确立阅读课堂教学新走向。不应孤立地就语文论语文地来考虑教学改革，而是要把它放在我们当代中国整个课程改革的大背景下来思考。

阅读教学现状透视

多年来，阅读教学是语文教学研究的核心问题，它费时多，无论教的效果，还是学生学的结果，总不令人满意。纵观新课标下的小学语文阅读教学，我们发现，实践中仍存在以下问题。

1. 强调人文，忽视工具

在当前的中小学语文教学改革中讨论的一个中心问题是人文性和工具性的讨论。课改以来，语文教学的性质有了实质性的提法，即“工具性和人文性的有机统一”。这里的

"人文性"是对世界、对人的感觉、感受和了解。这种"人文性"是从一个幼儿开始学说话的时候就开始了。但只要我们结合目前的语文教育实践及现状,"可以看到,我们对语文的工具性的理解实际是有很多问题的。工具性,我们无法从根本上否认它,特别是在小学语文教育中,没有工具性这个概念,我们无法说明小学语文教学的本质。小学阶段学习的不是小学生不知道、不了解的事物,而是让他们掌握文字符号这个工具,以便他们能够读、能够写"。"在小学语文教学中,工具性是主导的,人文性应融化到工具性中。工具性的问题不能脱离开人文性的问题单独地加以强调。"①由于对语文教学性质理解还不准确到位,还不太明朗,所以导致课上过重强调大语文观,而很少搞和文章相关的语言文字训练,使语言习得匮乏,似乎谈训练色变。

2. 课堂设计缺乏整体意识,提问过碎

对语文教学改革的实质性问题,一些老师没有突破性的认识,对思维方式的巨大变化没有体悟。如,许多研究课,包括优秀教师的展示课,虽然有亮点,但课堂提问还都是很碎,缺乏整体意识,课堂上没有一个空间让孩子的思维放飞。而我们在课堂上总是喜欢小步前进,期望孩子每一步都不要走错,似乎这样的教学才是最完美无缺的。一个整体的思维,一个动态的过程的思维,一个师生在教学活动中相互构成的理念,许多老师还没有给予充分关注。如果这些东西不改变,恐怕语文教学难有本质的变化。②

3. 注重预设,忽视生成

"生成"是新课标倡导的一个重要教学理念。"生成"对应于"预设"而言。目前的课堂教学,预设现象仍占主导,而生成环节极为薄弱。教师期望学生按照教案设想作出回答,不希望"节外生枝",似乎认为没有失误的课才是好课,导致课上经常见到老师使出浑身招数,努力引导学生得出预定答案才肯罢休。很少看到老师根据学生的学情顺学而导,顺学而教的,因此"教为学服务"体现不明,学生的主体地位显示不够。课堂教学生硬、死板、作秀,一个模子。

学生回答问题一个接一个,其实是在一个内容上的重复,没有创造性的理解,教师想制止又怕挫伤学生的学习积极性,任其讨论或回答,或表演发展下去,结果把简单问题说得越来越复杂,既浪费时间,又无实际效果。表面看热热闹闹,实际上浮浮躁躁。比如:学习《趵突泉》学生竟扯到了水是海水,上课老师还"好,真好,你的发言有独特见解"。使听

①王富仁.最是鲁迅应该读[N].中国教育报,2001--10—25.

②叶澜.关于当前语文教育若干问题的思考[J].小学语文教师,2004,(11).

课老师皱起眉头，匪夷所思。

4. 表扬过度、乏力，宽容无边

课改以来，大家都已经认识到：教师和学生都是研究者，是探索者，要鼓励学生发现，要为这样的探索营造一个鼓励和宽容的氛围。但实际中，我们经常发现老师无度地纵容孩子，宽容孩子，"你读得真好""你说得真好""你真棒""你真动脑筋"……老师教学假话、套话很多，学生的弱点和缺憾没有被发现。有时明明读错了，谈错了，说错了，老师还在说："读得(说得、理解得)真好。"把学生引向错误的深渊。

5. 课件比武，材料大战

老师的精力用在课件设计上，找人、找家长、找专业人员……教学课件精美无比，但经常看到操作失误，或把精力用在备课件上，而备课功力不足，内涵浅薄，影响教学效果。有的老师课件制作精美，但操作复杂，加之课堂内顾了讲课，顾不了操作课件，一会儿操作课件，一会儿听学生回答，结果哪一个环节都没有顾好，显得忙忙碌碌，课堂效果很差。有的老师课准备得很好，结果课件出了毛病，演示不出来，精心设计的课件放不出来，下功夫备的课没有取得应有的效果，很是伤心，得不偿失。即使没有演示失误的教学，学生的精力也在看热闹上，不去积极思维，使语文课失去了语文的纯真。

还有的引导学生下载材料，拿来一些与语文课关系不大的材料，如旅游材料，一般的知识性东西，等等，在课堂上大量堆砌，似乎是在突出人文，突出自主探究，实际上没有指导，没有效果。这不是真正的语文课。仔细想来，学生在语文素养上得到多少，很少有老师去为学生的语文学习考虑，只为应付听课而准备。

当今阅读教学新走向

语文姓"语"，它本是有情物；语文教学是有情感的，有生命力的，是表情达意的学科，非其他学科能比。"能读""会写"是语文教学最精要的概括。"能读"即胸中有经典，"会写"即笔下有文章。

衡量一个语文教师的成绩，主要不是看他培养出了几个语言大师、文学家和语言文字学家，而是看他的学生在各种场合对语言问题的锐敏和在社会实践、科学研究过程中语言能力提高的质量和速度。①

---

①王宁．语言学和中学语文教学[M]．学科前沿知识系列讲座讲稿，北京市教育委员会师资处编，1998—11—3.

针对语文教学现状，我们应该本着“简简单单教语文，本本分分为学生，扎扎实实求发展”[①]的基本原则，根据学生的认识规律，根据汉语言的规律，在以下主要方面努力：

1. 在预设的前提下关注教学生成。

没有学生学习的主动性，教育就可能蜕变为“驯兽式”活动。以往，过多地重视教学预设。预设是预计，是准备，是预先制订。强调的是教师如何教的问题。在教学中，随着教学的深入，学生会生成新的想法和各种要求，在生成性的课堂上，教师根据学生的情况，厘清学生的思想脉络；看准学生思想的症结和可能的走向随时调整教学过程，使学生成为课堂教学的中心。动态生成式教学，不图省事和形式，追求真实自然，敢于暴露意料之外的情况，让学生能想、能干、能看、能谈。

在课堂中如何进行预设和生成呢？首先应加强课前“教学设计”，自觉“预计”师生、生生、生本多边对话而出现的“非预设性”知识和智慧的生成。学生在课堂活动中的状态，包括他们的学习兴趣、积极性、注意力、学习方法与思维方式、合作能力与质量、发表的意见、建议、观点，提出的问题与争论乃至错误的回答等等，无论是以言语，还是以行为、情绪方式的表达，都是教学过程中的生成性资源。这就要求教师在教学设计时，目标的设置不能过分偏向认知目标，应更加注重能力目标和情感目标。教师备课时必须充分考虑会出现哪些情况，每种情况如何处理，并事先作出相应的教学安排，要求教师形成“弹性化”方案，这种方案，不要过于具体和详细，要给学生留足自主自由思维的空间。同时还要注重教材自身资源的开发，注重该课程与其他课程的沟通与配合。其次，教师要学会倾听。学生针对课本知识，充分表达各自的见解，每一位学生在听取他人的意见时，又在不断地丰富着自己。教师对学生们有创意的见解，甚至是“异端邪说”，要在给予辩证地评价和鼓励的同时，发表自己的见解，纠正自己的成见。通过多向交互作用，推进教学过程。再次，教师要做课堂生成信息的“重组者”。学生动起来了，绝对不意味着教师无事可做了，而是意味着教师要在收集处理这些信息的基础上形成新的、又具有连续性的兴奋点和教学步骤。当然，教师也应对学生提的看法认真思考，并与备课预设情况进行比较，如果出现预料之中的情况则按预先设计的对策教学；如果出现预料之外的情况，要思考是否有助于学生能力的提高。如有助于学生能力的提高，即使偏离原来的目标，也要跟着学生思路走，生成新的问题“生长点”；如学生提的看法没有价值甚至越轨，且这一问题又不能提高学生的能力，教师就不能跟学生走。最后，这样的课堂要求教师加强课后的反思与研究。

---

①崔峦．与课程改革共同成长[J]．小学语文教师，2005，(1)．

2. 阅读教学自始至终地坚持读书和揣摩语言。

语文教学的传统经验一是“读”。“读”是语文学习之根本，是学会语文的首要途径。阅读教学要从始至终贯穿“读”，阅读教学第一要务是读。在教师的指导下，通过读架构起学生与文本沟通的桥梁，通过有目的、有层次、适时适量、多种形式的读，感悟文章的情感，品出语言的韵味。因此，语文教学就是要以读悟文，以读促思，以读激情，以读导练，这是阅读教学简单易行的基本方法。要加强读的指导，该读出画面时读出画面，该读出情感时读出情感，该读出见解时读出见解，该读出方法时读出方法……边读边想，边画、批、注，是阅读最基本、最重要的方法。通过反复练读，把课文读正确、读顺畅直至读出感情，是评价阅读教学成败的一个重要指标。课堂上要动静相宜。动不是躁。乱哄哄的课堂，学生是没有办法学习的。课堂上要经常静下来，要让学生潜心读书，静思默想。要多采取小声读、默读，多自由读，要慎用齐读。

语文教学的传统经验二是“揣摩语言”。“揣摩”就是反复想。从对语言运用能力的分解看，会想是会听读与会说写的前提。语文课如果只顾追求表面的读写，甚至把听说的技巧看得过于重要，而不深入“想”这个层面，是无法从根本上达到提高语言运用能力的目的的。要让学生揣摩语言，实际上是在锻炼学生的思维深度，这是培养创新性思维的有效途径。可惜现在揣摩得太少了，往往揣摩不到位，词句段思考搁浅的现象比比皆是。长期下去，学生的学习必然走马观花，点点不透。强调慧识性学习，就是淡化智识性学习，就是把学生的思考引向深入。要牢记教育者的责任就是通过你的引导和历练学生的思维，使学生越来越聪明起来。

3. 深挖教材语言现象，感受语言材料。

学习语文，很重要的一点是“应当通过语文教学养成学生从语料中发现语言现象、概括语言规律的锐敏性、兴趣和习惯”。在阅读教学中，紧紧抓住文眼、段眼以及文章中用得较好的词句，引导学生品味、感悟语言的魅力，这是不可或缺的环节。实际上，在重视读书的过程中，还应重点地搞一些语言文字训练。只求感悟，不求解读语言现象，即语言的由来，对习作是不会有益处的，学生的语文能力还是残缺不全的。因此，加强语言训练是必需的。如：

(1)更羸并不取箭，他左手拿弓，右手拉弦，只听得“嘣”的一声响，那只大雁直往上飞，拍了两下翅膀，忽然从半空里直掉下来。(《惊弓之鸟》)

这里连用两个“直”，看似简单，但意义不同，如果用画一画的方法解释，再准确不过。前者是“不顾一切地往上飞”，后者是“死后重重地往下坠落”。(如下图)

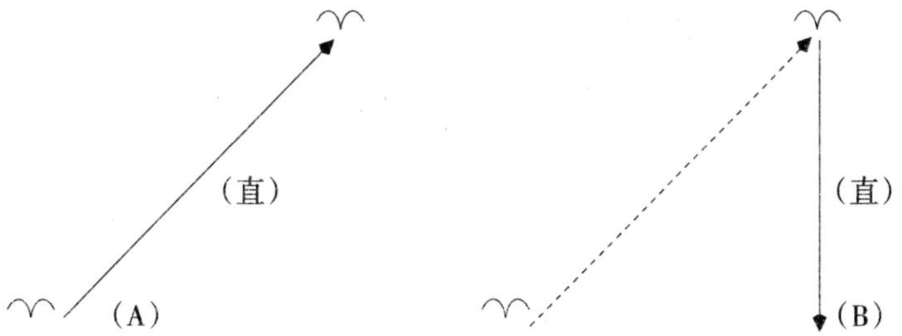

(2)突然从一座桥上喷出六条火舌，封锁了我军前进的道路，敌人的机枪一齐向董存瑞扫射，在他面前交织成一道火网。(《董存瑞舍身炸暗堡》)

同样，对两个看似相近的词"火舌"和"火网"，也可用画一画的方法解决。前者"扫射面积大，杀伤力强，使我军难以前进"(由点到面)，后者"集中在一点上，随董存瑞移动而集中移动"，前进的困难更大，真是举步维艰(由点到点，交织成网)，从而更深一步体会董存瑞不怕牺牲、勇往直前的品格。(如下图)

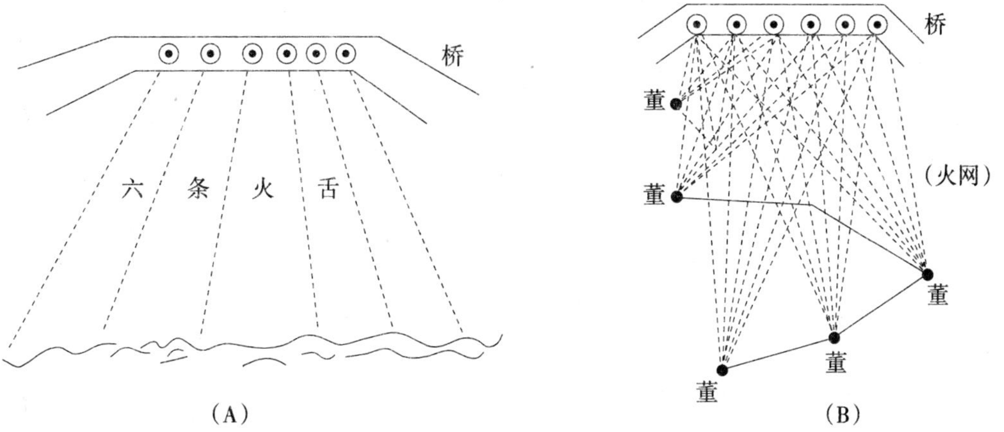

(3)学习《一夜的工作》，领会文章的意思(总理工作的辛劳、生活的俭朴)，体会总理的思想感情是最基本的任务，但不是仅停留在这个水平上。对于再现性的教学来说，可能完成了任务，但对重视表现力培养的教学远远不够。我们还需要从深挖教材内在因素入手，如抓一些重点词语"一夜""厚厚的(一尺来厚)"等联系生活实际品味，总理那种"鞠躬尽瘁为人民，俯首甘为孺子牛"的高尚品德就会体现得淋漓尽致，同时也受到其人格魅力的熏陶感染。

4. 以写促读，以读带写，读写结合，双赢发展。

叶圣陶说："课文无非是一个例子。"既然是例子，我们不妨从涉及学习语文紧密相关的几方面来解读：第一，从内容来说，是学生正确认识社会、形成世界观、学会做人做事的例子。第二，从语文学习来说，是习得阅读方法的例子，是写作模仿的例子。教师要充分利用教材，挖掘教材内在因素，让学生精到地学到大师的思想、表达，从而全面提升自己。一个好的教学，是一把双刃剑，要一箭双雕。让学生收获多，既要吸收思想营养，又要学会表达方法，这就是所谓"双赢"的读写结合。

新的课程观带来了教学方式的变化，同时也看到多元的思想给作文教学带来的混乱。"只要多读多背，学生的作文是不成问题的。""不要讲那些没有的作文知识和技巧。""学生想写什么就写什么，想怎样写就怎样写。""多读大师级的作品，自然是会写出好作文的。""作文少有模仿，模仿容易使学生直不起腰来，压抑孩子的个性。"等等，可以看出，这些都是对过去传统作文教学的挑战说法。但是静下心来，我们也不难发现认识存在一定的局限性。近来从作文教学的成绩来看，学生的作文成绩不但没有提高，反而每况愈下。这个问题不能不引起我们警觉。

淡化知识点，尊重学生的个性，保护孩子的自尊心没有错。可是孩子毕竟是孩子。心理学研究证明：模仿是小学生的天性。孩子的学习和成长不同于成人，一味强调主体，忽视教师的指路引导，忽视教师的主导作用，忽视"仿"的学习，漫无边际，遍地放羊，最终读写能力的培养就会成为一句空话。

老师们都知道，《凡卡》运用的是典型的"插叙"写法。海淀区 2008 年五年级抽测的阅读题目，给学生一篇"顺叙"写法的短文，其中一个试题恰恰是让学生判断"这篇短文采用的写作方法是：①顺叙；②倒叙；③插叙"。结果发现，答对者不过 1/3。这个残酷的现实表明，不是教师在讲《凡卡》时没有点到"插叙"的写法（课文后面的练习题有"什么是'插叙'？有什么作用？"），而是过于强调了"插叙"，而平时没有进行顺叙、倒叙的区分读写结合训练，所以导致学生学习效率的缺失。

由于平时的区域性研究多是阅读教学的研究，老师们主要在阅读理解上下功夫，很少在阅读鉴赏上着力，更少在内容和表达方法的结合上想办法，加上目前学生没有或少有观察生活体验，让学生提高读写能力，就成了水上浮萍。为了加大读写能力培养的力度，我们有必要对明显的成文规则给学生点拨。如，一年级学生学习《丁丁和牵牛花》，可早些进行"知——行——梦——献——夸"的线索点拨；《想飞的乌龟》一课，可对学生进行"为什么想飞——怎样想飞——飞的结果"的线索点拨；二年级学生在学习《我必须去》时，应进行"人物对话、内心"的点拨；三、四年级，应在典型课文的阅读基础上进行"概括——具体""总——分——总""首尾呼应"等的读写结合点训练；五、六年级，如，《我喜欢》《养花》课文的教学，不要适时适度地进行并列叙述——重点叙述的读写训练；《我的战友邱少云》一课，应进行内心世界的描写训练，等等，长此下去，对提高学生的读写能力很有裨益。需要指出的是，搞读写结合的教学，不是老师忽视阅读的大讲特讲写作技巧知识的教学，是让学生在阅读鉴赏基础上，对表达方法有一定的了解。

5. 适度课件采择，深化思维发展。

“采择”在一定程度上是对教学课件的采集与选择，即所谓“恰到好处”，就是把最精彩的给孩子，把对升华课文有帮助的东西给孩子。多媒体展示有着直观省时、呈现信息量大的特点，既然课改提倡信息技术和学科整合的理念，但适当运用就是准则，关键还要看驾驭教材的能力。著名特级教师于永正说得好：“教学艺术来自准确把握教学内容。”教学是艺术，没有一节充满艺术魅力的课不是首先来自执教者对所教内容的把握上的。这法儿那法儿，不钻研好教材就没有法儿，这是共识。课上，要力避“以图代文”“以画代文”“以像代文”的简单做法，不能剥夺学生感悟文本的权利。要让学生在学语文过程中经得起课堂上的“沉默”。那种只追求气氛活跃的课不是真正的好课。看似热闹浮华的课，其实是在弱化文本的阅读和感悟。

总之，课改下的语文教学改革，任重道远，需要我们正确处理继承与创新的关系，传统和现代的关系。这不仅仅是我们每个教师要考虑的事情，更是整个语文界观念转变的问题。我们得通过自己的实践不断反思我们的教育观念，这不但有利于自己的教学，也有利于我们整个小学语文教学的改革。

（该论文获北京市基础教育科研优秀论文评选一等奖）

精心设问是提高课堂效率的重要诱因

“精心设问”这一话题有史已久。今天我们又重拾这一课题进行研究，贵在针对新课改以来，课堂教学效率仍处于低下的现状，引起我们的深层思考。

目前，课堂教学仍是重要的教学基本形式，那么师生交流、对话是课堂教学的主渠道。设问是决定交流的重要教学手段，是影响课堂教学效率的重要诱因。因此，研究精心设问仍有重要意义，并刻不容缓。一节课只有40分钟，就语文教学而言，教师必须十分注意在这有限时间内准确而迅速地传递知识信息，灵活而有效地训练学生听、读、说、写的能力，努力把一堂课上得丰满些。这里课堂教学精心设问节奏和容量的问题就是一个值得探讨的话题。

设问要合上时代的脉搏，适应学生的思维活动以及他们的生活节拍；再者设问深浅、节奏有其自身的规律，课堂上运用得好，课就能上得丰满有成效，而课堂教学设问数量和质量又互相关联。今天，为适应素质教育的时代要求，按照新课改的精神，我们的课堂教学要追求：一要新，二要充实，三要有成效。

语文是"工具性和人文性相融合"的课程，先学习语言文字运用的实践性、综合性课程。具体来说，它是一门涵盖的方面多、综合性强的学科。课前考虑得全面周到，设问精当，上课时才能避免单打一，避免机械分割、不成片段，才能重点突出，轻重配合得当，熔思想、语言、认识能力、素质培养于一炉，使课堂教学的功能作用得到充分发挥。

（一）"精心设问"课题组问卷调查

为了把"提高课堂精心设问质量策略研究"的课题向纵深化发展，我校课题组在全校各年级进行有关"精心设问"的问卷调查，结果如下：

1. 学生喜欢、非常喜欢回答问题的占58%，一般的占34%。

2. 希望老师的问题是：难些的占30%，有难有易的占65%。

3. 你上课对老师的提问是：非常感兴趣、感兴趣的占83%，一般的占16%。

4. 你认为课堂提问与发展智力的关系是：非常紧密、紧密的占87%，一点儿关系的占13%。

5. 你认为课堂提问与考试成绩关系是：非常紧密的占63%，紧密的占29%，一点儿关系的占8%。

6. 你喜欢的课堂是：有问有讲有练的占89%，有讲有练不问的占3%。

7. 你喜欢课堂上老师讲课提问的风格是：从头至尾提问式的占24%，很少问的讲解式占15%，提问少，讲解多的占48%。

8. 你喜欢老师设计的问题是：难些且富有挑战性的占64%，稍想就会回答的占26%。

9. 你认为好的课堂效果是：设问少，少讲多练的占58%，设问少，多讲少练的占36%，不问只讲只练的占5%。

10. 一节课回答问题次数：在7个以上的占16%，5～6个的占20%，3～4个的占22%，1～2个的占33%。

11. 你希望老师的提问是：针对好的学生的占33%，针对中等程度的学生的占61%。

综合结论：2/3的学生喜欢回答问题，而且希望老师的问题有难有易。因为这是展示个人才能的一个重要机会。90%的学生喜欢的是有问有讲有练的课堂教学。他们认为这样的课堂有利于思维的发展,有利于学习成绩的提高,有利于发展自己的口语交际能力。

(二)目前课堂教学设问的非理性倾向

我们课题探讨的是新一轮语文课程改革中的设问,是在现代语文教育发展了近百年,但长期处于高耗低效而屡遭诟病的背景下展开的。它的目标,是一次整体的思考,是针对语文课程基本课堂范式的思考。对于这样一场全校性实践和理论探讨层次上的研究,理性的高强度介入,是思考走向成功的基本保障。冷静地、客观地观察与分析当前语文课程与教学中精心设问的研究,我们却分明感到理性的缺席。可以说,在语文课程与教学改革中正逐步呈现出一种非理性倾向。这种非理性倾向已经给目前的语文课堂教学带来了一些后果。为了确保"优质课堂"的效果,我们应该努力纠正这种"非理性倾向",让语文教学的"精心设问"走在理性的大道上。

反思目前设问的弊端,我们认为以下倾向在制约着我们的教学。

1. 课堂设问随意性大,漫无目的。

随意性表现在一是教师随心所欲,想怎么问就怎么问。即所谓的"问无遮挡"。

2. 课堂设问是量大质小,"?"充塞了整个课堂空间,细细琢磨,没有多少有价值的问题。东问一个问题,西拉一个问题,拾在篮里就是菜,课上得鸡零狗碎,学生窥不到一斑,更不能说见全豹。

3. 课堂设问表皮肤浅,单调乏力。

大部分问题停留在"是不是""对不对""好不好""怎么样""为什么"的层面上,单调无效,学生感到索然无味。

4. 课堂设问无边缘化,缺乏定点。

这一倾向主要是教师事先没有作答,没有充分估计学生的学。问题指向不明,设计内涵大而空,思维没有着落,使问题游离于文本之外,陷入无限的自由状态。

5. 课堂设问表象搁浅,未及本质。

课堂上许多问题停留在表象上,即"蜻蜓点水"式的问题,没有触及到事物的本质,设问效能性差。

6. 课堂设问缺乏童趣,师生隔阂。

设问形式不讲究,语言成人化,不能直入儿童的心扉,更不能激起学生的兴趣。成人味的设问，师生思维两张皮，学生不能和老师产生共鸣。

7. 课堂设问无时空估计，流于形式。

问题设计不是针对学生学的，而是针对自己教的，对学生思考多少时间，可能遇到什么困难，没有认真备考。

8. 课堂设问没有主次，缺乏关联。

问题间彼此孤立，互无干系。使课堂教学支离破碎，东拉西凑，看似天花乱坠，学生实则没有受益。

以上几种问题，集中反映了教者心中无数，目中无学，缺乏培养学生成材的全局观念，而这个全局恰恰要铭刻在心，不可须臾离开的。

（三）语文课堂精心设问的新途径理性思考

经过研究，我们认为：好教师的设问是“越问越明”，一般教师的设问是“越问越蒙”；好教师的设问是让学生在问题中学会思维，并使自己的思维有序、灵活、有深度；一般教师的设问是让学生在问题中思维逐渐委顿、僵化、一头雾水。

针对目前教师现存设问的问题现状，为了使教师的问题设计能激活学生的思维，起到“一石激起千层浪”的作用，使学生学得越来越聪明。我们探讨并总结了理性化的课堂设问模式，对“精心设问”进行了容量和节奏的规定。

1.“精心设问”的原则。

“整体、形象、结构、韵律”四个特性是我们需要铭记的汉语言独特的规律。“少则得，多则惑”，“巧问精讲多练”，“朴实、真实、扎实”是我们当今语文课堂教学的基本理念。为此，我们设想了语文中高年级有关提高课堂效率的“精心设问”的思路。即模式图：

主问题（母问题）——1 至 2 个

↓

次问题（子问题）——4 至 6 个

↓

次生问题（辅助问题）——3 至 4 个

2. 最佳“精心设问”的元素。

（1）看时机。心理学表明，小学生的每节课最佳注意力在开课 10～15 分钟。所以大约 2/3 数量的问题应放在前 20 分钟内。

(2)看技巧。主要是看问题的表达形式。语言是否得体,是否有童趣。即表述明晰,不在问题本身上兜圈子,绕弯子。

(3)看质量。看问题是否有含金量。是否与学生的认识能力有关,是否与学生思维发展有关,是否与学生的学习变化有关。

(4)看联系。问题间是否关联,是否有联系上下文理解的过程;师生间是否在一个学习的舞台上,共同进步,共同成长。

(5)看间隔。问题是否给学生思维的时间和空间,而不是连珠炮似的一个接一个地发问。

(6)看效果。是否瞄准全体学生,是否每一个学生都在思考,而不是“一人做活大家瞧”。

3.“精心设问”课堂教学示例

为了说明我们的阶段研究,以下面课堂教学为例,展开思考。

(1)《西门豹治邺》(五年级语文)

这是一篇写人的小文章。写人就得了解人的特点。

主问题(母问题):西门豹治邺的根本内容是什么?(治人和治水)

次问题(子问题):①从两个内容上,你对西门豹有什么印象?(管理有方)②哪个内容给你印象最深?说说你的理解。(治人)

次生问题(辅助问题):①西门豹惩治巫婆分哪几步?②从每步的治理,你对西门豹有怎样的认识转变?③为什么西门豹不直接使用手中的权力?④从治理的效果看,你明白了什么?

(2)《养花》(六年级语文)

《养花》是老舍先生著名的散文,通过养花说明老舍先生对生活的热爱。

主问题(母问题):①读了全文,文中概括老舍先生养花感受的句子是什么?(有喜有忧,有笑有泪,有花有果,有香有色。既需劳动,又长见识,这就是养花的乐趣。)②这句话从哪些方面来概括的?(对花的关心和养花的情感、劳动的成果、养花的意义)

次问题(子问题):①喜和笑具体表现在哪些方面?②忧和泪具体表现在哪些方面?③既然这样,为什么还要养花呢?(劳动锻炼身体,长知识。)

次生问题(辅助问题):①老舍先生怎样爱花的?(融入资料:老舍善于给自己营造优雅的环境。他在书桌上总要放一枝花,哪怕是一个旧瓶里插上几片竹叶,这是他不可或缺的点缀。——北大吴组缃教授称颂。）

②老舍为什么偏爱菊花？（资料：老舍爱菊花那俊雅的形态和高洁、刚烈的性格。老舍说：当深秋、初冬时节，菊花傲霜斗寒盛开，即使花谢蕊枯，依然紧紧结在枝头。“宁可抱香枝头老，不随黄叶舞秋风。”——《墨池为友拜菊师》）

这样的教学能够把一课书上成丰厚的“工具”和“人文”融合的语文课。

(3)《这儿，原来是一座村庄》（四年级语文）

主问题（母问题）：从课题入手，一个“原来”给我们什么提示？（写了深圳的前后变化。）请用不同的标记画出前后变化的词句。

次问题（子问题）：①读变化前的语句，小村庄给你怎样的印象？（贫穷落后）②读变化后的语句，深圳给你怎样的印象？（焕然一新）③人还是这里的人，地方还是这里的地方。为什么变化如此之大？

次生问题（辅助问题）：①一提起深圳我们总会想起一个人？是谁？（邓小平爷爷）②文中有一个词语提示我们深圳变化的根由，是什么？（改革的春风）（改革开放政策）

配以改革开放的春风使许多这样的地方变了。

(4)《草原》（四年级语文）

主问题（母问题）：从哪两个方面写的？（草原美景和主客之交）文章的顺序是先景后人，能换一下顺序吗？为什么？

次问题（子问题）：①草原景色给你的印象是什么？（辽阔美丽）②主客相交又是从哪些方面的内容写的？（欢迎远客——蒙古包外——蒙古包内——饭后联欢）每一方面给你的感受是什么？

次生问题（辅助问题）：①怎样表达才能充分表现“辽阔美丽”？②四个方面的内容能否颠倒？为什么？③既然课文主要写人，为什么还要写景？（景美人更美）

……

每个教师都想上好一节课，都渴望掌握“精心设问”的诀窍。其关键因素是要“胸有成竹”。上课要胸有成竹。课前要有本堂课的全局。贯穿的线索，问题的设计，词句的落实，写法的提取，能力的培养等等方面，皆要通盘考虑，和谐地有节奏地进行。虽然成竹在胸，也可能问题设计得好，但也不一定都能设计得恰当，还得在以下几方面下苦功。

1. 做一个文中人。文中人之道在于一个“通”字。教师在备课时，要把自己融入文本中，把自己当成作者，当成文中的角色，把自己放在文中记叙的情景中，感受内容，体味表达。每读一段，用设问的方式多问自己几个“为什么”，并作答。

2. 做一个学习者。学习者指自己面对的对象——小学生，小学生之道在于“学”。学是有学情的，学生学习时关注的是什么？关注的是对内容的兴趣，关注的是教师的教。教师总在重复课文内容，离不开文本的再现，学生的学习兴趣就降低了。所以老师要研究学生的学。一节课，不能完全是文本的再现，也不能是脱离文本的无限延伸，关键是引领学生在文本视野内不断思考，引领学生思维不断深入。

3. 做一个设计者。设计者之道在于统筹安排“统”。教师要根据自己读文的体会，结合学生的学情，统筹安排教学节奏。求本舍末，穷本溯源。在找准文本的宗旨（找源头）基础上设计主问题。牢记“以意逆志”（孟子语），“志”就是文章的宗旨、核心内容，并进行：(1)剪裁教学内容，突出重点，主次分明，详略得当。(2)教学设问要疏密、大小、难易、主辅相间，有起有伏，形成循序渐进的“坡度”。(3)形成“轻点、重敲、连线成体、密集训练”的答问、讨论、朗读、听写、讲析、反馈的多方面有机结合的和谐课堂统一体。

4. 做一个掘井人。掘井人之道在于掘到“水”。语文是“迷迷糊糊一大片”。每篇文章无论显形，还是隐形，都有其自己的线索。找准文章的主线是突出语文整体性的关键一环。沿着线索：在重点内容上下功夫设问，在突出重点，排除难点的同时，也要处理好非重点的内容。这就要注意穿针引线：教师要善于概括，拉线走针，连线成体。问题要击中学生的思维，问题要使学生有探索的欲望，问题要前后关联，问题要关注细节。

切忌脱钩脱节，零碎散落，不成整体的设问。设问一定要问到关键，问到实质。学生要说到本质，切忌隔靴搔痒式的回答。

5. 做一个调整者。调整者之道在于“活”。是不断修正自己的设计，不断在运行中调整自己的问题。我们的课前设问是预设的，是否得当，需要在课堂上验证。所以还要根据学情及时修改，及时调整。以保证设问的有效性。

课堂教学应吹进一点清新的风，克服呆板沉闷、形式主义。一堂课教学效率高不高要看学生在课内是否活跃，当然这不是形式主义的活跃。做到这一点，在于教师善于运用启发式的教学。启发之道自有其规律，而运用之妙在于一心；但又并非高不可及，努力求索必可达到。

进行课堂教学设问质量的策略研究，切不可求助于冥思苦想，要弄花样，而是要切实做到从教材的实际与学生的实际出发，对每篇教材的个性要看得准，吃得透，对学生的知识储备、能力发展要不断了解，多加研究。离开了教材和学生的实际，妄谈这样那样的设问秘诀，不过是洪教头的棍术，故弄玄虚，哗众取宠，其结果定然毫无成效。

（该论文获全国新学习方式下学习策略应用研究优秀论文评选一等奖）

以发展形象思维为主线，构建小学创新作文体系

作文是语文课的半壁江山。“能读会写”是语文课目的任务最精要的概括。过去语文教学存在的问题之一即重阅读轻写作，这是不利于学生创造能力的培养，不适应21世纪对全面发展的人才培养的要求的。

过去的“语文”教材相当忽视作文的训练。这就留下了一个作文教学的“空白”地带。即使有研究，多停留在经验和现象的描述上，停留在逻辑思维和抽象思维的训练上。很少从发展形象思维的角度，从学生创新思维品质的角度去改革作文教学。本文将试图以发展形象思维为主线，构建小学创新作文体系来做深一步的探索。

1. 小学创新作文教学的目的、任务及要求。

创新作文教学的目的，如果用一句话概括，那就是：解放人（解放人的思想、心灵、笔墨），解放人的精神创造力，使人的聪明智慧、创造潜能、才华才气全部释放出来！

（阅读是由外而内地吸收、借鉴，“吃”进来，是充实人，提升人；写作是由内而外地倾吐、创新，“吐”出去，是解放人，展示人。）

创新作文教学的任务是使学生爱写、会写，能熟练地掌握汉语言文字这一工具，具有记叙、论说的全面表达能力，能写出有中心、有条理、有新意、有文采的畅达文章。

创新作文教学的要求是立足于“人”（写作主体），着眼于“文”（“书面语”即“文字”），激活写作主体的“生命力”，焕发其潜在的全部“创造性”！

创新作文，即用“文”（书面语言）来表情达意，交流信息。一般说，它要经过“说话”的过渡。“说”和“写”，即“言”与“文”，的确关系密切，虽相互促进但各不相同。作文的过程实际是由“言”开始，借助“言”，超越“言”，最后走向“文”的漫长过程（故说话、朗诵、讲演、论辩等要以“说文”视之，和“作文”都要贯彻始终）。

2. 以发展形象思维为主线，构建小学各阶段（低、中、高）创新作文教学的总体安排（含要求及重心）。

运用系统方法研究并拟定比较科学的以发展形象思维为主线的小学创新作文教学体

系，一方面，要研究作文能力结构的各个组成部分——语言文字知识技能、智力活动和思想内容等各自的训练体系；另一方面，又要研究这几个训练体系相互之间的关系，以便将几条线索综合成一条，确定小学创新作文训练总的序列和作文能力的最佳结构，构建系统创新作文训练序列图（小学低、中、高年级）。

小学低、中、高年级作文训练顺序示意图

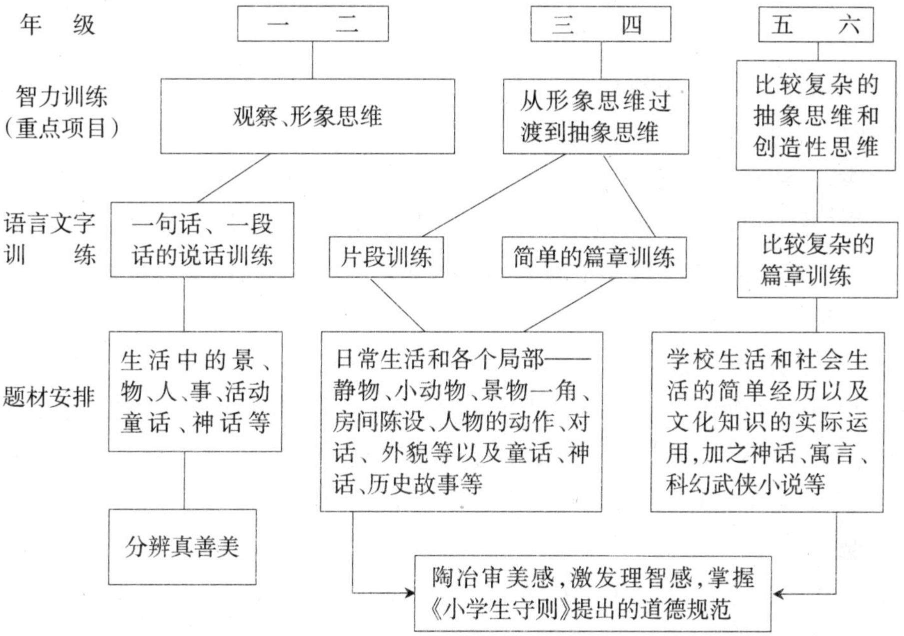

具体来说，小学（按六年制考虑）：由说话到写话，开始以口语为主的初步作文。要放手，多鼓励。写"实"要真，编织要奇。要有童心、童真、童趣。要以"好而多"为上，鼓励多写、写长。

第一学段（一、二年级）：以说话为主。由一句话到一段话，到一篇话。做到有中心，有情节，有条理。最好还能有细节，有感情，能动人。说生活小故事和童话、神话等。说要具有一定长度——多而好为上。

第二学段（三、四年级）：开始写话（作文）。用生活口语，把能说出的都尽力写出来。由写一句话到一段话，一篇话。要求有中心，有情节，有条理。具有尽可能的长度。以童话、历史故事为主，辅以生活小故事。三年级 300～500 字，四年级 400～800 字。这是最低要求，多多益善。

第三学段(五、六年级):熟练地写话(言文一致作文)。除内容、条理外,驾驭文字的幅度要提高。五年级最好能达到 600～1000 字,六年级最好能达到 800～1200 字。除上述文体外,寓言新编、神话故事新编、科幻武侠小说等皆可采用。

3. 探索以发展形象思维为主线,构建创新作文体系的内在规律。

用"汉语"作文和用其他"拼音文字"作文是很有些不同的。除了"媒介"的不同之外,作文本身也有其内在的客观规律。做任何事情只有符合其内在"规律"了,才有获得成功的可能。

创新作文的内在客观规律是:

★精神生产的"主体"(自我)创造律

"作文"是一种精神产品(文章)的创造。创造的主体是"自我"(作者)。自由(精神生产对"自由度"要求很高)、个性(创作主体作为个体生命存在,都是独特的、独具个性的)、创新(文章的生命是出"新":既不能踩着别人的脚印走,也不能踩着自己的脚印走,唯新是求)在这里是绝对必要的。

★"激情"导引,综合成文律

作文的"主体"(作者)对作文要有"兴趣"的燃烧。"兴趣"燃旺了,自然会有写作的冲动(即"激情")。考察作文优秀者,"痴迷"于写作之道是一个共同的特点。但"内因"固是根据,"外因"(如名师指点、父母督促、朋友激励等)之功亦不可没。内外相谐更是许多成功者的共同经验。

"综合成文"是极为显豁的:从主体"素养"上说,生活、思想、知识、技巧、语言等,是一种综合调动;从作者"能力"上说,观察力、感悟力、概括力、分析力、审美力、表达力等,也是一种综合统摄;从文章本身"要素"上说,思想(理)、情感(情)、人物(人)、事件(事)、景物(景)、气势(气)、文采(文)等,还是一种综合平衡……

既是"综合",不平衡,有所缺或有所过,都不行。作文"难",也难在这里。

★先"放"后"收",先"叙"后"论"律

习作宜先"放"后"收"。"放",就是开手作文时应让其(主体)放开思想,放开心灵,放开笔墨,放手去写(即"大胆文")。等上路了,写得差不多了,再加以"收束":给以"规范",加以"修剪",使之"合度"(即"小心文")。

具体说,小学、初中,都应以"放"为主。到高中以后再行"收束"。不敢"放",没有"放",一上来就"收",或"收"得过早,是作文教学上过去存在的一大弊病。

先"叙"后"论"也是重要的。"叙",即记叙文或记叙能力。这是作文之"本"。是非常重要的写作“基本功”。“论”，是论说文或论说能力。“论”也是很重要的。“叙”“论”两种能力的平衡，就大致可以说是全面、均衡的写作能力了。从习作规律上说，一个人习作宜遵循先“叙”后“论”的次序。因为，“形象思维”总是先于“逻辑思维”的。不到一定年龄，“逻辑思维”很难达到严密、成熟。过早进行“论说文”训练，将事倍功半！其不仅无益，甚至有害。熟练、过硬的记叙能力是写作之“本”。对它的任何削弱、冲击，都将带来深远的后祸(多年来“高考”作文重论说、重应用，即是一种严重失误)。

这里顺便谈谈“虚”“实”并重的问题。作文写“虚”(虚拟、虚构等)的本领，非常重要：议论、抒情、想象等，都是这种写“虚”的、重在“表现”的手段。特别是“想象”(包括联想、推想、幻想、梦境等)，是一种重要的“无中生有”的精神创造力。(可惜我们极为忽视，几乎是砍断了学生“想象力”飞翔的翅膀!)而我们重视的是写“实”(再现、反映)的本领：记叙、描写、说明等，都是这种写“实”的、重在“再现”的手段。其实，广义的“记叙”能力，是连描写、抒情和冥想(包括想象、梦幻等)等都涵盖于其中的。重“实”轻“虚”，重“再现”轻“表现”，使学生作文过于“实”，过于“少年老成”，缺乏心灵自由，想象驰骋，此弊病久矣！亟应加以克服之。

★贯通思路，“一气呵成”律

“文”确有其“气”。“文气”即内在的思路、文理，或曰内在的逻辑力量、气势或神韵。因此，为使文气贯通，写作时应紧追思路不舍，尽可能地使主体进入“规定情境”。这样，行文时“一气呵成”最好。

写得过慢，写写停停，或像“挤牙膏”那样，激情、火花、灵气、生气等就都没了。鲁迅所反对的那种“十步九回头”的作文之所以不可取，原因即在此。

以上四律，恐难以全备，但所说四点都很重要。作文训练时宜循其精神。

4. 以发展形象思维为前提，切实改进作文教学，按规律办事。

(1)从作文选题入手看作文教学改革。

长期以来，由于我国基础教育受考试指挥棒的影响，语文教材中的作文部分无论从题目，还是要求，统得过死、过严，乃至影响了学生的思维发展。曾有人做过美国和中国教师所布置的课业作文比较，结果发现有很大的差异。

首先，美国与我国的命题作文不同的是，美国教师不定题目，而是写“场景”。譬如：

①当你乘坐的轮船沉了，你漂流到一个荒岛上，你将怎么生活？

②任选一个州，介绍这个州的风土人情。

③任选一类动物，以杂志的形式作介绍，不仅要有文字，还要有插图。

很显然，“场景”一旦限定了，每个人写的内容就基本上是一致的，学生之间的可比性必然很高，不像我国的命题作文，尽管题目都一样，但各自的内容会相差甚远，文与文之间常常缺乏可比性。

其次，与我国的作文可以闭门编造不同的是，美国教师出的作文显然是必须建立在形象思维基础上，经过查参考书、利用图书馆、电脑查询等多种收集和整理信息资料的过程才有可能完成。要写在荒岛上生活当然是需要想象力的，但是有关岛上的植物、动物、可利用或可制造的工具等方面的知识则是需要利用有关的工具书学得。至于介绍一个州的风土人情和介绍某种动物则更是需要参考大量的文献资料。

第三，与中国作文的"小"题目不同的是，美国教师出的作文题都非常宏大，在美国上小学三年级时，写的第一篇作文就是"我心中的美国"。相比较，我国中小学的作文题目通常是"一件小事""我最高兴的一天""我最敬佩的一个人"等等。

曾经从杂志上看到一篇文章，作者提到他正在美国上小学的儿子在四年级时所做的作文题目是"中国的昨天和今天""我怎么看人类文化"。到了六年级，作文的题目则是："你认为谁对'二次大战'负有责任?""你认为今天避免战争的最好办法是什么?"

这些作文题目在中国的小学教师看来，一定是大得没有边了。奇怪的是，美国的小学生面对着这些"宏大"文题，不仅毫无难色，而且兴致勃勃，他们经过大胆想象后，到图书馆去查阅大量的参考书、权威工具书，然后信心百倍地做着大文章。实际上，是知识性、趣味性的作文题目唤起了孩子们的好奇心、求知欲，他们是在满足心理欲求的过程中自然而然地运用写作这一工具。

相比较，当我们中国的小学生面对着小而具体的作文题目时，却是个个愁眉苦脸且毫无兴趣。写这些作文是用不着学新知识的，需要的只是把生活中的人物写得光辉灿烂，把生活中的事物写得丰富多彩，把生活中的经历写得曲折动人。小孩子的生活原本是简单的，而中国孩子的生活尤其是枯燥单一的，尽管他们竭力按照老师的要求去仔细观察生活，由于缺乏具体的生活体验便总也观察不到老师要求的程度，只好痛苦地生编硬造以期完成课业，这样的作文过程自然是令人望而却步的。

对比中美两国的作文题目，发现美国的作文题多侧重生活事件及历史事件的评价，而中国的作文题则侧重人物描写、景物描写及道德问题的评判。作文的内容无疑是教师引导学生思考、写作的手段，美国的教师注重引导学生关心人类命运方面的世界性问题，同时注重引导学生展现自我意识、形象思维能力、想象力及生存技能。中国的教师则把注意力放在培养学生的写作技巧和文字表达能力上，可以说，是为了写作文而写作文，对写作能力之外的能力是不太关心的。导致中国孩子不爱写作文的一个直接原因是作文题目缺乏趣味性和求知的广泛性，使学生在作文时只能进行文字的排列组合，而不能进行形象思维发展及知识、经验、兴趣、爱好的排列组合。

(2)开发右脑，在作文教学中发展形象思维。

人的身心潜能是十分巨大的。根据现代生理科学的研究：人脑有一亿五千万个脑神经细胞，可以储藏50亿本书的知识量。人类至今只利用了这一潜能的极小部分。前苏联生物科学博士叶弗列莫夫在《可预见到的科学的未来》一文中说："如果我们能使我们的大脑即使它的一半潜力发挥作用，那么，假如要让我们学会40来种语言，'从头到尾'背熟《苏联大百科全书》，学会几十类学校的课程，都将不会感到有任何困难。"

人的右脑潜能亟待开发。大量的脑科学研究表明，人脑是一个结构极其复杂，功能高度完善的物质。大脑两半球在结构上几乎相同，但在功能上却高度专门化。左半球是处理语言，进行逻辑思维、集中思维、分析思维的中枢。右半球是处理表象，进行具体形象思维、发散思维、直觉思维的中枢。近10年来各国对创造性思维的研究，发现许多较高级的认识功能如直觉思维能力、对空间的认识能力以及对复杂关系的理解能力都集中在大脑右半球，因而对右脑的作用有了新的认识。但是目前小学教育工作中，多数活动都围绕着发展左脑的功能，致使学生左脑用得多，右脑用得少，大脑两半球得不到和谐的发展和合理的运用。由于右半球经常负担不足，它的潜能未得到有效的利用，对培养既善于分析思维又善于直觉思维，既善于集中思维又善于发散思维，既善于抽象思维又善于具体形象思维的人是很不利的。

小学生写作文，不仅能掌握新的概括经验的方法，而且能使自己的各种心理过程过渡到比较高级的功能水平——自觉性和随意性的水平。它能帮助小学生自觉地进行具体形象思维和抽象逻辑思维。小学生以学记叙文为主，而记叙文的写作过程是一个复杂的心理活动过程。俗话说"巧妇难为无米之炊"，搜集材料是写作的第一步。所谓搜集材料，主要是通过观察和想象获得与作文有关的感情表象和典型形象，并且积累各种与知觉形象结合的常用词语。有了材料，学生就可以概括文章的中心思想，整理材料和安排文章的结构。完成这些程序，主要是依靠分析、综合、比较、抽象和概括等抽象逻辑思维活动。但是抽象的概括要从生动丰富的感性材料中孕育起来，它的每一步骤都必须有鲜明的表象作为感情支柱。经过充分的构思，接着就要选择适当的表现手法和词句来描绘各种典型形象(人物形象、景物形象和事物形象)，表现文章的中心思想。在这个阶段，形象思维再度活跃起来，并且上升到更加高级的阶段。从心理学角度看，小学生写记叙文的过程，就是由形象思维转化为抽象思维，再由抽象思维转化为形象思维的辩证过程；感觉、理解和表现典型形象，是记叙文写作过程中形象思维和抽象思维互相转化的"转轴"。实践证明，如果指导得法，写记叙文可以有力地促进小学生具体形象思维能力和抽象逻辑思维能力和谐发展。

以发展形象思维为主线，进行创新作文训练，为小学生开展创造性想象活动提供了广阔的空间。所谓创造性想象，就是不依据现成的描述或图示，而根据一定的目的、任务，在头脑中独立地创造出新形象的心理过程。它是创造性思维的重要组成部分。小学生写记叙文，无论是叙事、记人、状物，必然包含着创造性想象活动。例如要形象地描绘某些细节，需要运用比喻、拟人和夸张的手法；要生动地刻画某个人物，需要对他的心理活动作某些合理推测；要深刻地揭示某一事物的象征意义，需要开展丰富的联想。创造性想象是作文过程中一种形式的形象思维活动。如果说通过观察形成典型形象，这是提炼和表现中心思想的基础，那么，开展创造性想象活动，就可以深化和深入表现这个中心思想。

(3)根据小学生不同阶段思维特点，安排创新作文内容。

人的语言交际功能的形成与思维能力的发展是紧密联系，不可分割的。前苏联心理学家维果茨基说："语言活动是交际和概括的统一。"他认为，有意识地表现思想和体验的交际，必然要求一定的手段系统，即把所表达的内容列入已知的现象群。这就是说，交际需要概括。而人的思维可以实现这种概括。"人所固有的高级心理交往形式有可能存在，只是由于人可以通过思维概括地反映客观现实。"因此，小学作文训练如何循序地发展学生的各种语言功能，必须充分考虑学生思维能力发展的年龄特点。

第一学段，即小学低年级(一、二年级)，学生思维的特点是：(1)具体形象性；(2)进行初步抽象概括的可能性。也就是说，儿童此时的思维主要是依赖事物的具体形象或表象以及它们的彼此关系来进行，并不主要依靠对事物的内化本质或关系的理解，凭借概念、判断和推理来进行。

既然低年级儿童思维的主要特点是具体形象性，那么他们主要是依靠哪一种心理过程来开展形象思维活动的？有人认为是观察。当然，观察是产生形象和表象的源泉。但是低年级儿童观察的目的性、持续性、细致性和概括性都比较差，因此仅依靠观察某一个事物，他们的形象思维活动不可能十分活跃。现在有许多心理学家认为，小学低年级儿童产生意义(包括思想、意向、情感、需要等)的主要心理结构是想象。所谓想象，就是在已有的知识经验的基础上，在头脑中对记忆表象进行加工改造而建立新形象的心理过程。如观看天上的云朵，把它想象为山石河流、花草树木、虫鱼鸟兽、老人小孩等。低年级的儿童正是借助于想象和幻想来理解他们生活在其中的世界，研究和解释这个世界。用神话的方式来观察和解释世界是他们固有的特点。因此，低年级要发展儿童概括信息、交流信息和自我表现的语言功能，最佳的作文训练形式既不是复述，也不是观察作文，而是创造型的想象作文。这是弥补现行作文教学重“实”轻“虚”弊端的最佳途径。

在低年级主要进行创造型的想象作文，不仅根据儿童思维发展的一般规律，而且也根据儿童学写作文的特殊心理规律。小学生作文能力的种类很多，但是归纳起来主要是两种：产生文章思想内容的能力和表达文章思想内容的能力。前者又包括选题、审题、产生材料、选择材料和安排文章结构等具体能力。后者又包括选词、造句、保证语言表达前后一致和句子间语气连贯等具体能力。实践证明，复现型的训练方法有利于培养表达文章思想内容和能力，不利于培养产生文章思想内容的能力。但是后一种能力却是学生写好作文的关键所在。产生文章思想内容能力的心理机制是什么？是有意地重现表象的活动，包括在头脑中有目的地产生丰富的表象，确定表象之间的逻辑关系和积极地变换表象的结构。

大量的教学实践和实验证明，创造性的想象作文（童话体、神话体作文）既是作文能力的整体化训练，也是有意重现表象的训练。只有这种训练，才能激励学生在头脑中产生尽可能多的日常生活的表象，并引导他们对这些表象进行比较、选择、抽象和排列，有效地培养他们变换表象的能力。

第二学段，即小学中年级（三、四年级），学生思维特点是：具体形象思维和抽象概念思维趋向平衡。即：一方面，学生的思维仍然带有明显的具体形象性；另一方面，他们使用概念、判断和推理的抽象思维形式得到一定的发展。

在中年级，学生观察能力的发展是他们具体形象思维和抽象概念思维均衡发展的重要标志。观察是一种有意的知觉，是知觉的特殊形态，但不限于知觉，常同思维相结合，对观察对象同时进行分析、综合、抽象、概括、判断和推理等。善于正确、全面、深入地感知事物特点的能力，叫观察力。中年级学生观察的目的性、持续性、细致性和概括性都有较大的增长。

因此，在中年级让学生写观察作文，在观察作文的基础上加大童话、神话、历史故事的写作片段训练，不仅是顺应儿童心理发展的一般规律，也是小学作文教学的客观需要。首先，小学作文教学的主要任务是发展儿童语言的社会交际功能，即一方面让儿童学会用文字概括和交流他们所见所闻的有意义的信息，另一方面让儿童用文字把所思所想表达出来。小学创新作文教学的主要任务是既要教会他们表达真人真事和真情实感，又要教会儿童“虚构”。这样可以根据儿童喜欢想象的天性把胆子写大，把思路写活，把笔头写顺，同时发展他们有意重视表象的心理能力。由于儿童已经初步具备在头脑中产生表象和安排表象结构的心理机制，当儿童的观察能力已经发展到一定的水平，还要根据作文教学的性质、任务，教会他们通过观察去准确地摄取周围世界各种真实的形象，并用文字把由这些形象产生的表象和真实感情准确地表达出来。其次，中年级的作文教学要求学生用文字概括和交流周围世界比较复杂的信息，即掌握“构段”和“谋篇”的基本思路。“构段”有各种方法，写简短记叙文也必须掌握各种要素和环节。而让学生写观察作文，他们就能比较顺利地掌握“构段”和“谋篇”的基本功。因为语言的条理性是观察的周密性和思维的逻辑性的具体体现。通过有目的的、有顺序的、精确的观察，学生可以把握客观事物时间先后的关系、空间位置的关系以及局部和整体的关系，并且边观察边思考，由表及里，由浅入深地把握客观事物的本质。

第三学段，即小学高年级(五、六年级)，学生思维的特点是：抽象概念思维开始成为思维的主要形式。所谓抽象概念思维就是使用概念，通过判断、推理的思维形式达到对事物本质特征和联系的认识过程。但这时形象思维又日渐臻熟，想象日趋丰富、奇特。运用形象思维促进抽象思维发展，反过来，抽象思维又促进形象思维发展是高年级阶段不可忽视的重要环节。

到了小学高年级，学生开始进入少年期。这时人际关系逐渐成为他们的主导活动，同时他们的自我意识也迅速增强。为了发展他们根据不同对象施加影响和自我教育的语言功能，必须教会他们写各种实用作文，包括写比较复杂的记叙文、各种应用文和读书笔记，初步学会运用抒情、说明、议论等表达方式。要学会写各种实用作文，需要具有一定的抽象概念思维能力。例如要掌握说明手法，能对事物的形状、性质、功用、成因等进行解释，就必须具有本质抽象水平的概括能力。要掌握议论手法，能运用逻辑推理来说明道理，揭示事物之间的因果关系，就必须具有一定水平的演绎推理、归纳推理和类比推理的能力。心理学研究证明，正是到小学高年级，学生的抽象概念思维开始成为思维的主要形式，这就为他们进行各种实用作文的训练提供了充分的保证。同时，抽象思维的开始又为形象思维的发展提供了多维立体化的背景。因此，这时候的冥想文可适当扩大外延，由低年级的童话、神话及中年级的历史故事，可过渡到寓言、成语、儿童诗歌、科幻武侠小说等体裁的简单作文训练，以培养学生想象及创新作文水平。

为说明方便，文后附有“以发展形象思维为主线，构建小学各阶段创新作文训练条目”表。

(4)运用现代教育技术手段，创设有利于发展形象思维的师生合作环境

构建“以发展形象思维为主线的创新作文体系”途径很多，从教师的教学策略来说，有效地利用现代教育技术手段是非常重要的。如投影仪、电视、电影、录像机、录音机、音响视频投影仪都是绝好的媒体，都可以用来作为创设形象思维情景训练。如利用投影仪可打出一幅(或几幅)童话、神话片段画面，提示学生看图编织情节；利用电视、电影，可使静态的画面动起来，不说话的事物开起口来，加深印象，会更加生动有趣；利用录音机、音响

设备，可播放声音，让学生听音响编写故事；利用视频投影仪，可让学生观察某个生活现象编写故事，也可以根据几个毫不相干的物体来编织故事情节，会更加方便、适用。从学生学习策略来讲，自己可以根据兴趣以及发现，通过自己操作现代化教育手段，达到相互交流，相互拓宽视野的效果，充分体现教学的民主参与性、主体性。“众人拾柴火焰高”，使教学处于一个开放的、动态的教与学相长、相互促进的氛围中。

总之，以发展形象思维为主线，构建小学创新作文体系的关键在于教师站在科学的高度，解放思想，锐意进取，贵在教师在传统教学基础上的批判与吸收，改革与创新。

作文在全部语文课中地位重要，有“半壁江山”之重，作文指导教学在语文教学中不能可有可无。“空白”是不正常的，解决的办法是探讨出科学、系统的有时代特色的作文训练内容及教学模式，以它来固本正源，清除乱象。

附：

“以发展形象思维为主线的小学创新作文”第一学期训练内容

年级	目录	年级	目录	年级	目录
一(上)	第一单元　学写句子 1. 把句子写完整 2. 把句子写通顺 3. 把句子写具体 4. 写意思连贯的话 5. 介绍自己 第二单元　写话 1. 开心说话 2. 随想说写 3. 单幅图写话 4. 画图写话 5. 双幅图写话 第三单元　童话 看图写童话 第四单元　神话 听录音复述神话	二(上)	第一单元　看图说话 1. 看单幅图书写一段话 2. 看多幅图说写一段话 第二单元　童话 1. 根据提供的开头说写童话 2. 模仿现有故事的结构说写童话 3. 童话新编 4. 归纳情节提纲说写童话 5. 根据毫不相干的事物(或词语)说写童话 6. 听拟物声音说写童话 7. 命题说写童话 第三单元　神话 根据瞬间影像说写神话故事 第四单元　应用文 留言条	三(上)	第一单元　看图习作 看图习作 第二单元 1. 单个物品素描 2. 动物素描 3. 周继武素描 4. 自然景物素描 5. 周围环境素描 6. 场面素描 第三单元　童话 由生活现象编写童话 第四单元　神话 根据情节提纲编写神话故事 第五单元　应用文 观察日记

安排了哪些具体课文？

(《微笑》《送你一束鲜花》，拓展阅读的《礼物》《奇怪的圣诞包裹》《千里送鹅毛》)

说得很好，再具体说说哪些礼物？

老师分两层内容板书，问学生为什么这样写？

微笑、鲜花、自行车、中国土、鹅毛

(学生说出礼物的外延：一种是实物，一种是精神。)

老师让学生在精神礼物下补充三个内容。

(话语、点头、眼神等。)

师：我们平时说的礼物多在实物上，但有时精神的礼物比实物更有意义。

我们生活中，都有过接受礼物，或者送给他人礼物的机会。

(二)出示"笔下生花"的内容。

每一份礼物都代表着一份祝福，有的礼物可能有动人的故事。

写一写

自己接受的特别的礼物、接受礼物的过程和心情。

自己设计和准备的礼物、送给别人的过程和心情。

(三)审清题意，揭示重点

读要求，这里面有两个重复使用的提醒我们注意的关键词，是什么？

(过程、心情)

师：写礼物，三年级开始写，四年级也写，五年级再写怎样准备，怎样送，难吗？过程性的流水似的叙述不难。

我们再读"每一份礼物都代表着一份祝福，有的礼物可能有动人的故事。"咱们重点看后半句，来围绕故事做文章。

(四)悟出写法，突破难点

写故事难在哪里？

生：不具体，没有细节，不能留下深刻印象。

师：写事是有讲究的，不是随便能写好的。老师总结了好多优秀文章的好招数。读一读。

写事关键

细节细腻，语动心神，形象在脑，真情实感。

师：那我们还是从学过的课文中拿些写好细节的方法吧。

出示范例片段(一)：

> 回到家，女儿已经将饭做好了。"来，看看爸爸给你买的生日礼物。"他拉着女儿的手说。女儿诧异地跟他出了家门，蓦地，女儿惊异了。一滴，又一滴……他这才发现，女儿的泪正一滴一滴往下落。"喜欢吗?"他问女儿。半晌，女儿才抬起头："爸爸，对不起。""傻孩子，十五岁了，还尽说傻话。"他摸了摸女儿柔软的头发，又轻轻擦去女儿脸上的泪，"你长大了。"他长长舒了一口气，这才发现，女儿眼里竟又蓄满了泪。"怎么了，你哪儿不舒服吗?"他焦急地问。女儿慢慢抬起头，轻轻地说："其实，爸爸，这次我仍是第一。"
>
> ——选自丁一珊的《礼物》

大家读读，用上刚才的标准评价。

老师读，学生闭上眼睛想形象。

1. 语言、动作、神态叙述要细致；

2. 有细节叙述。

出示范例片段(二)：

> 她怕见前来欢迎的人们，怕记者问什么，怕姐姐和姐夫来迎接她，甚至怕见到机场那个热情的女服务员——她的崇拜者，每次出国经过这里时，都跑来帮着她提包儿……有什么脸见人，大败而归！
>
> ——选自冯骥才的《献你一束花》

大家读读，用上刚才的标准评价。

连用四个"怕"，生动形象地写出了她失败而归时那沮丧和愧疚的内心活动。

老师读，体会她的紧张心理。

总结：写好事情的过程要做到：真、新、细、实。

习作练笔：

以《一份______的礼物》为题，开始习作。

提醒：把你接或送礼物的背后的故事写出来。

要记住：当堂完成，快速写作！

四、学生练笔，老师巡视。

要求：记住四句话，或黑板上的四个字。

1. 字数不少于400字。 2. 语句通顺，真情实感。

五、师生一起点评学生作文。

现在我们进入“文章大家评”的环节。

要求：要想会评别人的作品，首先是会认真听别人的作品，其次用今天学过的知识点评。点评时，要发现他人习作的优点为主，最好用“不但……而且……”的句式欣赏优点。提出建议，最好用“如果……就……更好了”这样的句式来表达。

学生作品1、2、3、4……（读文——大家评——老师评）（略）

另附：当堂学生作品

特殊的礼物

北京翠微小学　戚睿翔

透过书桌前的那个玻璃窗，两年前的那块蛋糕顿时浮现在我眼前。我一直珍藏着这块“蛋糕”的故事，因为它代表着我和丁丁最真挚的友谊。

他是一位爱说爱笑的男生。圆胖的脸蛋，一双大眼睛忽闪忽闪的，笑起来嘴角微微上翘，说起话来非常响亮。他无论干什么事总是落落大方。他就是我的好朋友——丁丁。我和他住在一个院儿，无论在哪里总能看到我和丁丁一起玩耍的身影。但最后却因为我狭窄的心胸和他一时的疏忽使我们产生了误会。忆起那年春天，一切还历历在目。

那天，正是春天到来之际。挟着春的气息的微风，吹着我的头发，报春的燕子往来梭巡，空中充满了它们的呢喃的繁音。而我可不愿意浪费这美好的阳光。早早的，我就约好丁丁在门口广场上一起滑旱冰。“呼——，呼——”风儿迅速地拂过我的脸颊，我和丁丁哼着自编又不成调的曲子在广场上滑来滑去。可是好景不长，我俩滑得越来越快，也随之靠得越来越近。最后只听“啊——！”的一声，我被丁丁绊了一跤，一下子倒在了地上。鲜血止不住地流了出来，我的眼泪也像散了的豆子一样“吧嗒，吧嗒”地掉了下来。丁丁的脸吓得苍白，慌张地前来扶我。当时我气极了，猛地将他推到一边，狠狠地瞪了他一眼，然后自己一瘸一拐地走回了家。丁丁什么也没说，只是呆呆地望着我……之后的这几天，我们谁也没理谁,甚至几次都擦肩而过。

再过几天就是我的生日了,丁丁显得格外沉默,平时活跃的他却一言不发。我的生日终于到了,一大早,爸爸就忙得不亦乐乎。天花板的四周装饰着大大小小五彩的气球,姐姐还亲自为我做了一个“寿星帽”,妈妈不停地打电话招呼许多亲朋好友前来庆祝,还不停地教我当别人来时说的欢迎词,好像是他们要过生日似的。“咚咚咚”,又是一阵敲门声,我郁闷地前去开门。我打开门,一张熟悉的面孔出现在我眼前。是,是丁丁!我惊呆了,不知说什么为好。“戚睿翔,对不起,上次我不是故意的,对不起!这是我用所有零用钱买的,希望你能原谅我。”他轻轻地说,然后小心翼翼地将蛋糕放在了地上,默默地走了。半晌,我才反应过来。顿时,一股暖流涌遍了我的全身。我的眼角已被丁丁浓浓的情意润湿了。我不顾一切地向外跑去,可是丁丁的影子却越来越小,最终消失在我的视野之中。我捧起那块蛋糕,轻轻咬下一块,慢慢地含在嘴里,是那样的甜,那样的美,最终化成一股爱的泪水从我的脸颊上缓缓地流了下来。后来怎样我已不记得了,只记得在以后的日子里,无论在哪里都能看到我和丁丁玩耍的身影。

高尚的行为其实都很平常,平常到如同两颗少年的心的碰撞。这样的爱,就是天堂般的爱。那份特殊的礼物也许并不是那块蛋糕,而是丁丁对我天堂般的爱。

【简评】 这篇文章作者能在40分钟内一气写成很不简单。主要成功之处在于:1. 选材较好。能选一件同学之间“友好——误解——友谊恢复”的事件,层递性强。2. 注意细节叙述,有形象感。3. 语言描写相当优美。注意运用积累的词句巧妙表达。如果再把“我郁闷地前去开门”的原因交代清楚会更好。

六、学生点评老师的作文。

我们不能只评同学们的文章,老师也写了一篇文章,大家严评。(出示教师下水文)

一件普通又并不普通的礼物

陈延军

对于我这个40多岁的人来说,接受过很多次小小的礼物。但是这一次却让我久久不能忘怀。

去年暑假的7月底,我到四川绵竹齐福镇中心小学支教。这里的楼房虽未坍塌,但楼体伤痕累累,一道道裂缝随处可见,属于重度级危楼。老师们都已搬出家属楼,居住在操场搭建的临时帐篷里。学生的复课均在八间活动板房里。阳历七八月份的四川,酷暑难当，屋内屋外一个温度。在密不透风的活动板房里上课，是相当难受的。虽然每一间教室都安有一台社会各界捐助的大电扇，但是吹起来就像飞机发动一样吵人。

我的支教任务是培训教师，给他们上课和讲座。一切培训活动全在一间板房里进行。地震使这里的师生更加顽强。条件虽是简陋，但是丝毫没有影响老师学生上课的情绪，甚至他们早已习惯了余震不断的处境，没有一点惊慌。当地老师听说我们是从北京来的，都从几里、几十里甚至一百里外赶到这里听我们的讲课。转眼间，我的支教任务接近尾声，在最后赶往成都之前，老师们一致要求我再做一次《怎样做一个科研型的教师》的讲座。我讲完课，在回去收拾东西的路上，老师们还一边和我聊学习研讨感受，一边表达依依惜别之情。为了赶时间，我只好截断聊天。这时，一直跟在我身后的一位身高和我差不多、鼻梁上架着一副眼镜儿、总是一脸笑容、显得文绉绉的年轻男老师，请教我应该读些什么书为好。我简单谈了自己的建议，他点头对我说："陈老师，我是一名初中教师，对语文有着很大的兴趣。听了您的课和讲座，很受启发。我十分赞同您说的让学生多读名家名篇，并主动背诵、积累一定量的优美句段。这样对学生一生的学习有好处。我以后和您经常网上交流学习体会。"接着他不好意思地说："陈老师，您一会儿就要走了。在以后还不知什么时候才能见面。我没什么送的，送你一个笔记本做个纪念吧。"这突如其来的举措让我吃惊不小，这个时候，面前这位陌生的青年教师……后来我从他的简单介绍中知道，他叫赵成名，毕业于四川师范大学，是一个非常有上进心的老师。再后来，我们就是和学校老师的合影留念，由于这个赵老师不是该校的老师，所以一直在帮我们拍照。我们硬拉着他进来和我们一起合影。到了不得不分别的时候，我们只好上了车。车开得很慢，久久地，我们挥动的手才放了下来。回到北京，想起我四川支教的经历，心潮澎湃。我一一整理衣物，翻出了这个看上去很普通的笔记本。第一页上赫然书写着他一笔潇洒的文字：

我景仰的陈老师：

听君一席话，胜读十年书。您的热情，您的学识，您的信念，您的……永远铭记我心，衷心感谢！诚祝：阖家欢乐，事业大成！

绵竹齐福初中 赵成名

2008 年 8 月暑期敬赠

本来是要把它搁置一边的，但是总觉得它和别的笔记本不一样。我常觉得有一个人在注视着我，于是索性把它用作记录联系朋友的通讯本，一直带在身边。每次看到它，就会想起送我礼物的那位青年教师来——瘦弱的身材，鼻梁上架着一副眼镜，丝丝文文，总是带着微笑。他没有过多的语言，没有豪言壮语，没有高谈阔论，多的是平淡，是信任，是真诚。

礼物虽小，但是情意不浅。它是灾区一名教师和北京一名教师心的沟通，是北京人和四川人友谊的见证。这个礼物普通而纯洁，真诚而珍贵！

（老师念后，同学们鼓掌。纷纷说给老师 A＋或 A＋＋。）

七、总结。

今天我们在一起上了两节作文课，有意思吗？

作文说难，其实并不难。老师把一个作文专家的话传达给你们，望你们牢牢地记住：

作文的天性就是创新

写我的自得之见

抒我的自然之情

用我的自由之笔

显我的自在之趣

八、作业。

回去把自己的《一份____________的礼物》的作文进行修改，可发到陈老师的邮箱。

（注：本节课是海淀区名师工作站语文组陈延军老师教学研讨会上的展示课。）

另附：来自一名校长的信

成长在课堂

一节课 40 分钟，最后一个环节是什么？学生或教师进行课堂小结吗？不，不完全是。大多数的课堂在结束之前都是布置作业，而作业除了教师设计的规定“动作”之外，还有很多个建议，需要做这个查那个的，一个个的小孩子甚至比大人还忙碌，写这做那，很少有是兴趣所至，有的逐渐厌学或学会偷懒儿。怎么办？今天听了北京师范大学实验小学陈延军老师两节作文课《礼物》，学生在课上读、说、思、写、悟，忙得不亦乐乎，用不着亲临“咬破笔头皱眉头，想来想去还是愁”之苦，该习得的知识、该领悟的道理、该写的素材等等便怡然自得了。我更加坚信，学生，特别是小学生，远远用不着“三更灯火五更鸡”，成长就在课堂。

课堂首先是生活，是学生生命成长的地方。当每一个 40 分钟结束的时候，学生有或多或少收获的喜悦，有进一步学习和探索的兴趣，这便是后劲。教育是慢慢的艺术，让我们像陈老师那样慢下来、静下来，让学生有序有效地成长在课堂上。

勇于挑战自我

勇于和自己同课异构

纵观语文阅读教学，我们不难发现，步履维艰的多年阅读教学曾给我们多少不解、多少窘境，又给我们带来多少思考、多少顿悟。我们从知道得不多到知道得很多，从迷惑不解到朦朦胧胧，从若有所悟到渐渐清醒。其间，从教学大纲到课程标准的渐变，语文阅读教学也开始逐渐趋于完善，走向成熟。我也和大家一样，是站在改革潮头的弄潮儿，与语文阅读教学一起走过的见证者。

我们要明确，每一天都是新的。无论教师的观念也好，还是课堂教学也罢，是处于动态的，我们要勇于和自己挑战。教学处处是新鲜的事情，时时带有挑战。同一个教师给一个班上课，要追求节节课上出新思路来；一个人教同一篇课文，不同的时间上课，也要教出不同的色彩来。过去是好教案，今天再看，拿来再用就不一定是好的教案了。

《海上日出》过去的教材是安排在五年级上学期的内容，北师大新课标教材安排在四年级下学期进行。做大型研究课，前几年的一个学期里，我就执教了三遍此课。第一遍是在本校督导课上上的，第二遍是在海淀区巨山学校的约请下上的，第三遍便是在北部新区骨干教师培训班上上的。那时的教学建立在“简简单单教语文，本本分分为学生，扎扎实实求发展”（全国小语会理事长崔峦语）的前提下，遵循汉语言的规律，明白一个“准”字，激发一个“趣”字，牢记一个“新”字，抓住一个“情”字，铸就一个“活”字。

以下五点认识便是过去经验的具体做法：

一、明白一个“准”字

“准”就是把握准教材，吃透教材。我们通常说理解教材要有深度，没有深度，教学时无论老师怎样变换方法，这法那法也是没有多大效果的，犹如蜻蜓点水，学生的理解也会搁浅。

《海上日出》是现代著名作家巴金先生的一篇散文。通过对海上日出情景的描写，表达了作者热爱大自然和追求光明前程的思想感情。五四运动后，出生于四川成都一个封建家庭的巴金开始接受新思想，萌发了“离开家庭，到社会中去，到人民中去，推翻现在的社会秩序，为上辈赎罪”的进步思想。1923 年 5 月，巴金离开家到上海求学，目睹公园前“华人与狗不得入内”的告示，目睹黑暗社会外欺内患的惨状，更加意识到：国家需要主权，人民需要自由。1927 年 1 月 15 日早晨，巴金同几位有志青年乘油船从上海出发，2 月 20 日到达巴黎，在海上历时 37 天。在漫长的旅途中，巴金常常清晨起身凭栏观看日出。于是文中有“为了看日出，我常常早起”的说明。在浩瀚无垠的大海上，光芒四射的红日喷薄而出，这自然界的伟大奇观深深地打动了他的心，使他看到了光明和希望。巴金在写《海上日出》这篇文章的前几天曾说过：“我看见了种种人间的悲剧，在这里我认识了我们所处的时代，在这里我身受了各种痛苦。我挣扎，我苦斗……我下决心做一个社会运动者，要用人群的力量来把这个世界创造，创造成一个幸福的世界。”《海上日出》充分体现了青年时代巴金的进步思想和政治信念：新社会要到来，光明要把黑暗驱逐干净。

这是巴金写就《海上日出》这篇文章的背景。根据背景资料，我们再来审视原文，就会发现“这不是很伟大的奇观么”是全文的魂，是统领全文的“宗”。“文不离宗”，全文就是围绕这个“宗”来展开叙述描写的。分析教材，吃透教材，不能脱离时代大背景。这是备课必须考虑的。“以意逆志”是阅读教学的根本依据，意思就是教学中，教师要引领学生凭着自己的经验情感去揣摩、猜度作者的思想情感经验。我们做教师的和学生一道距离作者的心境越近，课文的理解就越深刻，所得就越多，阅读质量就越高。

二、激发一个“趣”字

兴趣是最好的老师。没有兴趣，什么事情都干不好。课文阅读也一样。教《海上日出》时，我始终把兴趣当成第一大重任。从开始的谈话，到读课文，到理解，到感悟，都紧紧抓住“趣”字，使学生对课堂周围的环境，包括一切教学资源以及非教学资源发生兴趣。如，开始谈话，从老师的衣着（穿着红汗衫）入手，结合红彤彤的海上日出画面，让学生喜气洋洋地进入学习状态。接着从了解巴金其人其事入手，让学生接触巴金。这样，学生于惊讶中感受到了巴金爷爷的坚强意志和乐观精神。自然而有意识地引导学生在学习本课后去主动阅读巴金爷爷的文章和书籍。一步步对巴金其人其事产生兴趣，进而为学习与现在的儿童仍有距离的课文打下了基础。

目前，学生在课堂上普遍对朗读课文兴趣不浓，表现在态度敷衍，使教学不能深入。“以读为本”是最好的阅读教学方法。考察阅读教学成功的教师，大都在本人的朗读素养和指导学生朗读上见真功夫。而听现在的课堂上孩子们读书背书的味道,千篇一律,众人同声,什么文章都一个味。多见整齐,少见差异,失去了个性读书的趣味。另外,针对学生对课文的朗读提不起调子,课上我就尽力造势,掀起朗读高潮。如在读"一刹那间,这深红的圆东西发出夺目的亮光,射得人眼睛发痛"时,同学们都读不到位,慢慢吞吞。于是我及时提醒:"你读得正确流利,但读的变化还不够迅速。再来试试。""还是不够,谁能再突出变化的迅速?"当学生还是读不出感情时,老师范读引路,让学生扎扎实实过好读书关。考查学生对于语言文字理解与否,听他的朗读是最简便的方法。好的朗读应是"正确朗读"和"流利朗读"。所谓"正确朗读"就是指能用普通话朗读,读准字音,不丢字,不加字,不读错字,不读错音调,不颠倒字词顺序,不来回重复,不读破词,句读分明,能根据不同的标点符号,读出恰当的停顿。所谓"流利地朗读"就是指在读的过程中,在正确朗读的基础上,能够连字成词,连词成句,不读破句,不拖泥带水,不结结巴巴,不破坏文章的表现力,不唱读。能把词和句的关系、意思读出来,能对作品的基调把握准确,让听者听明白。还能读出抑扬顿挫、轻重缓急,有一定的速度,这个速度应尽量接近自己平时说话的速度。流利不是读得快。总之,朗读标准不能降低,降低了标准,学生就会怠慢朗读。

对情感浓烈的课文,在朗读的基础上进一步引导学生"诵读"。"从前人读书,多数不注重内容与理法的讨究,单在吟诵上下功夫,这自然不是好办法。现在国文教学,在内容和理法的讨究上比从前注重多了,可是学生吟诵的功夫太少,多数只是看看而已。这又是偏向了一面,丢开了一面。唯有不忽略讨究,也不忽略吟诵,那才全而不偏。吟诵的时候,对于讨究所得的不仅理智地了解,而且亲切地体会,不知不觉之间,内容与理法化而为读者自己的东西了,这是最可贵的一种境界。学习语文学科,必须达到这种境界,才会终身受用不尽。"(《叶圣陶教育文集·卷三》)诵读什么时候进行,视教学具体情况而定。一般在阅读理解、讨究完毕之后,学生对于文章的细微曲折之处都清楚了,就不妨训练"诵读",即"有感情地朗读课文"。所谓"有感情地朗读课文",就是指读出文章中作者表达的情感和意境,这是朗读的最高境界。是在对课文内容有较深的理解后,能把握作者思想感情发展的脉络,运用声调、音量、速度、停顿等变化,并注意运用适当的神态或表情,生动地表达自己对作品的理解,表达喜怒哀乐各种感情。基本上做到情动于中,而形于外,以言动人,以情感人。指导学生的"朗诵",要根据学生自己的理解为本,不要教师给一个模式,让学生机械模仿,全班一个调子。提倡个性诵读,反对趋同是朗诵的教学要求。因为各人的感受不同,理解不一,"朗诵"的效果也各异。

"美读"是叶老在"阅读举要"中提到的重要阅读方法。"所谓美读,就是把作者的情感在读的时候传达出来。”“这无非如孟子所说的‘以意逆志’，设身处地，激昂处还他个激昂，委婉处还他个委婉，诸如此类。”“美读的方法所读的若是白话文，就如戏剧演员读台词那个样子。所读的若是文言，就用各地读文言的传统读法，务期尽情发挥作者当时的情感。美读得其法，不但了解作者说些什么，而且与作者的心灵相感通了，无论兴味方面或受用方面都有莫大的收获。”(《叶圣陶教育文集·卷三》)“美读”强调在充分理解课文的基础上，用作者当时的情感把文章境界表现出来。但在日常教学中重视不够，这点在“精讲多读”的前提下是我们要加强的。

《海上日出》是一篇经典的文质兼美的好文章。它意境开阔，文风朴实，自然清新。诵读和美读作品应是不可或缺的环节，所以我每上一次课，都适时地创设学生一遍一遍地不同格调地读的氛围，使“读”贯穿于整节课的始终。

三、牢记一个“新”字

一篇课文，对一个老师来说，可能教过几遍，甚至十几遍，几十遍，如果教学总是走自己原来的路教学就会失去活力；如果机械模仿，总是重复他人的路，那么教学就直不起腰来，就谈不上创新。教学的真谛就在于不断超越自己，超越文本，超越他人，不断创新。《海上日出》我教过多遍，以往，我总是束手束脚，把教学目标锁定在教参提到的高度上，不敢逾越一步。这次，我在北京师大版巴金原作的基础上，重新审视北京版语文教材。让我体会最深的是点明中心的语句只有一字之差：原作是“这不是很伟大的奇观么?”北京版语文教材中是“这不是伟大的奇观么?”一个“很”字启发了我。正是这个“很”，使得作者眼中的“海上日出”景象区别于一般的奇观，区别于其他自然景物，正是这自然景象使作者联想到了中国的前途和命运，给了巴金以希冀，所以才有了这恢弘之作。也正是象征“光明”的“海上日出”，使文章富有博大精深之神韵。文确有文气，这就是具有千钧重量的文气。过去我们的教学多停留在赞颂自然的层面上，而今天在语文“人文性和工具性的统一”的性质前提下，只满足于热爱自然的层次上，还远远不能够理解“很伟大”之意。有老师说，孩子小难以理解。但不理解不是普遍现象。我三次执教，遇到的三个不同班次的学生，理解程度有所不同。有的学生读书兴趣广泛，体会较深；有的同学在老师启发下能有所悟，有的学生开始似懂非懂。这使我想起“取法乎上，得乎其中；取法乎中，得乎其下”的真正含义。即使学生不理解是暂时的，不理解不等于不存在，不理解不等于抹杀文章的原意。关键是我们教师要尊重作者的原始创作思想，营造一种语文学习的大背景，使教学变得大气、开放，记忆尤深。为此，我到文章快要结束时，在学生已经对自然之情体会得较深的基础上，把时代背景简介给学生，通过营造这不仅仅是在赞美自然，更是看到了光明，看到了中国的希望。这种奇观不是一般的黄山奇松、泰山日出、黄果树瀑布、火烧云等之势，引导学生一遍一遍地重读这句话，使学生读出《海上日出》的奇观气势，感受《海上日出》带给巴金的渴望光明的精神力量，使“很伟大的奇观”之内在神韵得以充分挖掘，它使拯救中国的光明火源在学生心田打下了烙印。备课思路在原来基础上向前恰当地拓展了一步，就显得新了、深了。

另外，原北京版教材的思路是突出观察顺序：日出前、日出中、日出后，而这次，我在北京师大版教材教参的基础上，仔细体会，分晴朗时的日出壮观景象和两种特殊情况下的日出景象安排教学，为了区分两种景象，我又采取不同的教学方法对待，在讨究“晴朗时的日出景象时”，采用朗读、思考、体味、鉴赏、吟诵的理智了解，引导学生“感受日出壮观景象”；在讨究“太阳躲进云里”和“太阳透出黑云重围”两种异景时，我采用任选一个异景，用“讲述海上日出异景”的形式教学，效果显著，也使教学布局疏察有致、科学合理。

四、抓住一个“情”字

文章本是有情物。任何一篇文章都是作者情的外在体现。情有大小之别，有深浅之分。生活是创作的基础和源泉。作者有激情才有创作的灵感，才有创作的欲望。我们要引领学生去阅读鉴赏一篇篇作品，理智地了解揣摩作者的情，然后才能用和作者一样的情去感悟语言文字，用真情和语言文字碰撞出火花，引起共鸣。《海上日出》一课的情是什么，不难体会出，应是饱满的、喜悦的、兴奋的、愉快的、激动的、豪放的……所以，从开始的导入，到朗读课文，到鉴赏课文，我们应该始终引领学生以饱满的情绪学习课文。欲做到使学生有情，教师必须先有情。备课时教师就要用情感去备，不能做冷漠旁观之态，自己不被文章打动，教学语言就不可能生趣盎然、情感十足。教师要学生读得有情，自己先要动情地诵读。这样，教学中，教师才可能用有声的语言传情，以饱满的激情带动学生入情。只有师生情、作者情相机融合在一起，阅读效果才是最佳的。上课的过程中，我经常鼓励学生“大家带着高兴的心情去读”，“要把喜悦的心情写在脸上”。以此使学生的情洋溢在课堂学习的整个过程中。整节课在情趣盎然的听说读讨究过程中进行着，互动着，达到了教与学的和谐一致。

五、铸就一个“活”字

语文教学的艺术特质，在于“从心所欲不逾矩”，这就是教学的一个“活”字。“活”表现在教学不能“千人一面”，即不能一个教案来回搬用。即使同一人上课，也不能“百课一面”。语文教学最忌平铺直叙，应追求常教常新，要注意继承和发展的关系，在原有备课上课的基础上扬长避短，在原有基础上唯是求新。这才是教学的真谛，才是教师追求的境界。今年的教学用去年的教案，现在的教学仍用过去的教案，就是不合格的课。因为时代在变，学生在变，我们的理念也在变，应创设常备常新，让学生常学常新的“活”的教与学的氛围。这就需要对每一课的设计都要精心，对每一个教学环节的处理，对每一句的剖析和欣赏，都要灵活处理。另外，教学要追求在预设的前提下，讲求生成的质量。上课老师要勇于“放下教案，忘掉自己，关注学生”，把精力用在倾听学生的回答上。要善于听出学生回答问题的闪光点，更重要的是善于发现学生回答问题的不足。不能听之任之，一味“真好”“真棒”。学生说的好不好，对不对，教师要胸中有数，教师的教学技艺如何，关键就在于航舵的方向把握得怎样。尤其对于学生说得不好或不完善的地方，要善于纠偏。纠偏的标准是内容的讨究以“宗”为本，围绕“宗”展开思维，表达见解。如，我在教学时，“这不是很伟大的奇观么”这个提纲挈领的“宗”句，反复出现四次，讨究“晴朗的景象”时，应明了哪些地方体味出是“伟大的奇观”，在“讲述异景”时，围绕“伟大的奇观”来讲述，主体分明，魂体相依，这样的教学才言而不散，讲而不乱，才可能达到高效的阅读。这点应作为教师的责任。

总之，在阅读教学中，教师要在“整体入手”“文不离宗”的前提下，引领学生朗读、吟诵、思考、体味、鉴赏一篇篇作品，让学生充分体验祖国语言文字的魅力，让学生体会到文章蕴含的情和意，在思想、品德、情操等方面受到陶冶。要始终明白一个“准”字，激发一个“趣”字，不忘一个“新”字，牢牢揪住一个“情”字，铸就一个“活”字。这是语文阅读教学应该追求的高度艺术概括。

学会善于否定自己

生活和工作中，做到否定别人很容易。做教师也是一样，听他人讲课，尤其是课后评课阶段，评他人的课头头是道，但是反问自己：让你来上，会是怎样的情景？好多人就会哑口无言。有人说，中国不缺评论家，缺的是像农业科学家袁隆平、王选等为世界创造财富的实干家。我们只要能以平常心来看待他人和自己，我想什么事情都好干。但是否定自己谈何容易？每个人自己经过几个晚上备的课，怎能轻易推翻呢？

实际上，一个好的教师是不断挑战自己的。只有不断否定自己，一次次否定自己的过程中再重新产生新的思考，才能有好的结果。我们的备课就像学生写作文一样，不要一次成稿，要经过几次备课，也不要备了就用，还要学会放下来几天再审视教案，直到你对备课再无别的新想法为止。一句话，只要还有改动的，包括板书，就要不停地改动，甚至大改动。那种请专家帮着备课，专家说一句，自己记一句，言听计从，生硬地搬用他人的教案的行为，都是拙劣的，而且效果很差的。

我在讲《凡卡》《阅读大地的徐霞客》《海上的日出》《欲速则不达》等课时，就不断尝试新的教法。可以按照我的常规——也就是教师引导学生一步步阅读上课，这样的课往往规规矩矩，容易出彩；我还尝试让学生事先从网上查找与本课相关的资料，课上对照材料，自己补充学习，也就是借课外资料来丰富学习。这样的课看似安静，实际上是体现学生学习的过程。我还对比两种方法的效果，究竟是哪一种好；同时我还编拟测试题(设置一些应知应会的题目，还要访谈)，让学生去做，根据结果，来判断哪种方法更好。有时我经常问学生：你们觉得怎样的上课比较好。把权利交给学生。有时候学生说还是听您讲吧，那我就采用有趣的讲读法；有时学生说我们自己学吧，那我就变换成以学生自己学为主。反正是答案来自学生，我经常说：课堂是学生说了算，一切离开学生兴趣的课堂，是没有效果的。

下面结合三教《这儿，原来是一座村庄》，谈谈否定自己的感受。

《这儿，原来是一座村庄》一文，是北京师大版教材五年级上学期第三单元的开篇课文。其课文所在的主题是“变化”。全文反映的是改革开放政策给深圳带来的翻天覆地的变化，折射出改革开放政策的光辉。

我教这一课已有三次，但各有不同。

第一次接待课，是2007年一次海淀区五年级研究小组的研究课。

当时，我针对语文教学出现的“人文性越来越玄乎，工具性越来越模糊”的现状，根据语文教学的“工具性和人文性相统一”的学科特点，体现在“人文性”下加强“工具性”的理念。当时上的课在以下几个地方给大家印象深刻。

1. 入课设计新颖。我从课题入手，将课题的“原来”略去，即课题变成“这儿，是一座村庄”，这样，引导学生和原课题相对比，学生发现有没有“原来”是大不一样的。有了“原来”，就反映有了变化。

2. 借助成语“抚今追昔”，来厘清思路。文章是有思路的，这篇诗文更是如此。既是变化，就有过去有现在。这样课文就清清楚楚地提示了思路，上课可以前后对比进行。

3. 解决了画句子不全面的问题。在阅读教学研究课上，我们经常看见老师让学生画词句的环节，这是最基本又最直接的主动的学习方式。但是我们也常常看到走形式，学生乱画一堆，老师没有统一答案，使阅读过程过于粗放。这次，我努力让学生画出变化前的叙述语句尽可能完全。“昨天，这儿是一座村庄，生活，多少年来一个模样。贫穷落后困扰着人们，现代文明是那样遥远、渺茫。”“晨曦中阿爸在田间劳作，烟雾里阿妈煮饭在灶旁，小孩子在稻草堆里打滚，姑娘从溪边挑回一担担摇晃的夕阳……”这两段话不难找出。但是“泥泞的古道”“破旧的土屋”“只求三餐眼看脚下”“面朝黄土背朝天的农民”可就画不出来了。这正是阅读粗泛造成的。所以课上我便安排了同伴讨论，互相补充的环节，引导学生找细找全。这样才达到了阅读教学画的目的。

4. 恰当运用资料。在教学中，我从众多的资料中，筛选出两句话来阐释深圳的巨变：“深圳地图更新的速度，追赶不上深圳发展的脚步。”“时间就是金钱，效率就是生命。”合情合理。这样对“啊”字读法的处理也就有了多种感悟的读法。如可以读出惊叹的语气；可以读出赞叹的语气；可以读出惊讶的语气；可以读出突然的没有想到的语气……

5. 大胆“以读带讲”，简约阅读教学的步骤。对于第 3 自然段和第 4 自然段两段内容，我没有去肢解作品，没有大讲内容，而是采用对比读和加快速度读的方式，读出人们的忙碌，表现文章的内容。

如对比读第 4 自然段：高速公路代替了（　　），（　　）变成了厂房幢幢。儿童乐园充满着（　　），彩灯喷泉装点得像（　　）。

又如快速读第 5 自然段，这样使阅读课的步骤变得简约多了。

6. 突破难点。抓住“改革开放给他们插上翅膀，似春燕在田野上飞起”，在“为什么把‘深圳人’比作‘春燕’”上下功夫。“春燕”预示着开始，预示着希望。使思维更加广阔，更加深入，阅读理解更加透彻。

7. 增加写的环节。我在教学之后设计写的环节：“看到深圳的变化，此时，你有很多想法。”

我想对__________说：____

这样的设计贵在增进学生对改革开放政策的了解，增进学生对邓小平爷爷的热爱，加强学生对祖国的热爱。使全文学习后，学生的态度、情感、价值观得以提升。

第二次上这课，是在 2007 年 11 月 27 日我给海淀区学科带头人培训班做的课。我这次融进了近两年来学习《语文课程标准》和语文学习规律的体会，尤其听了北京市中学语文专家白滇生老师的解析后，我豁然开朗了。尤其是她说的“语文是纯而又纯的学科”的话始终提醒着我，“要把语文课上出语文味来。”为了体现语文学科的特点，我在原来基础上，进行了琢磨。主要在以下几个方面进行了尝试。

1. 对课题重新设计。在体会出变化后，把“这儿”换成“深圳”再来读课题“深圳，原来是一座村庄”,使阅读更有效。

2. 思路更清晰。有经验的老师常说:“数学是清清楚楚一条线,语文是模模糊糊一大片。”的确也是这样,语文教学难就难在怎样在这一大片文字中做有效教学的系列设计,做取舍。但是不管怎样,阅读文章是有思路的。搞清思路是阅读教学的必须,否则阅读效果无法保证。我抓住“变化”必须有“昔”有“今”,更加使学生明白“昔”“今”对比的思路。在此基础上,我又抓住“环境变化”和“人的精神面貌”两条主线来感悟课文。这样阅读文章就变为有序阅读了。

3. 问题设计更有针对性。我本着问题设计贵在“引起学生思维的变化”的理念,琢磨怎样设计问题。如:在1、2自然段初步感悟后,设计“人们从早到晚,日日年年那么劳苦,为什么小渔村依然一个模样?”这样学生感受到了是思想落后、愚昧所致。从而为后来的变化根本是人的变化了解打下根基。又如,“人还是这些深圳人,地方还是小渔村,为什么竟在几年内有奇迹般的变化?”从而使学生对改革开放产生浓厚的兴趣,是改革开放政策转变了人的观念,使落后的渔村变了。从而改革开放政策在学生心中扎下了根。这样的设计,使教学难点得以突破。在此基础上,进而对改革开放的总设计师邓小平爷爷更加崇敬,对祖国更加热爱。

4. 读出深度。在第5自然段处理时,不但加快了速度,以读书的速度代替人行动的速度;而且读出各行各业(工人、农民、商人等)的深圳人为深圳发展做出的努力,悟到了深圳人步伐一致的面貌。

5. 抓住联系读书。1、2自然段联系起来读与思;4、5自然段联系起来读,使文章始终在整体中循环,阅读教学避开了支离破碎的分析。

总而言之,两次讲课的互相补充完善,可以看出,语文意识越来越强,语文味越来越浓。即整体意识——思路意识——设问意识——联系意识等在教学过程中,越来越清晰。课的不断完善,反映着我近年来语文学习带来的课堂教学的进步。其主要目的就是通过自己的学习实践,还语文课堂教学一个健康本真的面目。

第三次教这一课,是我2009年评特级教师上的课。这次我把咬文嚼字、评价语言、欣赏语言,进而运用语言作为上课的重心,上出了较好的效果。尤其是在学习优美的表达上让学生收获不少。“姑娘从溪边挑回一担担摇晃的夕阳……”和我们平时的表达有什么不同?我们的表达一般是“姑娘从溪边挑回一担担清清的河水……”通过比较,孩子们明白了诗句的含蓄、优美,比起我们的直白要艺术得多。下面是2009年9月我参评特级教师上课的教案。

附:越来越具有语文味的课堂教学案例。

《这儿,原来是一座村庄》教学设计

执教者:北京师范大学实验小学　陈延军

【教材】《义务教育课程标准实验教科书·语文》五年级上册(北师大版)第22～24页

【教学指导思想】 本节课遵循语文课程“工具性和人文性相统一”的基本特点,根据阅读教学的客观规律,根据学生学习语文的认知特点,以教师为主导,学生为主体,致力于学生语文素养的形成和发展。重视教学的预设和生成的同时,灵活安排教学步骤,顺学而导,顺学而教。在感受语言文字的同时渗透德育,提高审美情趣。理解和读书训练相结合,领会和领悟相结合,在引领学生与文本对话的过程中理解诗文的内容,体会作者表达的思想感情。通过阅读体验,逐步培养学生阅读的好习惯,培养阅读能力。

【学情分析】 本诗叙述的内容距今近30年了。对于生活在幸福今天的小学生来说,理解起来无疑是比较困难的。本节课需要两课时:第一节课在学习字词的基础上,适当补充诗歌写作的时代背景,了解改革开放总设计师邓小平爷爷的丰功伟绩,以降低小学生的学习难度。本节课重点是引导学生深入文本,通过多种形式的教与学,焕发语言文字的无限魅力,让学生从诗文中读出深圳特区最初两三年的巨变,体会作者对深圳可喜变化的欣喜、赞叹之情,进而理解改革开放给中国带来的可喜变化的重大意义。

【教学特色】 “教文立身,授章立人”下的“读字当先,情感主线,发展为本,寓教于趣”。即“把语文课上成读书训练课、语言文字感悟课、生动活泼的情感课和良好习惯的培养课”。

【教学目的】 1. 通过诗文优美的语言文字理解,了解诗中描述的一座村庄(深圳)、人民生活及其变化,进而理解改革开放给中国带来的可喜变化的重大意义,激发学生热爱祖国的情感。

2. 用心体会诗文关键词句的意思,体会作者对深圳可喜变化的欣喜、赞叹之情,带着自己的情感体验,正确、流利、有感情地诵读诗文。

3. 引导学生找出诗歌中对比的句子,体会这样写的好处。

【教学重点】

1. 用心感悟诗歌里表现深圳特区变化之“快”的词语意思,体会作者表达的思想情感,带着自己的情感体验,正确流利有感情地诵读诗歌。

2. 引导学生找出诗歌中对比的句子，体会这样写的好处。

【教学难点】 理解改革开放政策给中国带来的可喜变化，体会作者表达的情感。

【教学准备】 教学课件6件。

【教学过程】

一、导入新课，指导读题。

今天我们继续学习——《这儿，原来是一座村庄》。

齐读课题。

体会“原来”的意思。

指导读课题：（突出“原来”读出变化。）

二、探寻思路，整体感知。

师：这篇诗文作者写于1982年，描写的正是深圳特区最初两三年的巨变。

一提“变化”我们就自然想到了两个时段：变化前（过去）——变化后（现在）。

请同学们认真地把诗文朗读一遍。而后画出描写深圳过去面貌的语句。

读后思考：哪些小节是在集中描写深圳的过去？

三、理解内容，学习表达。

（一）研读第一部分内容（1、2小节）

指名读第1、2小节（深圳的过去）。

> 昨天，这儿是一座村庄，
> 生活，多少年来一个模样。
> 贫穷落后困扰着人们，
> 现代文明是那样遥远、渺茫。

> 晨曦中阿爸在田间劳作，
> 烟雾中阿妈煮饭在灶旁。
> 小孩子在稻草堆里打滚，
> 姑娘从溪边挑回一担担摇晃的夕阳……

思考：

1. 哪一个词语能集中概括深圳过去的状况？（贫穷落后）

2. 哪些句子是在具体描写这一落后状况？

引导体会“多少年来一个模样”“晨曦中阿爸劳作、烟雾中阿妈煮饭”“小孩子打滚、姑娘挑回一担担摇晃的夕阳”等贫穷落后的状况。

3. 哪些词语用得生动传神？

引导体会“多少年”“一个样”“煮饭”“一担担”等的意思。

“煮饭”能不能换成“做饭”？“一担担”能不能换成“一担”？

4. 学习优美的表达。

> 姑娘从溪边挑回一担担摇晃的夕阳……
> 姑娘从溪边挑回一担担清清的河水……

5. 指导有感情地朗读。

（二）研读第二部分内容（3 至 7 小节）

1. 出示第此小节内容。

> 啊，只不过短短的几年时光，
> 变化超出了人们的想象。
> 祖国边陲的这座村庄，
> 奇迹般地改变了自己的模样。

（1）听老师范读。

（2）思考：用一个字表示变化——“快”。

（3）引导体会作者通过“啊”“只不过”“超出”“奇迹般”等表达的惊喜、赞叹之情。

（4）练习突出加点字来表达惊喜、赞叹之情。

师：作者写变化后的深圳特区，是通过深圳建设和人民的巨变来表现的。

2. 默读找出写深圳建设巨变的段落，体会对比写法的好处。

> 高速公路代替了泥泞的古道，
> 破旧的土屋变成了厂房幢幢。
> 儿童乐园充满着欢声笑语，
> 彩灯喷泉装点得像仙境一样。

练习有轻有重地对比读。

3. 合作学习，体会深圳人民的不变和变。

重点体会变化的是什么？（物质和精神）

(1)人们的劳动、谈判、学习以及愉快的生活。

(2)人们的思想开阔了，眼界打开了。

集中引导体会：

> 再不是只求三餐眼看脚下，
> 探寻的目光已越出国界射向四方。

其中哪些词语能概括深圳人民的巨变？

体会“越”“射”的准确表达。

师：这一“越”一“射”准确生动地刻画了深圳人民的巨变！

(三)研读第三部分（第8小节）

师：还是深圳这块地方，还是这里的乡亲们，为什么有如此之大的变化？

文章的最后一小节作了回答。（齐读）

> 这就是昔日面向黄土背朝天的农民，
> 改革开放给他们插上翅膀，
> 似春燕在田野上飞起，
> 传递着新的信息，描画着美好春光。

思考：这里是把什么比作什么？你怎样理解这一段。

（把农民比作春燕，改革开放比作春风，深圳人民有今天，靠党的富民政策好。在好政策的引领下，人民的好生活刚刚开始，在党的领导下，将来的生活会更加美好！）

指导读第三部分。

四、适度拓展，总结全文。

师：改革开放已经走过了30年，如今的深圳又发生了翻天覆地的变化。更可喜的是在党的改革开放政策下，中国一个个像深圳这样的小镇变成了一座座现代化的大都市。再过几天就是国庆60周年大庆，让我们满怀深情，一齐朗诵这首壮美的诗篇，作为献给祖国的礼物！

五、回读诗文，布置作业。

背诵课文第3、4自然段。

【板书设计】

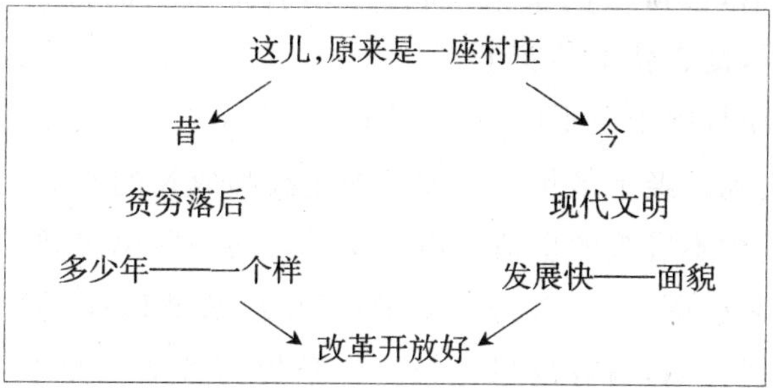

善于反思自己的课堂

善于反思自己的课堂,就是善于总结自己的教学得失。有人说得好:一个老师把一生精力用在备课上,到头来还是个教书匠;一个老师把精力用在反思自己的教学行为上,将来也可能成为教育家。这就强调了反思的重要。

反思是一种本领,是小学教师最常用的科研方法,实际上是让教师把研究当作一种必备的能力。教师作为一个研究者是世界性的话题。

1. 教师参与研究可以提升自己的自我反思意识和能力,了解自己行为的意义和作用。

2. 有利于改进自己的教学工作,提出切实可行的教育改革方案。

3. 从教师自身的发展看,参与研究还可以帮助教师从所谓“必然王国”逐步走向“自由王国”,从日常繁琐的教学工作中脱身出来,在劳动中获得理性的升华和情感上的愉悦,提升自己的精神境界和思维品位。

小学教育科研不是一件复杂的事情,是伴随着我们左右的。教育教学时时是有问题的,时时需要动脑筋思考的。

人云亦云、下载并照抄教案、论文等都是对自己不负责任的行为,都是有违师德的。

著名文化学者余秋雨的话说得好:“我把搞明白的问题带进课堂,我把搞不明白的问题交给学习,我把通过学习仍不明白的问题交给文学。”

北京市某区阅读工程征文“影响我职业生涯的一本书”,有的学校上交的论文60%有大段抄袭或改头换面的嫌疑。

让学生说诚实的话，做诚实的事情，而自己却有不诚实的行为？何为师德？这样下去，我们的腰板就软了，良心就不踏实了。

自觉写反思可以使教师走出平庸，走向快乐。

如今，新课程的实施已经十多年了。如何加速教师成长的专业化进程，提升教师的思维品质，已是教育部门刻不容缓的事情。由于受过去的一些思想观念的束缚，一部分教师笼罩在“职业倦怠”的阴影下，工作多是低水平的重复，长此以往，就产生了教师发展中的一种“高原现象”。实践证明，写好反思记录是一条提高教师职业水平的易为操作的有效途径。

著名特级教师张光璎老师在一次辅导青年教师成长的讲座中，提到四川重庆有位青年教师，在农村工作多年，没有城市老师的优越，没有机会参加各种赛课活动，但是他注意学习，注意反思，每上完一节课，就会对自己的备课一个个环节来反思：这个环节效果怎样，解决了什么问题，留下了什么问题，学生还有什么疑惑，还有什么遗憾等等；对于大的环节还要抓住联系来深入分析，达到预定目标了没有，哪些目标没有落实等等，进行大段总结。最后还要有对本课的认识和反思。这位老师每天每课坚持这样，最终一次参加省级教学大赛，获得了一等奖，赢得了教学的辉煌！

多年的工作，使我养成了自觉写反思的习惯。对于每一节课，上完并不意味着完了，而是根据学生的反映，我一一对照教学预设，并不断记录教学的生成。

如，同样是讲《乡下人家》，我在河南漯河讲课时，由于第一次上课，免不了粗糙。在讲到“院内院外”的鸡鸭一段处理时，我想放手让学生来个四字词语概括内容的简约学习。我给孩子提醒“鸡(　　)鸭(　　)”，孩子们可能感到生疏，于是我脱口“鸡群鸭队”。飞机上，我感到这一环节设计有点生硬，设计既然巧妙，为什么学生说不出来？我想还是高估了孩子。下一站在濮阳讲课，学生说出了“成群结队”，我一下受到启发，不要限制孩子，我们的课限制孩子的活动太多了。于是我改为自己找个词语能反映“鸡鸭数量多的”，结果就出现了“成群结队”“鸡鸭成群”……我感到了快乐。后来在齐齐哈尔的同样授课中，我又发现了孩子们说的“众鸡群鸭”“鸡呼鸭应”等等词语，尤其是在学到“人们活动”时，开始的板书是“自由自在”“悠闲自在”到后来的“食寝自在”，学生的智慧和老师的智慧叠加在一起，一个创新的教学环节诞生了。我把前后渐变过程和认识写成了反思，并留作暑假写论文用。

真是"闸门一打开,潮水滚滚来!"

教育无处不创新!反思内容无处不在。可以从是否达到教学目标,对"偶发事件"的及时处理,师生之间的精彩对话,教学之前的计划或期望与实际的教学情景之间是否存在差距,对以后的教学有什么启示作用,令你印象最深的是什么等等问题入手。

理念不是一天就会发生改变的,教师的专业素养也不是一朝一夕就会提高的。我校教师多年重视反思,在我的带领下,月月有专题,月月有新的思考。教师的专业化水平在有意识的反思中,逐年发生着变化。下面仅提供我校教师反思内容,足见我带领的团队的专业成长之路。

北京师范大学实验小学 2009～2010 学年度第二学期 4 月份反思

月份	反思内容
3 月	本人"充满激情与活力的一节课"
4 月	"我参与校本课题研究的收获"
5 月	"注重学生探究学习的一节课"
6 月	"我和学生共同成长"的教育

北京师范大学实验小学 2009～2010 学年度第一学期 4 月份反思

月份	反思内容
9 月	"对一个单元教材内容的透彻独到思考"
10 月	"减轻学生学业负担的新措施"
11 月	"作业设计的创新策略"
12 月	"学科教学渗透德育"

让经验升华成理论,形成自己的风格

大概十年前,我的大学老师、小学数学教育专家周玉仁教授在我校做顾问,见了我不止一次地说:"陈延军,大学生留在小学能干成你这样不容易,还要坚持。对你来说,方向要明,你和中师毕业的老师不一样,你要在教学实践和理论的结合点上做出点事情来。"海淀区教委主任孙鹏也不止一次地在各级干部、骨干教师的会议上说:"中国不缺少理论,也不缺少实践者,缺少的是理论能下来,实践能上去的好教师。"所以我铭记这些话语,一直在找寻自己的定位。

我不断研究他人的教学,也总结自己的教学。在同事们的厚爱下,我逐渐研究自己的教学。有的领导请我讲课后,认为我情感充沛,处处关注学生;有的领导老师说我把握教材很到位;有的说我的课很朴实扎实;有的说我的课"课如其人";也有的说我的课很纯净,纯粹的语言文字课……到底是什么?

我是教育系毕业的,对中文了解很少,所以我向中文系刘锡庆老师、张锐老师、阎萍老师恶补语文规律性的东西。只要见到他们我就拿出一个本子,不停地记录他们的经典解读。我还非常留意中学特级教师,他们的功底比我们小学教师还是要高一筹的。我注意倾听他们的发言,然后再思考、整理。我觉得这样"中文+教育+心理"的思考,就有可能使自己的理念更为全面,所以就多年对自己的教学进行定位"情感主线,读字当先,发展为本,寓教于趣",但是这还是很宽泛的总结梳理。我又对自己的教学进行实质性的思考,我从同学、家长的口中获悉,孩子们、家长们喜欢我的课,他们都觉得我的课活泼清新,思路明晰,教得简单,作业少,负担轻,质量高。当然我做得还不是很好,最起码是努力的方向。于是我又总结我的教学,大胆提出了"慧性教学"。即"教文育人、授章立身"的慧性教学,这在目前可能是我比较全面的成熟思考。我觉得小学课堂应该是育人的课堂,是立身的课堂,是让每一个孩子都变得聪明起来的课堂。

国学研究者熊春锦先生分析,中国近百年的全盘西化,由于西方唯智教育的影响,使得国人变得外黄内白,已经造成了中国独特思维方法的丢失和西方思维模式的取代,民族创造能力出现明显的低迷。中国沦为西方科技加工厂的现象,不容忽视。超越西方之道,并不在于社会生产力,而在于超前性的科学创造能力,在于教育中培养慧智同步运行的思维能力。解决之道,就在于系统实践老子思想方法论。了解生命本质和补充生命能量的方式,通过道学内观诵读法,开启图文思维力,用心音走近老子,运用气音光补充"善正德"能量,延缓生命损耗,提升精神能量,在修身中开启慧识生理功能,在慧识中深化修身量变到质变层次,"德慧智"同步再造生命的品格和质能。冥思与苦想两种不同的思维方式背后,其实体现的是慧识与智识的根本区别。面对当前应试教育下的"学海无涯苦作舟"的普遍现象,熊先生鲜明提出了提升教育质量的解决之道,要以慧作舟纠正头悬梁、锥刺股的智能煎熬才是根本出路。心脑合一、左右脑协同、慧智同运的慧智教育法，才能彻底消除痛苦、郁闷、繁重、低能的智能教育弊端。中国和美国相互考察教育的结果比较，让我们深刻认识到智能教育模式的负面作用对人才培养所造成的严重后果。中国的教育要建立“以中解西”的思维观，确立民族自信自强信念，才能复兴道德根文化中的思维观和教育方法。没有慧性支撑和道德规范的智能科学只能将人类引向毁灭，用慧性教育的秘密武器，重铸中华民族的创造力，将成为现代教育共识。

结合专家的分析，反思我们多年的教学，我不难发现，过去我们很多强调的是知识学习，就是死记硬背的多，老师讲的多，学生学习始终处于被动地位。老师费力不讨好，教学随意性大，漫无边际，成绩不是来自于课上，而是靠课下补课来提高。教材利用率低下，学生很少去碰撞教材，很少去揣摩作者的思想。问来问去，学生对提出的问题缺乏深度思考，缺乏认识。老师的问题浮浅，学生的回答浮漂，思想深入不下去，语言积淀不丰厚。著名特级教师于漪在多年的教学实践中认识到：现在学生思想浮浅，认识粗陋，主要还是语文课上的认识训练没有到位，思想游离语言文字，是空壳，不能触及学生的心灵。思想的训练没有真正贴紧事件中的人和事，导致骨肉分离。或者工具是工具，思想是思想。这是不行的。

我越来越意识到过去的教学重视智性，忽视慧性。我们有必要通过认识和实践，完成由智性教学理念转为慧性教学的转变。为此，我们大声疾呼，必须改革不合理的阅读教学方式，用创新思维方式来审视阅读教学，创设有利于学生生动活泼主动发展的阅读教学空间，为培养具有创造精神的一代新人奠定基础。

学校的办学使命是实施素质教育，传承优秀文化，培养创新人才。而承担着素质教育主要任务的语文阅读教学，是连接在文化精魂与办学使命之间的桥梁。教师要遵循“教文育人”的规律，用创新思维方式改革阅读教学，改革不适合学生发展的课堂教学模式，引导学生从文章字里行间流露的美中发现做人和做事的真谛。因此阅读教学既是美的浸润，又是师生间的灵动。

创新思维方式是相对于传统思维方式而言的。就是用理性智慧的教育思想，在整体把握、吃透教材的基础上，全方位精心设计有价值的问题，让学生亲近文本，凭借想象来尝试发现问题，并独立解决问题，贵在让学生的脑子动起来，让学生的思维活跃起来，真正成为一个聪明人。

教学的最高境界是教师精心设计每一个环节，让每一个孩子的脑子都动起来，使每一个孩子变得聪慧、丰盈。

用创新思维方式改革阅读教学，就是实实在在搞智慧性的教学。其根本点是把学生看成学习的主人，核心是“思考”二字，灵魂是“兴趣”二字，实质是“发展”二字。就是最大限度地调动学生学习的积极性、主动性。让学生勤思、善思、能思、会思，用科学的教学方法，引导他们对阅读教学发生兴趣，不断前进，使他们的学习生动活泼。

附(一)：首都从教出道课的教案

《长征》课堂教学设计

【教学目标】

1. 认知目标：(1)学会“抓住关键词语理解诗词”的学习方法。(2)正确、流利、有感情地诵读诗词。背诵并默写诗词。

2. 能力目标：(1)在理解语言文字的过程中，培养学生的形象思维能力。(2)在图文结合的学习过程中发展学生的想象力。

3. 情感目标：学习红军战士藐视困难、一往无前的革命乐观主义精神。

重点、难点：

重点：掌握“抓关键词语理解诗词”的方法，理解诗词内容。

难点：找出并理解诗词中的关键词语。

【教学过程】

一、导入新课。

(实物投影：《中国工农红军长征路线示意图》)

师：同学们，请结合我们自己的课外积累，回顾一下已经学过的有关历史知识，结合这幅示意图，指出红军战士二万五千里长征经过了哪些省。

生：指出红军二万五千里长征经过的11个省。

师：红军(红一方面军主力)长征从1934年10月到1935年10月，共12个月。看了路线图，你想到了什么？

生：红军长征路程长，时间短。

师：同学们再想想，我们曾经学过了哪些有关长征故事的课文？(电脑控制长征示意图中的地名，逐个依次闪现，提示学生。)

生：《大雪山》《飞夺泸定桥》《突破乌江天险》《草地夜行》《一碗炒面》《丰碑》《马背上的小红军》……

【此环节巧妙地将学生的知识积累有条理地串联在长征路线示意图上，使学生对长征路线一目了然，并且回忆起那么多长征中的故事，给学生展现了一定的想象、联想空间，符合学生的认知规律，为下面的学习打下基础。】

二、揭示课题。

师：我们学过的这些课文，都是长征中的一个个小故事。下面要学习的毛主席的《长征》是一首古体诗，虽然篇幅很短，却是对整个长征的概括和歌颂。

三、范读课文。

师：我们从简单的长征路线图上可以看出，红军走过了大半个中国，历尽了千辛万苦，谱写了一首感天动地的诗篇。

听老师读一遍课文，边听边想这首诗有几句话？是从哪两个方面写的。

（屏幕出示《长征》全诗。）

请同学们再听听著名影视演员王铁成朗诵的《长征》，然后回答老师刚才的问题。

（放录音）

生：全诗共有4句话。是从红军战士所面临的困难和对待困难的态度两方面写的。

师：（板书“联”字）《长征》是古体诗，是七言律诗。诗中每两行称作一“联”，这首诗共有四联。

【重视教师的范读作用，学生会更有兴趣，并且给学生以整体感知课文内容的机会。听录音有情感朗诵，激发学生情趣，将学生带入意境。】

四、整体感知诗文内容。

师：请同学们轻声读课文，边读边想：哪一联最能概括红军战士的精神？用线画出来。

生：红军不怕远征难，万水千山只等闲。

【从全诗整体入手，抓住全诗的灵魂句，以此统帅全文的学习。】

五、理解课文内容。

1. 学习第一联，学生齐读。

师：毛主席的诗词特别讲究词语的锤炼，我们在学习时要抓住关键词语理解诗文内容。

先请大家看一组画面，看后谈谈你的感受。

（多媒体大屏幕出示录像《飞夺泸定桥》片段。）

师：第一联中概括红军战士艰难的词语有哪些？

生：（远、难、万水千山）

师：你对这些词语是怎样理解的？

生:饥饿、疲劳、病痛,人为的、自然的,天上有飞机狂轰滥炸,下面有敌军围追堵截。

师:读第一联,找出红军战士对待困难态度的词语,说说你是怎样理解的。

生:(不怕、等闲)表现了红军藐视困难和一往无前的大无畏精神。

小结:这第一联揭示了红军长征胜利的主要原因,它总领全诗,是全诗的主题所在,也打开了第一联。

师:你就是红军战士,带着你不怕困难,勇往直前的精神,来读出第一联。

生:读、背第一联。

【播放录像,让学生通过视觉感应体会长征的"难",同时分散难点。抓住教给学生"理解关键词句学习诗文"的方法。这样的教学产生"学有思路"的效应。】

2. 总结第一联的学习方法。

提问:学习第一联诗句时,我们的学习方法是什么?这样学习诗句对我们有什么帮助?

生:"抓关键词语学习"的方法。这样能帮助我们更深入地理解诗句的内容,体会红军战士的大无畏精神。

3. 自学、讨论后三联。

师:布置自学讨论提纲。

屏幕出示讨论题:

从哪些词语看出红军长征的"难"?

从哪些词语看出红军对待困难的态度?

说说你的内心体会?

生:通过读、画、思、讨论,进行自学。

【注重教给学生学习方法,培养学生学习能力。】

4. 汇报自学成果。

第二联以读带讲,重点学习第三联,突破难点。

生:第二联中,"腾细浪"是说险峻的五岭山脉绵延起伏,在红军眼中像水面泛起的小波浪。"走泥丸"是说气势雄伟的乌蒙山在红军眼里看来像滚动的泥丸。

第三联中,"暖"既是写自然现象,又是突出表现红军战士的喜悦心情和战斗激情。"寒"既是写自然现象,更是突出铁索渡江的无畏与惊心动魄。

小结第三联:一寒一暖,两相对照,使诗句的含义有了极为丰富的内容,把自然现象和红军战士不怕困难的大无畏英雄气概融合在一起,极为生动、传神,形象感人。

生:读、背第三联。

【安排按步骤、遵方法的自学,引导小组讨论,达到人人发言,个个参与,调动了全体学生的学习积极性。汇报时让不同程度的学生都有机会发言,整个学习过程充满民主、和谐、自然、轻松的氛围。】

5. 学习第四联,理解由“难”到“更喜”,是革命乐观主义精神的最好体现。

生:讨论理解“更喜”(1),通过五岭山脉、乌蒙山、金沙江、大渡河,红军战士人人都欢喜。“更喜”(2),过了岷山,长征已经接近尾声了,胜利就在眼前。展望未来,前途更加灿烂辉煌,当然是可喜可贺的事情。“开颜”就是笑容满面。长征胜利了,当然欢欣喜悦的心情就全部表现出来了。

小结:这是红军的欢笑,这是胜利者的欢笑,这是革命乐观主义精神的体现。

生:有感情地朗诵、背诵全诗。

六、总结。

同学们,红军战士仅用12个月的时间,从连绵起伏的五岭山脉到气势磅礴的乌蒙山;从巧渡金沙江到飞夺泸定桥;从千里冰雪的岷山到茫茫草海;在上有敌机狂轰滥炸,下有敌军围追堵截的情况下,走完了举世罕见的二万五千里长征。

从毛主席全诗的字里行间,可以感受到红军战士藐视困难、一往无前的革命乐观主义和大无畏精神。

让我们和着《长征》一诗的音乐,看着《长征》的系列画面,结束这节课的学习吧!

(播放《长征》系列画面及《长征》歌曲。)

【总结全文,使全诗教学环节结构完整、严谨,突出红军战士的精神,体现了文道统一的思想,所引用的毛主席的话语恰到好处、简练易懂。音乐和画面的有机结合是本节课的高潮所在,是本诗学习情感的升华。学生此时沉浸在美好的回忆中,形象思维得到一定的发展。】

七、作业。

默写《长征》一诗。

附:板书设计

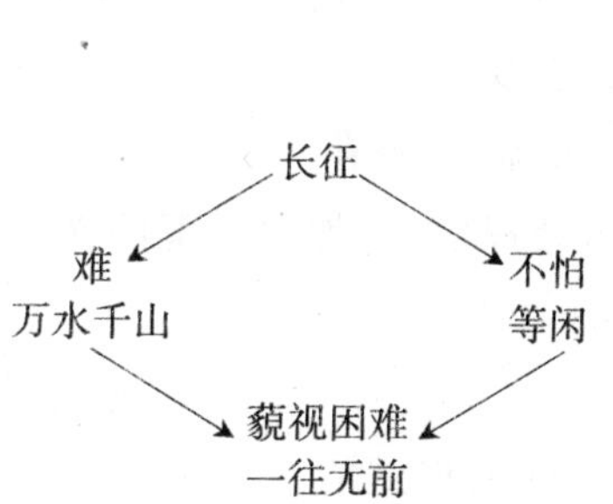

【点评】 现代教学思想认为：新的课堂教学的最大特征是让学生自主化地学习，也就是教师要尊重每一个学生，相信每一个学生，多创设放手让学生学习的氛围，让学生主动参与，充分发挥学生的主体作用。这也是衡量教学成败至关重要的条件。

本教学设计，在主体教学观的指导下，分析教学问题，设计解决问题的方法，对解决方法进行具体操作，程序非常清晰。本教学设计最大的特点是根据主体教学的需要，采用"教师移步组织讨论学习模式"，使学生学习活动的情绪空前高涨。课堂上从讨论到交流，从读到写，从说到背，从讲到议，人人参与，民主性强，层次性高。可以看出整节课会产生书声琅琅、议论纷纷的活跃学习画面，学生的能力得以充分的展示。

另外，巧妙合理的录像《万水千山》精品组合、电脑软件《长征路线动态图》、录音《长征》诵读与歌曲磁带等现代教学手段的运用，增添了本节课的色彩，使本节课出现了生动活泼的情趣。这是一份"运用电教手段，促进学生形象思维发展"的典型教学设计。按照此设计上的《长征》课，被评为北京市素质教育示范课。（点评：赵舜华，原全国小学语文教学研究会常务理事）

（本文刊于《小学教学设计》2000 年第 11 期）

附(二)：素质教育示范课的教案

《趵突泉》教案

【教学指导思想】 本节课从更新教学观念的角度出发，力图从语文学科的工具性和人文性特点出发，寻找语文的根基。强化三个意识：主体意识、训练意识、发展意识。教学中，基于读的训练，从整体入手，通过合作学习，讨论学习等方式，把教学过程变成师生的互动与共同发展的过程。在教学过程中，着眼于学生潜能的发展，着眼于学生可持续发展。引导学生理解课文内容时，言内之意，充分领会；言外之意，深刻领悟。重视学生语言的积累，语感的培养，内容的感悟，知识网络的建构以及语文素养的提高。

【教学目的】 （知识、情感、态度）

1.理解课文内容，体会课文的思想感情。

2.通过积极主动搜集信息，处理信息，加深理解课文内容，扩大知识面。

3.背诵课文。

【教学重点】

1. 理解课文内容，体会课文的思想感情。

2. 体会趵突泉景色的整体意境美。

【教学难点】 领会课文的意境，体会课文的感情。

【教具准备】 实物投影、图片。

【教学过程】

一、导入新课。

同学们，古人说，谁要是看到泉就会吉祥、幸福。今天我们就吉祥一次，一起欣赏中国奇泉——《趵突泉》。

二、整体感知课文

请同学们浏览全文，思考(幻灯)：

想想趵突泉给你的整体印象是什么？

(景色美丽、风光秀丽、瑰丽无比等)

课文是从哪几个方面描写趵突泉的？

(泉水——大泉——小泉)

请三名同学分别读课文2、3、4自然段，其他同学想想趵突泉泉水、大泉及小泉的特点。

三、学习课文。

(一)学习泉水的特点。

师：在济南西门外的桥上，可以看见一溪活水。

这溪水有什么特点呢？你是怎样体会的？

一溪活水，清浅，鲜洁，由南向北流着。

(溪、清浅、鲜洁)

从“溪”体会出泉水的小与作者喜爱的情感。

从“清浅、鲜洁”体会出水的清纯。

幻灯出示，体会句子意思。

假如没有趵突泉，济南会失去它一半的妩媚。

(结合趵突泉是第一大泉，水流量很大；它和垂柳相依傍，幽静极了；是水给垂柳带来了生机，给济南城带来了美丽来加以理解，突出趵突泉的重要位置。)

(二)学习大泉的特点。

师：沿着小溪往南走，就来到趵突泉公园。

画一画：用“——”画出作者看到的景色的语句，用“～～”画出作者感受到的语句。

看到的：

1. 泉池——开阔、差不多见方、占了大半个公园

2. 池水——清极了

3. 三个泉眼——偏西

4. 三个水柱——井口大、冒、冒、冒

感受及想到的：

1. 像煮沸了似的

2. 好像永远不知疲倦

3. 要是冬天来玩就更好了，池面腾起一片又白又轻的热气，在深绿色的水藻上飘荡着，会把你引进一种神秘的境界。

体会重点句：(想到的)

师：所看所想所感交织在一起，生动地再现了大泉的特点，颂扬了自然的伟大。

(放录像片段)

男女生对读大泉景色的语句。

(三)学习小泉的特点，体会气泡形态各异的美。

小组合作，讨论学习：选用适合自己的学习方式(读、画、讲、议、借助学习材料等)理解小泉气泡的美丽多姿。

思考：为什么会有这样美丽的小泉？为什么没有哪一种珠宝能比得上？

汇报学生各组学习体会。

出示排比句，体会作用。

(有的……有的……有的……)

师：排比和比喻的综合运用，写出了小泉水泡的多姿多彩。

(由于小泉眼的特点不同，泉眼冒出的速度有快有慢，气泡有大有小，由池底升上水面的样子也各不相同。)

珠宝是人工雕琢而成，是静态的美，一般供个人享用；水泡是大自然的恩赐物，是动态的美，供人们欣赏。表达了作者对大自然的热爱之情。

男女生对读小泉景色的语句。

(四)比较小泉与大泉不同的美。

大泉——美在永恒的气魄；小泉——美在千姿百态、五光十色。

四、老师范读。

学生挑一段内容，由老师配乐范读。

五、背诵课文。

时间关系，自己选一段背诵。

抽背，配以音乐。

六、总结。

这节课，同学们按照作者观察的顺序，结合课文和我们自己搜集的学习材料，感受到趵突泉的美丽。真是“泉眼如轮，泉水上涌”，“珍珠随处涌，金线自然牵”。

附：板书设计

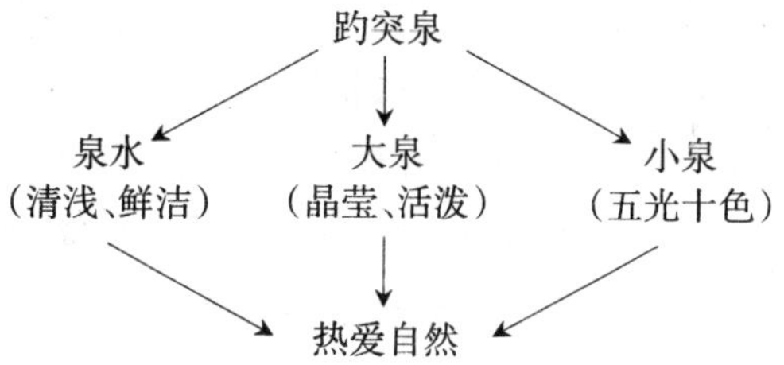

【专家点评】

北京师大中文系教授张锐：陈老师执教的《趵突泉》是一节不可多得的好课，可以用八个字概括：“追赶时代，超越课堂。”因为这节课体现了理念的先进性、课程的开创性、教学的示范性。本节课教学主要经历三次领悟阶段和三次领会阶段，阅读表现力得以有序地培养，具体来说：

（一）第一次领悟——导入新课。

导入新课时，老师提出饶有兴趣的问题，“从平时看到的或听到的信息中，你们了解哪些世界名泉”，将《趵突泉》融于世界名泉之中，开阔了视野，增强了民族自豪感。接着导语“同学们，古人说，谁要是看到泉就会吉祥、幸福。今天我们就吉祥一次，一起欣赏中国奇泉——《趵突泉》。”老师由课题引发开来，自然是言外之意，做一领悟即可，贵在激趣，引趣，为创新思维打开闸门。

（二）第一次领会——学习泉水特点。

在理解课文泉水的特点时，首先，提出“这溪水有什么特点呢？你是怎样体会的？”随着学生的发现，引出关键性的句子①：“一溪活水，清浅，鲜洁，由南向北流着。”

突出品味“溪、清浅、鲜洁”的含义，引导学生从“溪”体会出泉水的“小”与作者喜爱的情感。从“清浅、鲜活”体会出水的清纯。其中“小”就是学生个性的展示。紧接着，幻灯出示关键性的句子②，品味句子意思：“假如没有趵突泉，济南会失去它一半的妩媚。”

引导学生借助“趵突泉是第一大泉，水流量很大。它和垂柳相依傍，幽静极了。是水给垂柳带来了生机，给济南城带来了美丽”的材料，来理解、品味趵突泉的重要位置。

（三）第二次领会——学习大泉特点。

开始，教师引言：“沿着小溪往南走，就来到趵突泉公园。”过渡到下面的教学环节。接着，引导学生画一画：用“——”画出作者看到的景色的语句，用“～～”画出作者感受到的语句。看到的：1. 泉池——开阔、差不多见方、占了大半个公园；2. 池水——清极了；3. 三个泉眼——偏西；4. 三个水柱——井口大、冒、冒、冒。感受及想到的：1. 像煮沸了似的；2. 好像永远不知疲倦；3. 要是冬天来玩就更好了，池面腾起一片又白又轻的热气，在深绿色的水藻上飘荡着，会把你引进一种神秘的境界。

老师在引导学生品味重点句（想到的）的含义时，是学生极大地发挥想象力的时机，教师抓住火候，给学生留有充分展示自己的空间，使创新思维品质有所发展。之后，进行总结性的点拨：“所看所想所感交织在一起，生动地再现了大泉的特点，颂扬了自然的伟大。”

处理这部分内容时，老师紧紧扣住文中掷地有声的语句，通过画、讲、读、议、品、想象等学习策略，伴以录像片段（大泉汩汩上涌），引导学生欣赏、领会大泉无限的生命力。这实际上是老师利用教材中想与写的关系，从外在和内化的角度，正确处理“工具性”和“人文性”的统一，开放与创新的配合，使学生的语文素养得以培养。

（四）第三次领会——小泉水泡的形态各异。

在学习小泉的特点，体会气泡形态各异的美丽时，采用小组合作的学习方式，引导学生用适合自己的个性化学习方式（如读、画、讲、议、借助学习材料等）理解小泉气泡的美丽多姿。启发学生思考：“为什么会有这样美丽的小泉？”在讨论基础上，老师请学生到讲台上汇报、交流各组学习、品味的结果。通过体会排比句“有的……有的……有的……”的作用，明白排比和比喻的综合运用，贵在突出小泉水泡的多姿多彩。进而明确“由于小泉眼的特点不同，泉眼冒出的速度有快有慢，气泡有大有小，由池底升上水面的样子也各不相同”。这一环节突出了通过作者、教师、学生三个主体的动态平衡，使学生的创新思维品质得到充分的培养。

（五）第二次领悟——学习结尾句。

“为什么没有哪一种珠宝能比得上？”是一石激起千层浪的问题。这既是小泉的特色所在，也是课文的结束句。深刻领悟其内在含义显得厚重无比。有了前面几次领悟和领会的基础，此时“珠宝是人工雕琢而成，是静态的美，一般供个人享用；水泡是大自然的恩赐物，是动态的美，供人们欣赏。表达了作者对大自然的热爱之情”。自然学生能脱口而出，领悟其言外精髓，使得学生的创新思维品质能力发展在课堂上达到高潮。

（六）第三次领悟——大泉与小泉的比较。

凭借创新思维的优势，学生在领略了大、小泉的外在美和内在美后，比较小泉与大泉不同的美就显而易见，不在话下。

大泉——美在永恒的气魄；小泉——美在千姿百态、五光十色。

三次领会和三次领悟的有序步骤，经历了言内之意，深刻领会；言外之意，充分领悟的全过程。其间学生的想与说得到有机结合，形象思维、逻辑思维、创新思维相互交叉，语文素养也在慢慢形成。

最后，学习即将结束时，老师总结“这节课，同学们按照作者观察的顺序，结合课文和我们自己搜集的学习材料，感受到趵突泉的美丽。真是‘泉眼如轮，泉水上涌’，‘珍珠随处涌，金线自然牵’。”把教学推向高潮。

（本节课1995年被评为北京市素质教育优秀示范课）

在读书中成长

宽泛地选书和读书

把读书当成一种习惯

教师的成长和读书是密不可分的。一个优秀教师，言谈举止，无不透着背后的书库大小。尤其是做语文教师的，不能没有书读。

我们小学教师工作辛苦，总是抱怨自己没有时间。更多的时间用于管理学生、备课讲课、批改作业等过程上，疏于读书。时间从哪里来？我们还是看看文学巨匠鲁迅的事迹。

鲁迅一生只活了55岁，可是他给我们留下了640万字的宝贵文化遗产。他对时间抓得很紧，善于在繁忙中挤出时间。有一个人做了个统计，鲁迅先生从1918年5月发表的第一篇小说《狂人日记》起到1936年10月逝世为止，他每年平均写作35万字。有时他睡觉连衣服都不脱，像战士伏在战壕里休息一样，打一个盹，醒来之后又继续工作。鲁迅没有虚度年华，他的巨大贡献是从"时间老人"那儿争取而来的。他说过："时间就像海绵里的水，只要愿挤，总还是有的。"鲁迅能创作出这么多字的作品，都是靠挤出来的时间写的。

"合抱之木，生于毫末。九层之台，起于累土。千里之行，始于足下。"当我们听一个优秀教师上课的时候,总是为他们具有深厚文学底蕴的优美语言所吸引,被他们精湛的教学技艺而折服。这硬功夫来自于多读书,来自于丰富的知识面。

书籍是全人类有史以来共同创造的财富,是永不枯竭的智慧的源泉。读好书是一种乐趣,一种情操,一种向全世界古往今来的伟人和名人求教的方法,一种和他们展开讨论的方式,一封出席各种场合、体验各种生活、结识各种人物的邀请信,一张迈进科学宫殿和未知世界的入场券,一股改造自己的强大力量。

我经常想:同是干教师这一行的,人家能做这么好,我们为什么做不到?读书使自己得到知识,自己得到学问。读书是自由的事情,自己可以控制时间,这么简单的事情,为什么好多人做不到呢?读书时间是靠自己挤出来的。只要挤,就会有时间。关键是把读书当作一种职业习惯。

中央电视台资深节目主持人赵忠祥,并没有什么过高的文凭,但常语出惊人,让许多观众赞叹。其中他的重要经验就是空闲之余,把读书当成习惯,让读书充塞空暇。著名作家梁晓声在为赵忠祥著的《岁月随想》一书题序时说"唐诗宋词是他的枕上卷"。是读书造就了赵忠祥,使他不但主持风格独特,也使他个人魅力得到张扬,更重要的是还提高了他的写作水平,当然还有其他素养得到了提升,益处多多。

北京师范大学原校长、中科院院士、数学家王梓坤教授的治学方略就是个例子。他研究的是数学,但是听师大人讲,王老师的文学功底不亚于数学实力。

记者采访王梓坤教授:"你最喜爱什么?"答:"书籍。""你经常去哪里?""书店。""你最大的兴趣是什么?""读书。"王老师的话很经典:"失意时读书,可以使人偃旗息鼓;得意时读书,可以使人头脑清醒;疑难时读书,可以得到解答或启示;年轻人读书,可明奋进之道;年老人读书,能知健神之理。如临大海,或波涛汹涌,或轻风微拂,取之不尽,用之不竭。"我们可曾想这样的语言出自一个数学家的口中,可见他读书的质量。

我小学到高中都是在农村上的学,可以说从小没有受过大部头书的读书历练,在后来的中师和大学四年,虽然好一些,但是也是漫无目的。在以后的工作中,我发现大凡有成就的人(含教师)都是读书迷。我越来越明白,无论教什么学科,只是读专业书,只是看和专业挂钩的书,远远不能成为好的教师,更谈不上做研究型教师。

我越来越感觉到自己读书面窄,于是狠下决心发奋来读书。我家住师大院,我发现大学教师和中小学教师的区别之一,就是大学教师都是嗜书如命。他们每天在书中做学问,而我们多是在课堂上、操场上下功夫。我们是有实践,但是我们底子薄,没有积蓄,视野狭窄。这在重视知识传授的过去,完成教学任务是没有问题的,但是对于今天信息量如此之大、交流如此频繁，上起课来、做起学问来，把课上好就难了。

为了补上读书量少、面窄的漏洞，我给自己定下了要像吃饭一样，把读书当成自己生活程序中的一种自然习惯，勤奋读书。我一年下来很少看电视，很少逛商场，很少和朋友谈天说地……每周利用两个晚上必到师大图书馆去读书，而且每个周六的上午是专门的读书看报纸时间。尤其是寒暑假，更是我读书的好机会，我一个假期能高效率地读上将近500万字的东西。暑假天气炎热，我很少出去，把自己关在家里，静心读书，认真记录读书笔记。我和所有的读书人一样，在读书中获得了多方面的感受：读书使我增长了知识，读书让我树立了更高的理想，读书使我感悟了人生，更重要的是读书使我能安静思考怎样做人做事做教育，我的很多教育教学问题就是在读书中产生并明白的。

现在读书成了我的好习惯。每天不读点书，不背诵点东西，就觉得生活中缺少了什么。书是我永远的朋友！

读书是我工作的生命线，不断学习是校本研究的第一要务。学习口头上说起来容易，做起来，尤其是对我们小学教师来说谈何容易？我们当老师的都知道，一天排得满满的，空闲时间很少。一天繁重的教学负担，加上细碎的杂事，专门拿出时间是不太容易的。《中国教育报》“读书”栏目的张圣华编辑提到，小学教师群体读书量远远不足，给我敲响了警钟。社会变化之快，教育理念更新速度之迅速，身为科研室主任，带头读书，带头做校本教研的排头兵是责任。我给自己的硬任务就是首先从理论学习上做起。我充分利用业余时间，加强理论学习。近几年，我先后利用周末、节假日的时间，到人民教育出版社读者服务部、北京师大读者服务部、开明书店读者服务部、中国高等教育书店、西单图书大厦、海淀图书大厦、春雨书店等有影响的购书地方，购置各种有关校本教研的图书百余本。其中有各学科新课程标准及专家解读，有校本教研读本，有校本课程读本，有各地优秀学校校本研究经验集，有课堂实践，有校本研究案例……有一次，为了买到著名中学特级教师洪镇涛的《谈语感教学》一书，我跑了五家书店，最后费了九牛二虎之力，买到了一本仅剩下的书，才感欣慰。为买紧俏的教育书籍，我常常让服务员查找，直至找到，或者彻底告诉我没有为止。买到书后，读书时间从哪里来？靠挤靠钻。在一天繁忙的工作后，每天回家晚上8点至12点是我的家庭读书学习时间，专门用于研读书籍，常常一个人平心静气地看书到深夜，几乎达到痴迷的地步。有一次，我在阅读一本有关《有效的评价》一书时，我被书上描述的情景所吸引，我才知道我们的评价不合理等于在扼杀孩子的聪明才智。我们不能当刽子手！我陷入了深深的思考，我把自己平时不合理的做法标注在书旁边，下决心改变现状，认识到教师进行“小学生综合素养发展性评价”的实质性研究势在必行。思考之深，竟忘了看时间，只觉得四周很静。当我喝水的时候，发现已是深夜2：00钟了。我躺在床上，辗转反侧，兴奋不已，睡不着觉。我现在感到静心认真读书，思考、批注、做阅读笔记，是最为幸福的事情。我深知，“守住自己宁静的天地，静心读些书”是做教师的必须。至今我已写了十余本五十余万字的心得体会。

精读与泛读相结合

书海茫茫，浩浩洋洋！读哪些书？我始终认为，凡是健康的书，包括养生类、花卉类、烹饪类等都要读。

岁月悠悠，人生几何？图书无限，对每一个人来说，时间有限。这里有个精读与泛读的问题。

精读就是读你自己感兴趣的那些书，比如提高文学修养，锻炼自己口才文采的那些个唐诗宋词元曲赋、现当代优秀名家名篇等，比如提升你自己专业素养的理论书籍等。精读，就是精细地读、细致地读。要读懂每一个词、每一句话和每一段话。读书要和你的生活实际相联系，要和自己的教学相挂钩。

泛读就是那些个跨学科的、远离自己专业的，但是对幸福生活或开阔眼界有启迪帮助的书籍。这些书籍要学会泛读，就是泛泛地、粗略地读。有的书也许你现在用不上，不知什么时候会在你的教学中突涌出来。

“千淘万漉虽辛苦，吹尽狂沙始到金。”无论读什么书，读多了，就会达到“乘万物以游心”的境界。读书多了，自己心中自然就有了世界，就有了社会。如书读多了，读杂了，自然心中会有几个先人形象，会有几个现代英雄形象，会有几个当代模范形象，会有几个现当代同行榜样形象，会有几个身边的优秀凡人形象，众生万象可以让你认清正反面人物、明辨是非曲直，这些都是你前进的精神食粮，“精神寄托可以支撑人生”。比如，常读颂扬世界地域文化的书籍，那就是精神上的旅游。沉迷于其中，不亚于高消费的实地游览。我到过许多好山好水的地方讲学，领导老师都很热情，都挽留我或者再次邀请我多待几日，作休息调整。我总是风趣地说：“我这一出门，沿路满眼景色，就是旅游。再者，我是一名语文教师，语文的一篇篇课文，尤其是写景文，都是带我在旅游各地。”老师们听后都夸我在境界中，我真的经常陶醉在书中描写的美妙景色中了。真是“心”动胜于“行”动！

实际上，我提倡的“精读”与“泛读”，也就是我的读书体验：一是博中有专，专中挑精，精略结合；二是读以致用，用以促读，读用结合。

读书贵在“博”。“应做的功课已完而有余暇，大可以看看各样的书，即使和本业毫不相干的，也要泛览。譬如学理科的，偏看看文学书，学文学的，偏看看科学书，看看别个在那里研究的，究竟是怎么一回事。这样子，对于别人、别事，可以有更深的了解。”“只看一个人的著作，结果是不大好的：你就得不到多方面的优点。必须如蜜蜂一样，采过许多花，这才能酿出蜜来，倘若叮在一处，所得就非常有限、枯燥了。”（鲁迅语）

多年的读书经验，我的最大感悟是“风雨纵横好题诗”。特别提醒的是，我们小学语文教师要多读一些文、史、哲类的书籍。

考察一些著名的科学家，他们精通本行，自然不在话下；令人惊奇的是，他们对本行以外的文史哲，也有相当造诣。谈起历史来，深入细致，娓娓动听，不时还发表一些独到的见解，使四座为之倾倒。如果需要写作，他们也笔墨酣畅，短诗长词，一挥而就。如此多才，令人赞叹。正是丰富的文、史、哲知识帮助他们成了科学家。

读文史哲可以使人具有“识”。读史使人明智，读诗使人灵秀，数学使人周密，物理学使人深刻，伦理学使人庄重，逻辑修辞使人善辩。（培根语）

具体来说：读史。我国历史文献之丰富，水平之高，在世界上首屈一指。如《东周列国志》《三国演义》简直可以说是智谋大全；《中国通史》《世界通史》了解上下五千年，天下无限事。

读哲学。很多课题来自于哲学。哲学史主要是帮助我们树立正确的人生观，使说话、做事比较辩证、客观、合理。如《自然辩证法》（恩格斯）、《宇宙发展史概论》（康德）、《科学与近代世界》（怀特海）……

读文学。这是语文教师必读的。文学可以使我们具有正义感，具有为人民利益、为教育事业献身的精神，具有百折不挠、艰苦奋斗的毅力。学点文学，可以提高写作能力。可以帮助我们写一手思想、内容、文采、风格俱佳的文章，这是很重要的。“虽复尘埋无所用，犹能夜夜气冲天。”读了这样的诗句给你怎样的魂魄？“天地有正气，杂然赋流形，下则为河岳，上则为日星……”读了这样的词句，自然联想起文天祥为国奋斗的艰难困苦，便觉有一股热气自心田奔腾而上，浩浩荡荡，势不可当。“休言女子非英物，夜夜龙泉壁上鸣。”又自然出现胆勇并生，视豪强若鼠辈的女英雄形象。“一生战斗为革命，不觉辛苦只觉甜！”想起这样的诗句，忠于革命、不屈不挠的精神跃然心头，你还会抱怨苦和累吗？

在工作和学习之余，抽空读几页曹雪芹的《红楼梦》、塞万提斯的《堂吉诃德》、屠格涅夫的《猎人笔记》、果戈理的《钦差大臣》，便觉心神飞越，仿佛进入另一境界，顿时忘却眼前的疲劳和困难。

《史记》的豪放，《庄子》的旷达，杜甫诗的严整，李清照词的婉约，都各具一格，争妍斗奇。

在受到某一科研课题的长期困扰而不得其解时，读一下这些作品，往往能使头脑清醒，思路开阔，有助于产生新思想，发现新线索。

工作中，我逐渐认识到，越是向前行，越是感到自己对知识的渴求。作为一名特级教师，仅靠吃自己的老本远远不行。必须不断开放自己的视野，广泛涉猎各种与教学相关联的知识。我借海淀区两委倡导的阅读工程的东风，自觉践行“读书伴我一路行”，认真、勤奋、诚实、有选择地读书，为做好自己，提升自己，展示自己做充足的积淀，通过读书促进自己教育行为由不自觉变为自觉的转变，促进自己的教学行为由随意无边向积极健康的轨道前进。形成了自己的读书历程。具体来说，我的读书体会为：

一、博中有专，专中挑精，精略结合

1. 读“博”书，做到略读。凡是健康的积极向上的书籍，只要是自己感兴趣的，有可能涉及教学领域的书籍，都是我阅读的内容。政治经济类（如中央文献精神、教育文件、领导论教育等书籍），文史地理类（如中国通史、世界通史、名人逸事、旅游世界等书籍），艺术教育（如舞蹈世界、音乐天地、口才练习等书籍）、生活起居类（如花卉养殖、烹饪技艺等书籍）、礼仪常识类（如待人接物、礼仪风范等书籍），孩童读物（如卡通漫画、儿童文学杂志等）……我都去尽力阅读，力求宽泛了解，尽多地“知道”。这实际上就是在扩大自己的视野，了解大千世界、世间万象。我总认为这些集大成的阅读获取的知识，说不定哪一天会自然用上，它是提高自己文化水平，培养自己综合素养的途径。有人说，小学教师是“万能胶”，“十八般武艺样样俱会”。多知道绝不是坏事！

2. 我不满足教语文，只读点语文课本，读几部名著了事。对语文涉及的文史、地理、艺术、哲学、逻辑、天文等做必需的全面了解，以胜任现今的语文教学。如对历史了解后，教学《晏子使楚》《阅读大地的徐霞客》《火烧赤壁》《“诺曼底”号遇难记》《李时珍》《生死攸关的烛光》等课文就能旁征博引；了解哲学、逻辑学的基本知识，自己的世界观端正了，教学《太阳》《晏子使楚》《田忌赛马》等课就辩证了，《我喜欢》一课的作者最终喜欢的“真善美”和《养花》作者热爱生活的情调就容易体会出来；知道些天文知识，教学《火烧赤壁》《火烧云》《雅鲁藏布大峡谷》等就讲出了意境。

2. 读“专”书，做到细读。“专”书在我的读书实践中，指胸中有一定数量的经典。诗经、古代散文、唐诗宋词元曲赋、老子、庄子、古代四大名著等古典东西，要读一定数量；现当代诗文、散文等要读，这样透过文字，了解了祖国优秀的文化，灿烂的历史，知道了孔孟之道的博大精深，老庄哲理的智慧超人；获悉了真善美的人间世故；游历了名山大川，结识了许多仁人志士，等等，自然，吃进来许多营养，提升了自己的精神世界，形成了正确的世界观，心里有底数了，讲课时把握教材的能力增强了，口头表达能力增强了，同时也获得了一次次讲课的自信，可谓一举多得！

“专”书在我的阅读实践中，还指读新出版的教育学、心理学的书。我们读这样的专书不能仅限于师范学的那些专业用书。每个人工作年限不同，远离学校时间长短各异。而教育教学上新理念，新观点，新表述，我们知道多少，就有必要做最新阅读了解。为了使自己的研究领域常新，根据教育形势的发展需要，我就常到书店走走，寻找新的教育、心理类书籍买来阅读，了解教育伦理学、课堂社会学、小学教育学、小学心理学、发展性评价、有效性评价等没有看过的理论书籍。这样提高了撰写自己的反思及论文质量，不至于穿新靴戴旧帽。

3.“专中选精”，做到用心读。精书指最能和自己的研究发生关联、产生兴趣的书籍。如我教小学语文，常常了解与小学语文密切相关的书籍。如《中学语文教学论》《中学语文教学法》《小学语文教学论》，以及中国公认的争议较少的教育家和大家的经得起考验的专著，它能拨乱反正，指引航向。如北京大学钱理群教授的《门外汉看语文教学》、于漪的《我和语文教学》、田本娜的《我和小学语文教学》、李吉林的《情境教学论》、丁有宽的《读写结合教学法》、洪镇涛的《谈语感教学》、崔峦的《崔峦谈小学语文教学》等。这些书，我都是用心去读的，而且边读边思考，边做笔记。有目的的广泛读书为专业成长，为改革中的少走弯路，为整体创新设计奠定了扎实的基础。

二、读以致用，用以促读，读用结合

多年的读书经验让我感受到，读书不要流于形式。任何人读书都要明确目的，为什么要读书？读书要根据自己的喜好选读，每个人经历不同，喜好各异，读的书也不尽相同。有时间可以多读几本，没时间可以少读几本，数量无关紧要，紧要的是读书的质量。

我们做教师的也不要把自己标榜得多么爱看书。我不太主张读书的数量多少，贵在读书的质量。经过我长期对学生的观察及自己读书的体验，我认为读书质量应该具备读、感、记、用相结合。不读不感不是读书，只读不感不是读书，不读只感不是读书，读而不用不是读书。

现在很多人的读书不是真正的读书，只是流于形式、走马观花的“翻书”。看似是没少读，实际上读完之后没有印象。与其这样读书，不如不读。我经常想：一些科学家、文学家等痴迷学问，一头钻进书海里，做出了可观的成绩。体坛上一些为国争光的运动员，平时大量精力用在体能训练上，不会读多少书的，最后体魄强健，是体育精神让他们所向披靡，赢得世人的关注。这叫真读书中求学问。不好好读书，换个活法，去踢踢球、跑跑步，最起码还换来了好身板。我经常开玩笑地给学生讲：读书就好好读，不然你们就去操场玩，我支持！

读书最反对的是随便翻翻，读后没有思考，读书和实际没有联系，没有留下任何痕迹。是停留在表面的读书，这是形式上的读书，没有多大益处。我把读书，记住多少，使用多少，作为读书质量高低的一个重要尺度。一本书读完，能陈述里面的主要内容，能背出一些感兴趣的材料，能引发一定的思考。如，我读于丹的《游园惊梦》时，发现里面有许多经典的描写春天美景的语句，特别优美，且表达独特，我认为背会一些优美片段，能丰富我的表达，看时我把背会作为重点，边看边记。其中昆曲词，半文言半白话，很不好背，我下决心，利用早上起来收拾屋子的时间，利用从家到学校步行的间隙，反复吟诵，直到背会为止。又如，在看了歌剧《党的女儿》和《江姐》后，我被田玉梅、江姐大义凛然的不屈精神所感动，尤其是那种“砍柴不怕虎狼吼”“爬山更知路艰难”“一生战斗为革命，不觉辛苦只觉甜”的精神激发了我积极上进、努力工作的热情。我从网上下载了全部歌词，利用业余时间一段段化整为零地背诵。有时，今天背会的明天就忘记了，我第二天、第三天接着再重新背诵。反复背诵，强化了记忆，最终经久不忘。我时时觉得自己就是党的孩子，就是英雄，困难在我面前自然就退缩了。

真正意义上的读书可以提升我的精神世界，焕发我工作、生活的活力。更重要的是边读边思，促进了我的教学改革思考。我读专书时，经常写一些读书笔记，写出自己的体会。我在读中学语文教学一面旗帜的上海著名特级教师于漪著的《我和语文教学》一书时，我知道了于漪老师的终生语文教学经验是“教文育人”。我在学习基础上，认真思考了语文教学的实质。我想到，“教文育人”更多的是谈及阅读教学，语文教学半壁江山的写作教学的目的在本书中没有反映出来。于是，我经过反复思考、推敲，逐渐构建了自己对语文教学本质的独自诠释，那就是“教文立身，授章立人”，为此写下了12篇带有自己理解和实践的序列论文。

可以说，“杂中有专，专中挑精，精略结合；读以致用，用以促读，读用结合”是融读书、背诵、积累、思考、感悟、心得、运用等多元环节于一体的阅读，是我阅读的重要经验，是成就自己进步的动力。

我对有效读书的解读

我觉得有效读书的好办法之一，就是要养成自觉背诵的好习惯，尤其是读经典，对那些好句子、好片段，一定要烂熟于心。

其次，主要还是做到以下几点。

1. 读书要学会“做文中人”。也就是不要求快，尤其是精读的书目，要像饮酒品茶一样，细细品味。选你欣赏的一个字、一个词、一句话、一段话，要琢磨：为什么这样用，好在哪里？我怎么就没有想到呢？这就是在“求得”上下功夫。

著名豫剧大师常香玉终身演戏的经验是“戏比天大”。其中的意思：一是把终生献给艺术；二是世界有多大，舞台有多大。我多年从事语文教学也感悟到：“文比天大！”我们的小学语文课本也好，我们读的其他书也罢，涵盖了社会的方方面面。社会有多广，书本就有多大。尽管每本书的每篇课文反映的是社会的一个方面和一个角落，但是每一个内容合起来就汇成了大千世界。

读书避免随便翻翻，那样的读书是劳其筋骨，没有成效的。每读一本书，一部作品，我总要让自己脑中出现形象。没有形象的阅读，我觉得就没有了背后的社会生活，即使再好的作者、再好的语言，也是没有生命力的语言空壳，要想打动自己、打动他人也是不容易的。

我读书总能沉浸在想象当中，跳出来我又常常对比自己做得怎样。这就说明读书和做人的密切结合。我读《红楼梦》，我就做了上千个形形色色的人；我读《水浒传》，我就扮演了一百零八个英雄好汉；我读《在烈火中永生》，我就做了里面的英雄。有时读到激动处，常常不能自拔。有人说我心眼好，待人真诚，其实，除了生活中向他人学习外，更重要的是从书本中学习来的。

2. 读书要学会“做评论者”。也就是不求眼看，而求发现问题。包括你发现的问题，还有书的问题，比如找个病句、病段、挑个刺，这实际上是自己在动语文的脑筋。

3. 读书要“做迁移者”。也就是不求静，而求动。读书时，当作者的某一观点和自己的想法相吻合时，你就想到我要把这句话用在哪篇课文的讲解中，比如，这段话可以活用在自己的哪篇论文中，等等。

4. 读书要“做思考者”，也就是不求吞，而求化。于丹说：“文化，文化，不要文而不化。”读书实际上是求理解。这全靠自己的用心思考，自己要把自己当成作者，去揣摩作者的心声、作者的思路。

5. 读书要“做记录者”。是说不求口，而求手。这点很重要，看书容易读书难，读书容易写书难。读书时，要学会写读书笔记。写读书笔记贵在坚持，不能“三天打鱼，两天晒网”。一个边读书边坚持写读书笔记的人，是个了不起的人。

愿每个教师都能把读书当成一种需要、一种自觉的习惯。也愿每一位老师能在有效读书上下足功夫，并潜移默化地影响学生。只有自己读书到位，才能指导学生有效地读书。

在读书中学习做人做事

著名特级教师张光珞说：“特级教师要特级人品。”她也曾不止一次地夸我：“陈延军是特级教师特级人品。给人感觉里外是一样的。”张老师是说我言行一致，为人正直。我知道我做得不够，我也知道张老师对我是在严格要求。我会努力的，我会按照书上说的去认真做人做事。

我经常对我的徒弟说：做人很重要。理论上说，评特级教师也好，评劳模也好，评各级骨干教师也罢，虽然学术优秀很重要，但关键还要看人品。我越是向后发展越深深地感受到了这一点。

教育是一个比较复杂的问题。在小学阶段，主要是培养学生的良好习惯。我们评价学生，要多给他们一些尺子，这样会引导他们向全面发展的高度进发。未来社会需要业务素质好，有良好的心理品质、合作人际关系的人才。忽视对学生综合素养的培养的做法，是不利于人才的发展的。现在，大学评教授，科学院评院士，教师评特级，各类演员大奖赛增加的规定时间的综合素质的测试，等等，这都是对人才提出了高标准的要求。也就是说，现今随着人类社会文明进步的步伐，只是靠过硬的专业而其他素质不过硬的单一人才，是不会成为佼佼者的。

人品是个很立体的上位概念，就是人缘。我想一个读书甚少的人，或者读书不全面的人，人品是很难谈上高雅的。当然也不是读书多了就意味着会做人了，还有实践的磨炼。

可是你读书少，知道的世界就狭窄，了解的道理就少，很少放收自如，当然行动就跟不上了。我从读书中，摘取了一些做人做事的名言，和大家共勉。

一为不善，众美皆亡。——《三国志》(999件好事，有一件坏事就可以使你完蛋。)

善也吾行，不善吾避。——韩愈(行善的事我要做，不善的事我就不看不做。)

从善如登，从恶如崩。——《国语》(不善，恶是害人。向着善，多做善事，如登山；向着恶，做坏事，就像雪崩一样让你完蛋。)

当你常用这样的三句名言提醒自己：你即使做了高官，能不约束自己吗？即使是寻常百姓，你会做什么坏事呢？

品格是你在黑暗中的为人。——穆迪

礼貌比学问更重要。——赫尔岑

清白，是让你安睡的枕头。——安徒生

当你读这三句时，你的品德能没有约束吗？

做学问要从生到熟，做艺术要从熟到生。——黄宾虹

莫扎特从不考虑永恒，所以能够永恒。——爱因斯坦

学我者生，似我者死。——齐白石

我不懂什么"流派"，但知道创造。——毕加索

当你常用这些名言警醒自己，你能不谦逊吗？你会为自己是个名师歌功颂德、自吹自擂吗？

为了出名而舞文弄墨的文人，就像在菜市场里搔首弄姿的傻瓜。——黎里

真正的大艺术家制定美，而不是接受现成的美。——歌德

文化是做减法，而不是做加法。

当你读着这样的句子，你对教学科研能没有思想的触动吗？

要学会迟疑，学会陌生，学会惊叹，学会犹豫不决！这是一种境界。

山再高，高不过脚板心。

两心不可以得一人，一心可得百人。——《淮南子》

一忍可以支百勇，一静可以制百动。——苏洵

当你读着这四句名言，能不影响你做人做事吗？

我认为读好书多了，不用老师讲课，不用你参加各种培训班，你的前进的航船是不会触礁的。

北京海淀区西苑中心学区的许长明老师是我的一个徒弟，今年31岁，我俩相差17

岁，他同时也是我的挚友。他大学毕业的前五年，工作有过变更，走过名校，也在不知名的学校待过，现在成了管辖十几所学校的中心学区德育主任，他总结自己的一席话里，足见我对他成长的影响。

2003年我（许长明）入原宣武区北京小学实习，实习期间得到郭霞副校长和现任特级教师张红老师的指导，并凭借踏实的为人和不懈的努力得到两位前辈及年级组老师的一致认可。原本想回到海淀寻找工作，但在各位前辈和老师的劝说下还是留在了北京小学任教。在任教的第一年，凭着对语文教学的热爱，用真情打动了特级教师张光璎老师，获得了张老师语文教研小组的旁听资格。在和张老师及老师们的交流当中，进一步地感受到了语文教学的魅力，教学能力也有了一定的提高。但由于班级管理的不适应，于2004年离开北京小学。虽然一起工作的时间不长，我还是和张红老师等成为了挚友，至今仍联系不断。

2004年回到海淀任教，在海淀学区曹老师的推荐下入职于万泉河小学。在同年举行的海淀中心学区课堂教学改革研究课中荣获语文学科一等奖，并凭借此次获奖被学校推荐至区语文教研组学习，也由此遇到了以后对我影响巨大的特级教师陈延军老师。陈老师业务能力首屈一指，对语文教学有着近乎于痴迷的热爱，在陈老师的感染下我对语文教学也变得愈发无法割舍。在和陈老师的长期接触中，我对语文教学本质的认识渐渐清晰，教学能力进一步得到提高。在陈老师的指导下，我的区研究课、录像课、全国录像课均获得好评，教学论文也多次获得北京市一等奖。除了教学上的帮助，陈老师对我影响更深的还在于为人。陈老师有一句话我一直记忆犹新，那就是“特级教师特级人品”。他是这么说的，也是这么做的。作为特级教师他没有哪怕一丝的骄矜，待人总是那么和蔼，对待晚辈总是那么提携，在他身上我学到了“桃李不言，下自成蹊”的道理。因此，在学校工作中，我勇挑重担。学校人员紧张，我主动请缨在监测年级教两个班，为了保证质量整整一学年我坚持为差生补课，为此对有孕在身的妻子都不能全心照顾。在利益面前我肯于放弃，两次期末评优我将到手的优秀让与年长的同事，因为我知道他们同样兢兢业业，只是缺少像我一样展示的机会。甚至参加语文教学基本功比赛的机会，在学校的权衡下我也让与其他同事，自己则参加了班主任基本功大赛，后来我获得北京市班主任基本功大赛一等奖。在万泉河小学兢兢业业地工作了六年之后，我被调到了西苑学区工作。

2010年我被调到西苑学区工作，担任学区总辅导员。新的工作我同样投入，在我的努力下西苑学区小记者站成为了海淀区的标杆，我的论文也获得了全国少先队优秀成果奖。

但对于语文教学，我仍然念念不忘。每次与陈延军老师相聚，我还能和他兴致勃勃地讨论，聆听他的最新看法。我想：无论我负责什么工作，语文教学将永远是我心中无法割舍的爱。

常记读书心得和头脑风暴所感

头脑风暴所感常记录

现代社会，是信息化的时代，不断翻番的知识总量总是给我们带来新奇感。我们都知道，假如几天不学习，就可能和世界陌生了。走上街头，打开电视，打开手机……无处不知识，只要你有心，处处皆学问。也就是说，生活也是一本百科全书。

平时，我总是带着笔记本，不时地记下自己在生活中看到的有兴趣的东西。尤其是名言警句，好词佳句……我都记录。比如，一次在动车上，我看到这样的话："微笑是缩短人与人之间距离的灵丹妙药。""在'优'字上做文章，在'好'字上下功夫，在'全'字上求发展，在'实'字上见成效。"……我都会一一记录下来，而且努力背诵下来。

另外，漫步在路上，或听课在教室里，或锻炼身体跑步的时候，会时时有自己的想法，哪怕想起一句话来，我都及时地记下来，周末进行整理。有专家说："文章是做出来的，不是写出来的。"这话很有道理。

生活中，我常常思考教学现实，例如，对于减负来说，我平时过多地看重作业量，看重作业的形式，其实，减轻学生的身心负担也很重要。我就记了下来，再做思考。

有时我看到社会现象，也会自觉和教学联系起来。比如，"全人"的发展问题，我就一直在思考。正巧，一次我到佳木斯去，要在哈尔滨倒车。在饭馆吃饭时，我对面坐着一位刚毕业的吉林籍的大学生。吃饭后我俩攀谈了起来，我得知他是一位普通大学的学工程的学生，刚找到工作，公司要派他去深圳出差。我随便说："你可以留在深圳，在深圳会有好的发展。"没想到这位小伙子却说："还是东北好。我不喜欢到深圳工作，偶尔出差还可以，长期待在深圳，我还是不选择。”我不解地问他为什么，他很爽快地对我说：“我是独生子，我的父母不能不管，走那么远，父母没有人照顾！”一句话敲响了我的心扉。比起现在拼命往大城市挤的年轻人，应该学学这位心里始终惦念着生育自己的父母的小伙子。我认为这个大学生比起上了重点大学，却一心想着到国外去，同时需要父母投资上百万的要好得多！

在列车上我记住了这位年轻人，同时记下了他简单的话语给我的育人思考，同时我整理出了自己的“大力培养全面发展的人”的文章和《我忘不了他》的纪实文。

我忘不了他

上个月，我到佳木斯去出差，中途要在哈尔滨倒车。

离发车时间还有两个小时，我便在火车站附近找一个饭馆吃点东西。

饭馆里人很多，都是来来往往坐火车的人。我的对面坐着一位刚毕业的大学生。他，20 岁出头，1 米 80 的个子，四方脸儿，身材很标致，长得很帅气。看他埋头微笑着发信息的样子，便知大约是给女友发的。

我们各自点了菜，乘着菜没有上来的空隙，我俩攀谈了起来。

“同学，你是否也坐火车？”我望着他问。他点头说：“是。乘夜车到深圳去！”我接着问：“你在深圳上学？”他说：“不是。今年刚从吉林大学建筑系毕业，找到一份工作。老板让我到深圳出差。”我随便问：“第一次到深圳去吗？深圳可好了，是个新型城市，发展很快，90%是外地人，机会很多，无论城市环境，还是经济状况，都比你们东北要好得多，你可以留在深圳工作。”没想到这位小伙子笑了笑，却说：“我觉得还是我们东北好。我不喜欢长期待在深圳工作，偶尔出差还可以。”我不解地问：“为什么？好男儿志在四方嘛？现在年轻大学生都希望留在大城市工作，都拼命地往外走，你怎么离不开老家呢？”他很爽快地对我说：“我是独生子，我的父母都在吉林，我不能撇下他们不管，自己走那么远。等父母老了，谁照顾他们呢？”实实在在的一席话猛击着我的心扉。我无言以对，只是点头说：“没想到，你真懂事！”

我们点的菜上来了。我要的是一个有着东北风味的酸菜粉儿和一份饺子，共 37 元。他，只点了两盘饺子，是 24 元。我灵机一动，说：“来，东北饭菜量大，今天我们合在一起吃饭。”他不好意思地说：“不客气。我这就够了！”他很快吃完了饺子，喝了点饺子汤，一声“再见！”背起书包走了。我望着他远去的背影，想着他刚才说的一番话，突然觉得悟到了什么。

我是一名教育工作者，现在家长“望子成龙”“望女成凤”，追赶时髦，花巨资给孩子补课，逼着孩子考好的大学，将来出国。但是又有谁想到过，什么是全面发展的人才？这个年轻人给了我满意的回答。他也许没有经济实力雄厚的家庭背景，也许不是重点院校的高才生，但是他在我心中很优秀。他虽是普通大学的一名毕业生，但他和重点大学的学生一样优秀。这个大学生比起上了重点大学，却一心想着到国外去，而且需要父母投资上百万的要好得多！

回到北京，我给许多朋友讲起这个大学生的故事，我问如果你们有这么个孩子，你们能不幸福吗？朋友们都同意我的看法。

这次奇遇虽然已经过去半个月了，但是这个年轻的大学毕业生让我久久不能忘记：他，一个只点了两盘饺子、坐深夜快车到深圳出差的、心里始终惦念着生育自己父母的新时期的大学生！

读书·教书与写书·写文

教师应该具有读书和写作能力。只有善于读书与写作，才可以称得上是文化人。但是，目前具备读书与写作能力的教师不多，有的教师常年不读书，少写文章。只有自己能读会写，才能很好地指导学生的学习。

一路走过来的我，如今感受到，没有上课表现机会的时候是最能考验教师的时候。大学毕业后的我，无论什么情况下，都没有松懈，而是坚持走自己的路。读书的同时注意写书，教书的同时自觉写教学感悟文章，生活的闲暇及时写自己的生活随想。我认为，自己毕竟是大学毕业，大学老师就是我的榜样！人生之路不可能平坦，但只要自己心中的理想之路明确，再不平坦的路也会走实踩稳。我在都市教学不适应的低谷时候，总是向着阳光。我的老师赵敏成、向玉琴、刘秀英老师没有忘记我，找我加入他们五四制教材编写的队伍。一次，是编写组成员的著名特级教师靳家彦老师身体不太好，赵敏成老师和刘秀英老师就约我接下他的活，编写北京师大版的五四制教材的第九、十册教学参考书，当时都是靠手写稿子来完成任务。向玉琴老师了解我的思想波动处境，在组织她的研究生写《愉快教育的理论和实践》时，也把我吸收了进去。向老师还约我参与她主编的《现代小学数学教学法大观》。我在跟恩师们的接触中，找到了自己！对，作为一个上过四年大学的小学教师，不是只追求上出漂亮的课，还可以提升自己的理论。我初步尝到了编书的乐趣！当时是很少有小学教师出书的。

由于参与了五四制教材教参的编写，所以我就和北京师大出版社的编辑有了来往，他们也逐渐了解了我，知道我是北京师大毕业的，又在小学工作，有实践经验，所以就向我约稿子。如《小学修辞手法大全》《小学古诗问答》等等，我找到了一个全新的自我发展大天地！

值得一提的是，在写书的过程中，我接触了许多小学教师之外的人物，眼界又开阔了许多。跟他们学做人，学做事，自己在师大逐渐赢得了名声。我看到大学教师们没有歧视我，他们的孩子也在这里上学，对我都很友好，能推心置腹地和我交流。于是我不孤独了，也越来越自信。编辑们互相推荐，再以后，北京师大出版社老干部编辑室（都是师大退下来的校领导组成的）约我编写《小学语文基础知识大全》，在这本书的编辑过程中，我认识了久仰的全国非常有名的小学作文教学专家、北京实验一小的特级教师王有声老师，出版社请他做本书的主编。我负责的是其中的阅读部分。我接触了王老师，感受到了他的人品和学品，他为人正直、勤奋刻苦、敬业爱业，真是个德高望重的教书人！我们也因此成了忘年交！

在不局限于只会教书的经历中，我自然把目标定得高远了一些，我决心向优秀教师学习，向特级教师学习，学习他们热爱教育事业的精神。实践中，我逐渐感受到，走重复他人的路是不行的。我，一名既有实践经验，又有比较系统理论的青年老师，立志做一名“学者型教师”应是自己的追求，自己应站在理论和实践相结合的交叉点上发挥优势。

自我发现自己读书不足，并酷爱上读书以来，我就和动笔联系在了一起！

我逐渐养成了一边教书，一边思考，再一边读书，一边写总结的习惯。而且由于经常性的编书写书，所以就很注意搜集资料。同时这也是学习的过程，是积累的过程。说实在的，我并不聪明，但是我勤奋。总结经验、编书写书需要很多储备的知识，“书到用时方恨少”。我恨自己小时候没有好好学习，我后悔自己没有很多的积淀，我要奋力补上浪费掉的时间。我常常感到时间不够用，有时为时间紧张拿不出东西而紧张得失眠。写书编书让我明白了很多，促进我读了很多书。反过来，写书编书，又促进了我的课堂教学，我的教学飞快地长进。再加上以前的课堂积累，我的课堂教学越来越成熟，效果越来越明显。渐渐地，课堂能驾轻就熟，运用自如。我自觉比起以前有了质的飞跃！

下面是我读著名特级教师斯霞的《我的教学生涯》写的读后感，此文获得了海淀区一等奖。

事业永远 追求永恒

——读斯霞《我的教学生涯》的感悟

我于1981年中师毕业参加工作。当时只有17岁，至今工作已有27年了。27年的教学生涯中，从没有离开过教育岗位，在工作中读书学习占整个教学生涯的相当时间。

要说影响我职业生涯的一本书，那就是著名特级教师斯霞老师的《我的教学生涯》。这本书由江苏教育出版社1979年出版发行，约有30余万字。当时，我国经济还不发达，那本书，没有亮丽的封面，也没有深奥的内容，更没有彩装的插图，价格也就是2.4元。

记得中师学习《小学语文教学法》一书，提及最多的是斯霞、霍懋征老师的例子，如斯霞的识字经验"字不离词，词不离句，句不离文"；霍懋征老师的阅读案例《狼和小羊》。出于对名师的崇拜，我一心想对他们作深入了解。恰巧刚工作的一次县城开会之余，我到书店去看书，突然发现灰绿封皮的斯霞的《我的教学生涯》一书。当时，我兴奋极了，在每月只挣31.5元工资的条件下，毫不犹豫地买了这本书。拎着厚厚的300余页的《我的教学生涯》，我如获至宝。回到学校，我开始业余时间的自学，那时还不大看得懂，也只能说是随便翻翻而已，大概了解了斯霞老师对教育事业的忠心，对学生的爱心。对于斯霞老师的教学经验还不能深刻领会，只是"知道"的层次。给我印象最深的有这么几个点：(1)斯霞老师四个孩子，全家包括姑爷、儿媳，全都是当老师的（大学、中学都有）。(2)斯霞老师在55岁时，为了坚持教学，站稳三尺讲台，她放弃了南京市教育局副局长的职位，再次回到讲台上。(3)斯霞老师15岁工作，为了教育事业，从来没有丢掉一个学生。她上课、下课总是和孩子们在一起。上课，用自己和蔼的笑容和孩子们平等交流，创新地总结了"随课文分散识字的经验"；课下，和孩子一起观察，一起游戏：孩子扣子掉了，她就拿起针线帮助缝好；孩子的鞋带开了，她就蹲下身子帮孩子系上；孩子流鼻涕了，就用自己的手绢帮孩子擦去……(4)她上的课《园丁·花朵》给我留下了印象，乃至我在中师毕业时，还模仿着斯霞老师的样子，戴着眼镜拍下了黑白照片（在黑板前假模假式地指着园丁二字微笑）……总而言之，斯霞老师给我的印象是一位严中有爱，爱中有严的像奶奶一样的老师。我现在再翻阅起来，觉得这本书是那样的朴实无华，它没有那么多的高谈阔论，没有那么多的豪言壮语，留下的却是我们终身学不完的鲜活的教育思想。

随着自己一天天在成熟，如今，辗转二十多年过去了，在各级领导和老师的帮助下，我迅速成长起来了，成为今天的一名市、区级学科带头人。现在，随着教育改革的不断深入，相应的教育理念越来越多，语文教学的实质性探讨也越来越科学化。尤其是对语文课程“工具性和人文性相统一”的学科特点进行了定位。回想新课改的六年，教学形式不断翻新，教学模式层出不穷，教学手段不断更新，课堂观摩、教学比赛连珠炮似的。但是教师普遍认为学生的语文能力没有实质性的提高，表现在思想浅薄，思维无序，工具漂浮，兴趣淡然……诸如此类，究其原因，恐怕还是语文思想不太端正。这也就是说，在语文教学上语文能力的培养仍然没有找到恰当的策略，乃至语文教学多年的“少慢差费”低效现象依然存在。在“全面发展”和关注学生的个体差异的“面向全体”现代教学观下，我们怎么审视目前的语文教学，怎样的教与学才是比较科学合理的？怎样全面提高学生的语文素养？……等等，我们有必要摆正继承和发扬的关系，逐一澄清乱象，从老一代专家教学经验上找到答案，以正本清源，并探讨一条切实有效的解决问题的渠道。

现在，许多教学专家针对今天的语文课堂教学现状进行反思，都在重新认识过去的宝贵经验：不管怎样教，学生就是会学了，会读了，会写了。如全国小学语文研究会理事长崔峦先生就多次举到斯霞老师的例子，以此说明工具性和人文性的巧妙结合。

师：“你们可知道‘祖国’是什么意思？什么叫‘祖国’？”

生：“‘祖国’就是南京。”（好多学生笑了。）

师：“不要笑。祖国就是南京吗？不对！南京是我们祖国的一个城市，像北京、上海一样。大家再想想，什么叫祖国？”

生：“祖国就是一个国家的意思。”（此生对祖国的理解比较接近，但是还欠妥。）

师：“祖国就是一个国家的意思。对吗？”（教师进一步诱导。）

生：“不对。”

师：“美国是一个国家，日本也是一个国家，我们能说美国、日本是我们的祖国吗？”（老师的启发很到位。）

生：“不能。”

师：“那么什么叫祖国呢，谁能再说一说？”

生：“祖国就是我们自己的国家。”（经过老师的点拨，学生施尉宁首先明白了祖国的意义。）

师：“施尉宁讲得对，祖国就是我们自己的国家。我们的爸爸、妈妈、爷爷、奶奶，祖祖辈辈生长在这个国家，这个国家就叫祖国。那么我们的祖国叫什么？”（这个地方强调得多好。）

生：“我们的国家叫中华人民共和国。”

师：“对了，我们的国家叫中华人民共和国。我们大家都热爱我们的祖国。”

多么生动的工具性和人文性相结合的例子，多好的引导，多好的思想教育的渗透。从中看出语文教学的人文性建立在工具基础上，工具基础性又支撑着人文性。

这时，我又想到了一个例子。那是上个世纪80年代，外国友人第一次到南京师范大学附属小学参观，当时的外国人从衣着到外表，不同于我们中国人。一年级孩子看了很好奇，都围着观看。当天，斯霞老师就给学生布置了一个写几句话的日记作业。一位孩子回家就写了“今天我们学校迎来了一批外国客人。其中有一个金发碧眼的阿姨在参观中，不小心丢了手绢，我忙上前捡起来递给阿姨。阿姨扭过头来感谢我时，我发现这个阿姨是一个‘女阿姨’！”斯霞老师晚上批作业时，最先是把“女”字去掉了。她认为孩子这样表达有点重复。当她躺在床上准备睡觉时，反复思考改过的一篇篇文章，生怕有不合适的批改会伤害孩子。这时，她突然想到这位孩子的小文：不妥！孩子写的都是自己的真实见闻、感受，没有撒谎啊。孩子强调女阿姨，是因为外国，男的叔叔也留长发，为了区别男阿姨而已！对于孩子来说，是真话，认识生活就是这样，生硬拔高会伤害孩子自尊心的。于是起床披衣，又将修改过的句子恢复为孩子纯朴的表达。

“细节决定成败！”什么叫“尊重孩子”，什么叫“研究孩子”，什么叫“分析学生”？……我们总不能挥动理论的牌子，不切实际地教学；更不能只顾预设，不顾学生学习心理、学习实际地去想当然设计。斯霞老师的例子不是很好的说明吗？

这个案例里融教学、评价、育人相结合，在教书育人上给我们多少启示啊！

这些案例斯霞老师的书里都有描述，直到今天，积累了一定教学经验，经历了多次实践后，我才能读明白，并唤起思考。可以说，过去斯霞老师的《我的教学生涯》坚定了我的教育信念，定准了教育人生的基调；今天，斯霞老师的《我的教学生涯》时时调整着我研究教学的方向，使我少走弯路；将来，当陈延军的《我的教学生涯》出版问世时，那我便可以自豪地说：斯霞老师，你伴着我走向了成功！

斯霞老师的《我的教学生涯》，我爱你！

2008年8月29日上午10:00于家中

生活杂文随时写

教师素养的达成最终在于看书、思考、作文能力的形成。“能读、会思、善写”是教师素养形成最精要的概括。“能读”，即胸中有“经典、名著”；“会思”，即善于思考问题，研究问题;"会写",即笔下能创作文章,能写一手"通"而"好"的漂亮文章。

验证读书效果的手段很多,写作是一个检测读书效果的重要方面。教师要多动笔,并将自己的作品随时和孩子交流。这样师生一同发展,老师热爱生活的态度以及对孩子潜移默化的影响作用是不可低估的。尤其是语文老师,身上要时时散发着语文气息,通过课堂感染学生天经地义,透过自己平时的言谈举止影响学生更是自在其中。写文章不是我的强项,但是通过习惯的培养过程,通过手勤笔勤,后来生活小文,教学论文,自然不成问题。我写文章不一定都是为了登载发表,重要的是把写作当成生活的一部分。现在基本上周周必练一篇习作,月月必出一份高质量的教学论文。以下是我的生活所见之笨拙文,足见我勤奋和对生活的感悟。

首先是我养昙花、写昙花的四首小诗。

第一首是初见昙花开,写于 2008 年仲秋前。

各位老师:

我养的昙花于昨晚 19∶30 绽放,一直到凌晨 0∶00 还在开放。欣喜之余,特赋诗一首,给老师们繁忙的工作带来些许惬意!

初见昙花开

昙花一现夜半前,
艳芳献尽亦美谈。
静来默去悄然逝,
再观丽质越明年!

第二首是 2009 年 6 月 28 日 22∶30 的观花感。

各位老师:

你们好!

想必还记得我养的昙花吧,今年不知何因提早两个月开放了。好奇地拍了几张,并作打油诗一首,给你带去夜阑静悄、淡定从容。

又见昙花开

昙花去岁凉秋开,
今乘高温夜复来。
雍容雪白赛牡丹,
淡定从容亦自在。

第三首是 2010 年 8 月 3 日的观花感。

各位老师：

你和我共同欣赏过昙花二次开放的魅力，今年8月1日、2日一对昙花如期开放了。兴奋之余遂把感受再写下来，与你分享。

三见昙花开

一对昙花交错开，
你影我形相对排。
哪怕天气闷与燥，
风度依旧天仙赛。

第四首是2011年暑期的观花感受。

各位老师：

好多老师见了我，都说我养的花美，写的诗好，其实是在鼓励我。花每年开，年年形不同，诗每次必写，次次感各异。外出几日不在家，回来竟见开放。都说花无情，我说花有意。快把感受写出，送给你，与你分享。

四见昙花开

离家昙花开无期，
几日归来骨朵肥。
丹心捧来四笑脸，
灵犀不点知我意。

下面是我随便写的两篇生活杂文。

一位这样的好司机

昨天，我从北京赶到长春开会，下了飞机，负责接机的是一位出租司机。

他，四十出头，留着小平头，和我差不多的1米72的个子，穿着一身特制的像海军服一样的工作服。虽说不上多帅，但看上去显得很健康。我还以为他是海军战士呢。他用特有的东北腔热情地对我说："您好，我是长春出租车学雷锋小组车队的司机，我很愿意为您服务！"

我落座后，他一边启动汽车，一边说："坐我们的车，尽管放心，车干净舒适，安全、可靠。我们学雷锋小组的出租司机不乱向乘客要钱！干我们这行的，要挣钱过日子，但不把钱看得那么重要。"一句干练、平实的话语吸引了我。他接着说："干我们这行的，什么客人都遇过。坐我们的车就是缘分。有什么大不了的事情。不就是多点少点钱吗？我开了近二十年车，没有跟一个乘客吵过架，就是遇到难对付的乘客，我总是说‘您不用付钱，我白送您一趟’。结果啥事都没有了。”我越听越觉得有趣味，觉得眼前这个司机，虽然工作很平常，但是一脸的乐观。他的话匣子又打开了：“我从小就是受父母良好的教育长大的。爸爸妈妈告诉我要做好人，干好事，做一个身心健康的人！我当过兵，复员回来就自己开出租车，我很热爱这份工作。你给他人带来开心和快乐，自己身心也很健康！这是多好的事呀！”我看着车里内后视镜中的他，继续问：“你父母都是干什么工作的？”他兴致勃勃地说：“我爸爸是一个中学教师，妈妈是长春医学院的教师，退休了还在返聘着。我的父母和爷爷、奶奶、姥爷、姥姥、街坊邻居相处都很好。老人都活到90多岁才去世的。我和爱人、孩子相处也很好，从来没有吵过架，闹过别扭！”

“有什么大不了的事！为不愉快你把别人打伤了，别人受罪，你得给别人花钱看病，还得负法律责任，何苦呢？”我一路望着窗外的风景，一边听着他唠嗑。他朴实的话语，给我印象很深，真是耐人寻味。他又说：“我们车队有三个哥们，资助着两名贫困大学生，已经三年了，如今他们都是大三的学生。一个是湖南的，一个是本地的。”我紧接着说：“那你们调查过他们的表现吗？别让他们辜负了你们的好心！”他说：“嗐，我们如期把钱打到他们的饭卡上，不用调查。我们不求回报，就是让他们将来成才、有出息了，能继续帮助别的人，让爱心传下去。这个社会需要和谐，人和人和谐了，家与家和谐了，大家身心愉快了，社会不就和谐了吗？”

一路上，他是那么健谈，而且车技也那么好。40多分钟过去了，不知不觉，我们到了宾馆。在下车说“再见”的时候，我还回头望着那位朴实、干练的长春“出租车学雷锋小组车队”的司机。

他普通、平凡；他快乐、健康！

过程比结果更重要

我是酷爱花的人。无论开花的，还是观叶的；无论温室养殖的，还是野生的，我都喜欢。同时，我也爱自己养花。看着花一天天长大，开花、结果，我就高兴。这种爱好从小就有。小时候，总爱给大人养的花浇水、松土、锄草。跟大人下地干活时，在大人劳动的时候，我便揪来各种野花，插在土里，围一个暂时的小花坛边玩边欣赏着。俗话说：“养花养性。”开始我不大理解，还是在慢慢的养花过程中，我渐渐地认识到了这一点。我的性格也就自然有了刚中有柔的一面。

稍微大些，我不管到哪儿，只要看见我喜欢的花，总是想尽办法弄来，给家里的花多引来些伙伴。住平房，在院子里养花，无论什么花都比较好养。仙人掌、绣球花、月季花、兰草、吊兰、龟背竹、臭金莲、夹竹桃等，我都养过。这些看起来不太珍贵的花草，不怎么娇贵，给点水就感恩，就成活。尤其春夏两季，早上浇一次水，晚上再浇一次，它们就会茁壮生长、正常开花。这给我家的小院带来了生趣，也时时引来过往客人的夸奖。

后来参加工作了，在一所农村小学教书。由于有了些许养花的经验，所以养的几盆花长势特别好。为了给枯燥的生活平添乐趣，我在办公室前的小树下支起了一个小台子，上面摆放了玻璃翠、四季青、兰草等。我依照在家养花的经验精心伺候着它们。晚上，我逐一把它们搬进不大的办公室，早上，我再从办公室搬出来，让花透透气。我知道花草淋自然雨水更好。所以春天、夏天盼望下雨就是自己所迫切向往的。尤其是夏天暴雨来临的时候，就是半夜，我也起床把花从屋里搬出去，让它们淋淋雨。有规律的呵护，精心的照顾，长势的喜人，招来了许多师生和好友的夸赞。一些老师与我要花，甭说一盆，就是一枝也舍不得。乃至老师开玩笑地说我“小气”。可有一天晚上，天气阴沉沉的，看样子有雨。我又像往常一样，将花小心地搬了出来。第二天早上起床一看，不好！心爱的玻璃翠却不翼而飞了。我当时就蒙了，知道被人偷去，急得我一天都没有上好课。我发动学生留心邻家的花草，及时提供信息。结果偌大的村子，大海捞针，上哪里去找呢？至今二十多年过去了，我还在猜疑它的去向呢！

后来到北京上学了，住进了楼房，还时时不忘养花呢。上大学的时候，学生宿舍住上下床，一间 15 平方米的屋子住七个人，东西都放不下，哪有养花的地方。忍了四年，大学毕业了，仍是六个老师住 15 平方米的房子，床上床下都是满满的，还是不得机会养花。终于发现机会了！有几位家住近郊的老师不愿在宿舍居住，我便找到了养花的空隙。那时，北京的冬天绿色花卉还不多见。当时，我在外交部一位外交官员家中做家教，发现了人家有一盆绿萝长势很好，我就与主人要了一小截，回宿舍先尝试泡在水里，没想到两个星期竟然出白根了，我高兴得一夜没睡觉。我从外面草坪里捡回一个废弃的大泥盆，装满土。接着又到草坪中摆放的棕树上揪些像头发的毛皮，捡回一个面杖粗的空心塑料管，将毛皮一层一层裹紧颤牢，这样，一个插在盆中的支撑毛棍仿做出来了。把它插在盆中间，还真像我看到的人家的花盆景一样。小绿萝就这样，开始扎根在土里了。我天天盼，月月盼，盼望绿萝快点长大，快点缠满毛棍。绿萝真争气，半年时间，就缠满了主棍。长一截，我绑一截，上一遭，下一趟，叶越来越密，越来越好看。后来，我们宿舍经调整搬到了靠西的一面，只能下午见阳光，我知道不适宜长花草。我索性把绿萝一口气搬到了一站地的学校办公室。办公室一年一搬，所以来回从北楼的三层搬到南楼的三层，煞是费劲。再以后，环境来回变化，那盆花几经周折，也就逐渐枯萎了。我这时悟感到：养花没有足够条件，也是很不容易的一件事。

现在，人们重视生活的品位了，家里逢年过节都要买点花装饰一下。我自己终于有了宽敞的130平方米的楼房，空间大，光线充足，正是实现多年养花梦的时候。我努力地把阳台设计成能营造自然绿园的天地。自搬进楼房居住的那一天，就没有和花草绝缘。朋友送的，自己养的，很是热闹。

花房买来的花草极为娇贵，在家里养起来费劲。主要原因一是缺乏地气，二是湿度不够。但我细心寻找规律，查找资料，逐渐摸到了花的脾气。如，浇花的诀窍在于干透、湿透，又如，哪些花喜阴，哪些花喜光，哪些花几天一浇水，全摸得清清楚楚。什么事也讲究规律，不能根据自己的意愿来随意养花。想浇就浇，想晒就晒，决然不行。但任你怎样护理，花店来的花在家养的时间一久，不是枯萎，就是死掉。为此，好多同事朋友都感到束手无策。几十元、几百元、甚至上千元的花，你看着活活死去，谁能不揪心呢？逐渐地，我摸出了能亲手从小养起的花草，一定从小培养，就像我养的绿萝一样，经历一个从几片叶子到枝叶繁茂，看到生长，看到由小到大，由弱到强的变化，是一件既开心，又满足的事情。花店搬来现成的花固然好看，但自己精心地像养孩子一样地从幼苗开始，到开花结果，更是精彩，因为你感受的是成长的过程。从几片叶子长起，甚至揪一枝自己从泡根开始养起，会有许多好处：一是它不分主人穷富，二是会逐渐适应你居住的环境，三是你总会感受到花的日益进步与你付出努力的关系。所以，我每到一处，发现自己没有见过的花的时候，总是主动与人家讨要上一枝，回家先泡在瓶子里，待泡出根来，然后再栽进土里，任其自然生长。

现在，我家大大小小养了26盆花，以绿色观叶植物为主，它们每天像好朋友似的陪着我，我进家的第一件事就是看看花草，干了没有，受风了没有；离家时总是与它们说声“再见！”长时间出差时，会估计着浇足水。逐渐地，养花草成了我生活中不可或缺的一部分。投身写作疲惫的时候，常起来看看花草，松松土，施施肥，浇浇水等，活动一下筋骨；闲适的时候，重新摆弄一下它们的位置，调节一下情趣。前一段时间，我惊奇地发现，在经受几次自己瓶泡茶花发根和埋枝土里生根失败后，仅剩下的一枝茶花枝（暑期从井冈山野外摘来的）竟奇迹般地泡出白根来了。都说茶花不好养，泡不出根，我却居然让它成活了。我逢人便讲这件事，我言道：“花草是会和你无声交流的。只要你把它们当成朋友，把养花当成一件事，就会使铁树开花！”这件事在我的朋友间成为美谈。我还常对朋友说：“业余时间把精力适当用在养花种草上，遛弯随处望望路边的花草，看看身边的树冠，能改善你的心情，缓解你的压力，减少吃药的概率。”我清楚地记得老舍的养花“既须劳动，又长见识”，

"有益身心,胜于吃药"等话简理不简的名言。我奉劝没有养过花,或者只为一时的美丽而买几盆鲜花装饰一下周围环境的朋友,来吧,动起手来,栽种上几盆你喜欢的花草,从零开始,去经历一下小小劳动的乐趣,去感受花草默默成长的过程,必将会让你的禀性发生改变。这一点,我体会到了。"事业是我的儿子,花草是我的女儿。"这就是我的人生真谛。

(写于2006年岁末)

如今,我养成了读写相结合的习惯。读书使我一次次的读者生活丰富了,我的知识在不断积累,我上的课立体化了、生动化了,自然课堂教学不拘泥了,成了"小学语文"的大课堂;而写文使我一次次有了作家的经历,一个字、一句话、一段话,直至整篇文章的构思,都进行严密的布局、推敲,我更知道一篇篇好文章的由来了。反过来,写作使我理解教材的能力增强了。

我爱读书,我爱写作,我越来越发现,我在逐渐变成一个语文人,身上的语文味越来越浓了。我越来越喜欢语文教学,我像一个大孩子一样,天天和自己的小学生一起,在学语文中成长!在教语文中成长!

2012年3月份,我随海淀区特级教师组长考察团赴上海考察。我和清华附中国际部的王英民副校长住在一个房间,一周的相识使我们结下了深厚的友谊。王老师生活之余爱写诗,比我勤快,值得我学习。下面是我俩回来后的忙碌之中交流的诗作。

王英民:这次南方出行写了一首拙诗,请指正:

游天目湖,并住天目湖宾馆

银白高楼横崖隘,碧绿湖水流窗台。

青山逶迤走两岸,红裙飘逸踏春来。

陈延军:真好!向哥哥学习。稍改,何如?

游天目湖,并住天目湖宾馆

银白高厦谷底生,碧水铺开绿罗裙。

环山绿带舒长袖,曲径小路无尽春。

王英民:好一个绿罗裙,舒长袖。妙不可言,高我一招。只是生与春的韵是否不太押?

陈延军:那就把"生"改为"孕"字,怎样,哈哈!

王英民:就这样了。

也许我们都不是一个纯粹的语文高手,但是我俩的互相切磋,可以见证一个优秀教师的学养修养不仅仅在课堂,也不仅仅在自己的专业上,愿每一位亲爱的老师都能拓宽视野,打开自己的一扇门窗,从读书中汲取营养,再把生成的智慧释放出来!

后 记

写一本书对小学教师来说难啊！视野狭窄，跳不出教育，跳不出课堂，缺乏对问题的全面认识是一方面的原因，更重要的是缺少时间。尤其是对于特级教师来说，到处欠“话”。自己单位的教育教学工作、社会活动、外出培训等排得很满，每本书只有挤出时间来抢“写”。“好文章是逼出来的！”“好文章是抢出来的！”我深有感受。

在出版社编辑的催促下，我终于按要求完稿，心稍有放松。但总觉得有许多话没说完，总想把我的成功经验无尽地与大家分享。限于篇幅，也只能如此了。

我是一个语文教学的幸运儿。我常想，为什么有的人付出，会有串串果实；有的人没少付出，收获却平平常常？读了这本书，也许亲爱的伙伴，会有一个答案。

写这本书，让我久久难以忘怀的还是和高惠莹老师的相触。认识高惠莹老师，对我来说是一种机缘。我在北京师范大学求学期间，出于对小学语文教学的热爱，主动接触教育系小学教研室的各位专家：周玉仁、向玉琴、刘秀英、赵敏成、徐仁声等，慢慢地，他们对我有了一定的了解。语文专家刘秀英老师的力荐，使我认识了高惠莹老师。当时，高老师身体不太好，加上事情繁多，希望有一个学生能常助她做点杂活。她知道我对语文事业的热爱，让我在可能的情况下，帮助做点力所能及的工作，也好逐渐熟悉语文界的人和事。

我一有空儿，就背着书包到高老师家去看看有什么我能做的。如送封书信、买点办公用品、誊写书稿等等。在和高老师聊天的过程中，我对小学语文教学的领域有了更宽泛的了解。从高老师口中知悉语文前辈郭林、袁微子、陈国雄、张田若、斯霞、霍懋征、李吉林、刘曼华等人的事迹和贡献。从袁瑢、斯霞老师的朴实为人，到李吉林老师从一般教师到特级教师的执着追求，等等，高老师都无保留地告诉了我。这样，加深了我对小学语文教学的情愫。1990 年 6 月，由高惠莹、刘秀英著的《小学语文教学论》一书出版，高老师亲送我一本，并签上赠言，直到今天，我还完好地保留着。每每睹书思人，倍感激动。及至翻阅此书，先生的音容笑貌、厚重积淀、满心的语文事情，常常浮现在我眼前。1991 年，我即将大学毕业，面临去向问题。按理说，我是定向代培生，不存在二次分配问题。因为我愿意留在首都北京发展，教育系主管学生分配的向玉琴教授看好我的为人及爱好，想尽一切办法满足我的要求。高惠莹老师也积极帮忙，在青岛小语十年庆祝活动之余，约见我原单位的教研室主任黄守田同志（现为特级教师），商谈说服当地教委领导的对策。先生的爱心、苦心，让我终生难忘。在北京师范大学教育系、学生处、人事处、实验小学几方的共同努力下，我终于留了下来，成为了一名正式的北京市民。后来到小学工作，事情比较繁杂，很少到高老师家里。现在的小语会秘书长，当时读研究生的陈先云同志后来也帮助高老师工作。又过两年，高老师年事已高，身体瘫痪，生活不能自理，她家人要我帮助先生请个保姆，我从老家接来一个亲戚，嘱其精心侍奉先生，这样又得以好多机会和先生接触——来回来去的小学语文教育事情，高老师还是如数家珍。那时，我的事业也开始了很大的进步，成为北京市首届中青年骨干教师。高老师知道我的消息，很是高兴，每次都鼓励我好好工作。她的家人也为我感到骄傲，尤其是高老师的大儿子王东教授（北京大学知名哲学家、博导）、大儿媳俞涛老师（北大附小中学高级教师、北京市紫金杯特等奖获得者）常在家中提及我的进步。我和他们一家人在一起很快乐，同时，又加深了我对事业的信心。又过了两年，高老师被病魔折磨得双目失明，我偶尔去看望高老师，每次都被她顽强的精神、乐观的意志所折服！试想，一个原来以研究为重的正常人现在变成了什么也看不见的病人，怎能忍受得了呢？就是这样，高老师还是对语文教育念念不忘。遇到《小学语文教学》约稿，还坚持用不清楚的语言口述，并由大儿子王东、儿媳俞涛执笔整理发稿。这是何等的境界，真令我可亲可敬！

2002 年 10 月长假期间，我到甘肃支教，不想高老师已经离我们而去，回来多日才得到消息。后来从高老师的儿媳俞涛大姐口中得知，他们家商量，觉得我是高老师告别仪式的最合适主持人，结果找我几次，联系不上。我听后，既感动，又内疚。只能遥望西天，祈祷高老师一路走好！每次提到这里，我忍不住潸然泪下，忐忑不安。一个人一生能遇到几个影响你成长的好老师！尤其是和这样一位德高望重的老专家的忘年交！

又是几年过去了，每次路过高老师住过的北师大学工楼住所，我都要不自觉地凝神看看。还是那个楼前的小花园，园中依然是一棵香椿树和一棵柿树，几株月季花，几株夜来香。我依稀看到高老师在花丛间的音容笑貌。人生几何，来去匆匆。时间可以抹去岁月的沧桑，但抹不去人们心头的缕缕情思。不变的是真情，思念的是感怀。

进入21世纪，我国基础教育面临着很大的挑战。新课改的呼声越来越高，改革的步伐越来越大。如今，在各级领导的关怀下，乘着新课改的东风，随着我专业成长足迹的进步和人生阅历的拓宽，我对小学语文研究也有了新的认识，亦正向纵深发展。站在课改前沿，用一线教师的视角，继承传统，改革创新，脚踏实地，做好教师。在不断学习的过程中，在不断实践的探索中，在不断思考的勤奋中，越来越认识到语文教育的博大精深、责任如山、研究无限。

直到今天，我自觉悟到了语文教学的一些门径，参加各级讨论会多了，接触的专家更多更广了，听各个方面人士发言多了，自己发言的机会有了。可能站得宽了点，高了点，能够说内行话了，再加上高惠莹老师等前辈对我的言传身教影响，便有了想写许多小学语文教学方面的书稿的设想，但是苦于没有时间，正巧长春出版社给了我这次机会，整理自己成长经验。我写完这本书，才发现，写这样的不是专门学术的书籍更有意思，对一线教师更有帮助。我越写越来劲，乃至收不住笔头。感觉真好！

应该说，课改以来，语文教学研究十分活跃，各路观点纷纭。有其成功的一面，也有让人失望的一面。但不管怎样说，只要学生能读会写，知道怎样做人做事，也即语文素养提高了，就没有什么遗憾的。争论是正常的，问题是常有的，高惠莹老师不止一次地对我说学术研究应该“百花齐放，百家争鸣”。我想要真正解决语文教学研究，全面提高学生的语文素养，重要的还是加强语文教学中规律性东西的认识，少搞一些形式上的热闹，去掉浮躁和浮夸，多些扎实沉稳的钻劲、干劲、实劲。

小学教师，一天事务性的活计很多，很难静下心来读点书，思考些问题。编写本书的目的，就在于让你认识：曾是一个孩子似的老师，怎样一步一步走向成功。并告诉你，这本书以曾接触过一些小学语文教育前辈，而今仍在第一线和你、他、她摸爬滚打的实践者的视角，来思考和研究小学语文教学的相关问题，以求把语文教学研究搞得更加科学合理，课堂教学效果更加明显，教师的生活更加精彩灿烂！

本书没有空洞的高谈阔论，没有夸大虚浮；也没有抛开传统一味地大讲现代，也没有只强调小学语文学习重要而不顾及其他课程。内容力求全面客观，叙述尽量平易近人。书上所列举的教学实例，大多是自己人生经历、思考感悟，很多是课堂上验证过的，并得到同行认可的行之有效、便于模仿、易于操作的可感性经验。

如果这本书能给我亲爱的从事小学语文教学工作和研究的朋友们带来进步的福音，我也就欣慰了！仅此而已。

语文是纯而又纯的学科，终身致力于语文教学研究是一件伟大而光荣的事情！

教研人员研究语文是本分，一线教师研究语文是天职，大家一起研究语文是责任！

“把搞明白的问题带进课堂，把通过研究搞明白的问题教给学术，把搞不明白的问题教给读书学习。”

愿和你共勉。

陈延军

2012 年 4 月于北师大家中